인간행동과 사회환경

장세철 · 배창진 · 이용환

교육과학사

머리말

사회복지학은 인간의 욕구와 사회문제를 해결하고 인간의 이상인 행복하고 안녕한 생활을 추구하기 위해 연구하는 학문이다. 또한 인간의 욕구와 사회문제를 해결하기 위해서 사회복지사는 클라이언트와 대면을 해야 한다. 무엇보다도 이 시기의 사회복지사는 클라이언트의 행동과 환경, 사회체계의 이해가 선행되어야 할 것이다. 이처럼 사회복지사에게 필수적인 요소는 사회복지학의 인간행동과 사회환경의 이해이다.

우리 사회는 대부분의 정상적으로 인간다운 생활을 영위하는 사람들로 구성되어 있지만 사회 · 환경의 변화로 인간 욕구의 분출이 일어나며, 사회복지의 다양화와 전문화, 체계화를 요구하게 되었다. 인간행동과 사회환경의 교과목은 클라이언트에게 사회복지사가 어떤 도움을 줄 수 있는지에 대한 질문에 답을 구할 수 있는 환경 속의 인간에 대해 이해하고, 사회복지실천에 바탕이 되는 이론의 습득과 구체적인 방법, 기술을 응용할 수 있을 것이다.

이 책은 인간행동과 사회환경의 이해 도모를 위해서 총 3장으로 구성되었으며, 제1장은 인간행동의 발달과, 제2장은 성격이론, 제3장은 사회체계와 인간행동으로 나누어 집필하였다. 제1장은 인간발달의 기초이론인 인간발달의 개념, 원리, 특성, 연구와 발달단계인 태아의 성장과 발달, 신생아의 성장과 발달, 영아의 성장과 발달, 유아의 성장과 발달, 아동의 성장과 발달, 청소년의 성장과 발달, 중년의 성장과 발달, 노년의 성장과 발달로 구분하였다. 제1장에서는 인간발달에 대한 이해와 발달단계별로 인간발달을 여러 가지 측면으로 이해하고, 발달과업을 성취하기 위한 기간과 적절한 시기에 대한 사회복지실천에 대해 논의하였다.

제2장은 인간행동을 이해하기 위한 성격이론에 대해 다루었다. 정신역동이론의 Freud, Anna Freud, Erikson, Adler, Jung 학자에 대해 알아보고, 행동주의 이론은 Pavlov, Skinner, Bandura에 대해 알아본다. 다음은 인지발달이론의 Piaget, Kohlberg에 대해 알아보고, 마지막으로 인본주의이론의 Rogers, Maslow에 대해

알아본다. 제2장에서는 이론가의 생애와 인간관, 주요개념, 이론의 평가, 사회복지실천의 연계를 논의하여 전문적이면서도 이해가 쉽도록 기술하였다.

제3장에서는 사회체계와 인간행동의 장으로써 이론으로는 일반체계이론과 생태학적 이론에 대해 알아보기로 한다. 다음은 사회체계의 이해로써 가족, 집단, 조직, 지역사회, 문화에 대해 특성, 유형, 역동성 사회체계로서의 부분에 대해 알아보도록 한다. 인간은 사회체계와의 상호작용을 통해 발전하고, 변화하고, 사회체계에 영향을 미치기 때문에 인간행동을 이해하기 위해서는 사회체계와의 관계를 숙지하여야 한다.

이처럼 인간행동과 사회환경은 인간과 환경, 사회체계의 올바른 이해를 도모하기 위해서 사회복지교육과정에서는 필수과목으로 되어 있다. 또한 사회복지사 국가고사의 기초과목으로 선정하고 있다. 이와 더불어 이 책은 사회복지사 국가고사를 준비하는 학생을 위해 기출문제를 중심으로 이론을 편성하였다. 사회복지학을 공부하는 학생들과 사회복지사 국가고사를 준비하는 수험생에게 도움이 되기를 바란다.

이 책을 집필하는 과정에서 집필자들은 수차례의 집필내용의 수정과 검토를 하여 좋은 내용을 쓰려고 정성을 기울였으나 부족한 부분이 많다. 교수님들의 학문적 연구 업적으로 인한 방법상의 차이와 모든 인간행동과 사회환경의 포괄적인 부분을 다루지 못한 것은 저자의 책임이며, 지도편달과 조언을 기대한다. 끝으로 변화하는 대학의 어려운 교육여건 속에서도 이 책을 출간하기까지 깊은 학문적 연구로 집필에 열의를 다해주신 교수님들과 출간에 적극적인 지원을 해주신 교육과학사 김동규 사장님과 관계자님께 심심한 감사의 마음을 드린다.

2008년 1월

집필자 대표 장 세 철

차 례

Contents

제2장 성격이론 • 123

제 1 장 인간행동의 발달

제1절 인간발달의 기초이론

인간발달은 인간이 공간적 존재로 물리적 · 신체적 · 심리적 · 자연적 · 사회적 환경 속에서 생활하고 있으므로 환경은 끊임없이 인간의 행동을 규정하고 개인은 이러한 외부환경 속에서 어떤 것을 선택하거나 변형해 가면서 자기 자신에게 알맞은 환경을 형성하고 창조해 간다. 즉 인간의 모든 행동은 그의 환경과 불가분의 전체적 체계로서 존재하고 그 행동은 일정한 법칙에 따라 생기는 인간과 환경 간의 역동적인 표현이다. 또한 인간은 시간적 존재로서 과거와 현재로, 현재에서 미래로 향하여 발달해 가는 통합적 전체체계이므로 현재의 그의 행동을 이해하려면 그의 과거에서 현재로, 현재에서 미래로 발달해 가는 규정을 규명해야 한다. 이 절에서는 이런 인간발달의 개념과 원리, 특성에 대해 알아보도록 하겠다.

1. 인간발달의 개념

인간은 수정하는 순간부터 죽을 때까지 전 생애를 통하여 끊임없이 변화한다. 인간의 변화는 신체적, 심리적, 사회적, 문화적 측면에서 다양하게 일어나며, 그것은 상승적 변화를 의미하기도 하고 쇠퇴적 변화를 의미하기도 한다.

인간발달이란 인간이 전 생애동안 성장, 성숙, 학습 및 사회화를 통해서 신체적 · 심리적 · 사회적 · 문화적 측면에서 양적으로나 질적으로 연속적 · 상승적으로 변화하는 것을 말한다.

인간발달에 대해 Zanden(1997)은 대개 개인의 상승적 변화를 의미하며, 인간이 수정에서부터 죽음에 이르기까지 시간의 경과에 따라 발생하는 규칙적이고 연속적인 변화인 것으로 보았다. 또한 Craig(1999)은 생물학적 · 환경적 영향으로 인하여 인간의 구조, 사고 또는 행동이 전 생애를 통하여 지속적으로 변화하는 것으로 보았다.

이러한 인간발달은 생물학적 과정에 의한 성장 및 성숙과 관련되어 있으며, 환경적 영향에 의한 학습 및 사회화와 관련되어 있다. 성장은 신체의 크기나 근육의 세기 등과 같이 신체의 양적인 변화를 의미한다. 성숙은 운동기능과 감각기능의 세련과 같이 신체의 다양한 부분의 기능이 유능하게 변화하는 것을 말한다.

학습은 경험이나 연습을 통하여 지식, 기술, 태도, 정서, 가치, 사고방식 등이 발달 할 수 있도록 개인을 변화시키는 것이다. 사회화는 개인이 사회의 한 구성원으로 되어 가는 일반적인 과정으로서 가족을 포함한 사회구성원과의 상호작용을 통해서 개인의 태도, 신념, 관습, 가치, 역할, 문화 및 사회집단의 기대 등을 전 생애를 통하여 익혀나가는 과정인 것이다.

그러나 성장, 성숙, 학습 및 사회화의 어느 한 개념만 가지고 인간발달이라고 할 수 는 없으며, 이러한 것들과 인간발달을 동일시하거나 혼동해서는 안된다. 이러한 모든 개념들을 포괄적으로 포함한 것이다.

2. 인간발달의 원리

발달이란 임신에서부터 출생, 성장, 노화과정을 거쳐 사망에 이르기까지 전 생애를 통해 신체적 · 심리적 · 사회적 요인이 상호작용하여 계속적이고 체계적이고 일어나는 일련의 변화를 말한다. 인간의 발달에는 개인차가 존재하기는 하지만 변화는 예측 불가능한 것이 아니며 질서정연하면서도 안정적이며 체계적인 과정을 따라 이루어지는 규칙적 변화이다(이종복 · 전남련, 2007). 인간의 전 생애에 걸친 발달은 일관성이 있으며 다음과 같은 원리에 따라 진행된다.

1) 연속성

인간발달은 어느 시기에 특정한 부분이 급격히 이루어지기도 하지만 그 시기 이후에 중지되는 것은 아니며 서서히 계속적으로 나타나는 점진적이고 연속적인 변화과정인 것이다(Santrock, 1997). 즉 인간발달은 일생 동안의 계속적이고, 점진적이며, 순서적인 과정으로 일어난다. 유아기를 거쳐야 아동기가 오고 아동기를 거쳐야 청소년기가 오는 것이다. 발달은 연속적 과정을 거치지만 그 속도는 일정하지 않다.

2) 순서

인간발달은 일정한 순서에 따라 이루어진다. 즉 인간발달은 일반적이고 보편적인 순서와 방향성에 따라 진행되며, 순서가 뒤바뀌지 않고 일정하게 이루어진다. 인간발달의 순서는 상체에서 하체로, 중심에서 말초로, 그리고 전체 활동에서 특수 활동으로 대근육에서 소근육으로 발달해 나간다(유안진 · 김혜선, 1996).

3) 개인차

인간발달에는 일반적인 원리가 존재하지만 모든 사람이 동일하게 발달하는 것은 아니다. 인간발달에서 비록 동일한 발달단계를 거치고 동일한 연령이 되었다하더라도 개인적인 차이가 크게 나타난다(Papalia, Olds & Feldman, 1998). 즉 인간발달은 개인이 타고난 소질과 주어진 환경이 서로 다르기 때문에 개인에 따라 발달의 속도, 정도, 질이 동일하지 않다. 예를 들면 신체적 성장이 어렸을 때 빠르게 발달하는 경우가 있고, 사춘기 이후 빠르게 발달하는 경우가 있다.

4) 상호관련성

인간발달의 각 측면은 상호간에 아무런 관련성이 없는 것처럼 보이지만, 각각의 측면들은 상호간에 밀접히 관련되어 있다(김제한, 2001). 즉 인간발달의 한 측면은 다른 여러 측면의 발달과 각기 독립적으로 이루어지지 않고 상호간에 밀접하게 관련되어 영향을 미친다. 예를 들면 신체 발달은 지적 발달, 도덕성 발달, 사회성 발달등과 관련되어 있으며, 정서발달은 성격 발달, 사회성 발달 등과 관련되어 있다.

5) 분화와 통합

인간의 행동은 전체적이고 미분화된 신체운동으로 부분적 행동으로 분화, 발달된다. 이러한 분화된 기능은 또 다시 통합되는 과정을 겪는다. 인간발달은 전체적인 측면에서부터 부분적인 측면으로 분화되어 가는 동시에 분화된 각 측면들이 통합되어 하나의 체제를 형성해 나간다. 예를 들면, 운동발달에서 세분화된 특수한 활동이 나타나기 이전에 전체적인 활동이 먼저 나타나게 되며, 세분화된 특수한 활동들이 통합되어 하나의 운동기능이 발달된다.

6) 환경과의 상호작용

인간발달은 유전적 요인과 환경적 요인의 상호작용을 통하여 이루어진다. 즉 인간발달은 신체적 · 정신적 특질과 같은 유전인자의 영향만으로 또는 물리적 조건 및 심리적 조건과 같은 환경의 영향만으로 이루어지지 않으며, 두 가지의 상호작용의 산물인 것이다. 다시 말해서 인간발달은 인간과 환경과의 역동적인 상호작용을 통하여 이루어진다(Zanden, 1997).

3. 인간발달의 특성

인간발달은 인간과 환경과의 상호작용을 통하여 일정한 순서에 따라 이루어지지만, 기초의 형성이 필요하며 결정적인 시기가 존재한다. 만일 인간발달에서 어떤 결손이 생기면 누적되어 심각한 결손이 되고 다시는 돌이킬 수 없게 될 수도 있다. 이러한 인간발달의 일반적인 특성은 다음과 같다(유안진 · 김혜선, 1996).

1) 기초성

인간발달에서 인생초기 신체적 · 정서적 · 지적 · 사회적 · 성격적 발달은 그의 일생을 결정하는 기초가 된다. 즉 인간발달에서 아동기는 성인기의 기초가 형성되는 시기이며, 아동기의 경험으로 이루어진 발달의 결과가 대개 일생 동안 지속된다는 것이다. 예를 들면, 출생에서부터 만 8세까지 지능의 80% 정도가 발달되며, 만 6세까지 성격의 기본적 기틀이 거의 형성된다는 것이다.

2) 적기성

인간발달에서 어떤 특정한 발달과업을 성취하는 데는 가장 적절한 시기가 있다는 것이다(Papalia, Olds & Feldman, 1998). 즉 인간의 모든 측면의 발달은 제각기 서로 다른 최적기가 존재하며, 적절한 시기를 놓치면 다음 시기에 특정한 발달과업을 보충하기 어렵다는 것이다. 그러므로 인간발달에서 최적기에 적절한 환경과 자극을 제공하여 발달을 촉진시키는 것이 중요하다.

3) 누적성

인간발달에서 어떤 적절한 시기에 결손이 생기면 다음 시기의 발달에 좋지 못한 장애가 되며, 이러한 결손은 계속 누적되어 보다 심각한 결손으로 나타날 수 있다. 즉 인간발달에서 적절한 시기에 특정한 발달과업을 성취하지 못하면 다음 시기에 계속적으로 누적되며 인생후기에 보충하기 어렵다는 것이다. 그러므로 인간발달에서 초기의 발달이 더욱 중요하며, 결손이 누적되면 즉시 교정하거나 보충하는 것이 필요하다.

4) 불가역성

인간발달에서 최적기에 발달을 이루지 못하면 일생 동안 그러한 발달과업을 성취하기가 거의 불가능하게 되고 그 시기 이후에 완전히 회복하기 어렵게 된다는 것이다(Zastrow & Kirst-Ashman, 1997). 즉 인간의 신체적 · 정서적 · 지적 · 사회적 · 성격적 발달은 최적기를 놓치면 그 이후에 이를 교정하거나 보충하기가 매우 힘들게 되며, 거의 회복할 수 없다는 것이다.

4. 인간발달의 연구

인간발달의 연구는 연령의 증가에 따른 변화과정을 분석하기 위한 것이므로 연령변인의 조작방식에 따라 몇 가지 방법으로 구분할 수 있다. 조사연구의 종류를 시간적 차원을 기준으로 나눌 때 종단적 연구와 횡단적 연구가 있다. 또한 두 가지 방법의 장점을 활용하고 단점을 최소한 단기종단적 방법이 있다.

1) 종단적 방법

종단적 방법(longitudinal method)은 동일한 개인이나 집단을 대상으로 일정기간 그들에게 나타나는 발달현상을 계속적으로 추적해 가며 연구하는 방법이다. 즉 이것은 동일한 개인이나 집단을 오랜 기간 동안 연속적으로 연구함으로써 일정기간에 따른 변화를 연구하기 위한 방법인 것이다(Craig, 1999).

종단적 방법의 장점은 시간경과에 따른 개인의 성장과 행동특성의 변화양상을 밝혀낼 수 있으며 표본의 차이의 문제점을 극복할 수 있다. 단점은 많은 시간과 비용이 필요하며, 연구자의 재배치, 연속적인 환경통제, 표본의 변화 등에 대처가 어렵다.

종단적 방법의 종류에는 동일한 표본을 대상으로 하지 않으면서 시간에 따른 변화를 조사하는 추세연구, 동일한 표본을 대상으로 하여 장기간에 걸쳐 반복적으로 조사하는 패널연구, 특정한 경험을 같이 한 사람들을 대상으로 하여 둘 이상의 시점에서 조사연구를 하는 동기자연구가 있다.

2) 횡단적 방법

횡단적 방법(cross-sectional method)은 각기 다른 연령의 여러 개인이나 집단을 동일한 시기에 연구하는 방법이다. 즉 이것은 서로 다른 연령의 여러 개인이나 집단으로부터 일시에 원하는 자료를 얻기 위한 방법으로 다양한 연령의 개인들이나 집단을 동시에 비교하여 발달을 연구하는 방법이다(Zanden, 1997).

횡단적 방법의 장점은 동시에 여러 연령층을 연구할 수 있으며 시간과 비용이 적게 들며, 연령변화에서 나타나는 발달현상을 단기간에 쉽게 발견할 수 있다. 단점은 자료의 정확성과 신뢰성이 부족하며, 개개인의 발달의 연속성을 무시하므로 분명한 개인차나 연령에 따른 변화를 밝혀내기 어렵다는 것이다.

예를 들어, 특정시점에서 한 사회의 계층이나 연령집단, 지역사회 등 여러 집단들의 특성을 상호 비교하는 것이다. 우리나라 정부에서 5년마다 실시하는 인구주택총조사는 특정시점을 기준으로 하여 그 시점에서의 우리나라 인구와 주거실태에 관하여 조사하는 대표적인 횡단적 방법이다.

3) 단기종단적 방법

단기종단적 방법(cohort method)은 종단적 방법과 횡단적 방법을 혼합한 형태로서 서로 다른 여러 연령층을 대상으로 일정 기간 동안 연령이 증가함에 따라 반복적으로 연구하는 방법이다(craig, 1999). 즉 이것은 종단적 방법과 횡단적 방법의 장점을 채택하고 단점을 극복할 수 있도록 구성한 것으로 몇몇 연령집단을 대상으로 수년 동안 이들을 추적하여 연구하는 방법이다.

단기종단적 방법의 장점은 연구 기간이 종단적 방법에서 소요되는 것보다 짧으면서, 개인의 성장과 발달에 영향을 미칠 수 있는 시간효과와 사회적 영향을 배제시킬 수 있다는 것이다(김태련 · 장휘숙, 1996). 단점은 시간과 비용의 투입에 비하여 연령에 따른 정확한 변화를 연구하기에 부족할 수 있다.

제2절 발달단계

1. 태아의 성장과 발달(태아기)

1) 태아의 정의

태아(胎兒, fetus)는 난자(ovum)와 정자(sperm) 두 배우체가 결합하여 하나의 수정란(접합체)이 형성된 순간부터 태아가 출산하기까지의 약 40주(280일)를 의미한다. 정자는 건강한 남성이 1회 사정으로 4~5억 개 정도가 배출되며, 48~72시간 정도 생존한다. 난자는 성숙한 여성에게서 매달 한 개씩 배출되는데 인체 내에서 가장 큰 세포로서 직경이 0.14~0.2㎜ 정도이고 72시간 정도 생존한다(이근홍, 2006). 수정(fertilization)은 정자와 난자가 결합하여 23쌍의 염색체를 가진 새로운 개체가 형성되는데, 바로 이 새로운 개체를 태아라 한다.

태아기는 수정과 함께 수정란(접합체)이 난관에서 자궁으로 이동하는 시기를 포함해서 태아가 모체의 자궁 내에서 완전히 성장하여 출산하기까지의 기간이다. 그러나 이 40주는 임신기간을 쉽게 알아내기 위해서 여성의 마지막 월경주기 첫날부터 계산한 것이며, 정확한 태아기의 기간은 정상 출산인 경우 약 38주로 266일이다(박성연 외, 1999).

2) 태아기 발달의 3단계

(1) 배란기 (수정에서 2주까지)

난자와 정자가 수정하여 접합체를 이루고 난 후, 수정란은 나팔관을 따라 자궁을 향해 아래로 내려가면서 36시간 내에 급속한 세포 분열기로 접어들어 수정 후 72시간(3일) 후가 되면 32개의 세포로 분열된다. 세포분열을 계속하면서 내부 세포군은 두 층으로 나뉘어져 위층인 외배엽(ectoderm)은 태아의 중추신경계를 비롯하여 말초신경계, 표피, 손톱, 머리카락 등의 기관으로 발달하게 되며 아래층인 내배엽(endoderm)은 소화기계, 간, 췌장, 타액선 그리고 호흡기관으로 발달하게 된다. 외부세포군은 영양세포층으로 태아를 키우고 보호하는 기관인 태반(placenta), 탯줄, 양막낭으로 발달한다.

배란기 동안 영양세포층은 자궁벽에 포배낭(액체가 차있는 공 모양의 상태)이 안전하게 착상하도록 도와주는 중요한 역할을 한다. 수정 후 10일~14일경인 착상 때까지 포배낭은 약 150개의 세포를 가지며 이 세포 덩어리가 자궁후벽 쪽에 착상하면 되는데, 이 시기를 배란기(germinal period) 또는 난체기(period of zygote), 발생기, 발아기라 한다.

(2) 배아기 (2 ~ 8주까지)

자궁벽에 착상(implantation)한 후부터 임신 약 8주까지의 기간을 배아기(embryonic period)라고 하고 이 시기의 분화하는 유기체를 배아(embryo)라고 부른다. 배아기 동안 계속해서 태반이 발달하고 탯줄이 형성된다. 배아는 외배엽, 내배엽 및 근육과 골격, 순환기, 생식기, 배설기관인 중배엽(mesoderm)의 신체기관으로 분화되며 각 부분은 다시 세부적인 기관으로 분화를 계속한다. 임신 제2단계 동안 중요한 신체조직(호흡, 소화, 신경계)과 기관이 발달된다. 이때는 성장과 발달이 빠르기 때문에 배아가 태내 환경에 의해 가장 큰 영향을 받는다(Moor & Persaud, 1993).

(3) 태아기 (8주~12주 출생까지)

약 8주에 첫 뼈세포가 나타나면서 배아는 태아가 되기 시작하며 12주에는 임신의 마지막 단계인 태아기(fetal period)로 접어든다. 출산까지 긴 기간 동안 신체 각 부분의 발달은 마지막 단계에 이른다. 신체는 형태가 변화하고 길이는 20배로 자라난다. 이때부터 성장하는 유기체를 갖춘 태아는 이 시기에 각 기관 체계와 사지(四肢), 근육들이 기능하게 된다. 4개월이 되면 골격과 근육이 발달하여 팔과 다리를 움직이며, 5개월이 되면 머리카락과 손톱이 생긴다. 6개월이면 눈의 형태가 나타나며, 7개월(28주)이 되면 생존가능연령(age of viability)이라 하며, 하나의 생명체로서 기능을 할 수 있다. 조산의 경우 7개월 된 태아는 조산아보육기(incubator)에 의해 생존시킬 수 있다. 태아는 눈을 감고 있으나 곁눈질을 시작하고 찡그리며 입술을 움직인다. 또한 태아는 입을 벌리고 적은 양의 양수를 삼키며 빠는 동작을 취한다. 거의 모든 출생 시 결함(언어장애, 사지의 불완전한 발달이나 결손, 시각장애)은 결정적으로 임신 후 3개월 동안 발생한다. 이 기간 동안 심각한 결함이 있는 배아는 거의 살아남지 못하게 되어 자연 유산되기가 쉽다. 결함이 있는 난자와 정자일 경우 유산될 수 있고 착상이 잘못되었거나 탯줄의 이상발달, 모체의 생리적 이상 때문에 산소나 영양공급이 안 되는 경우에 유산되기도 한다.

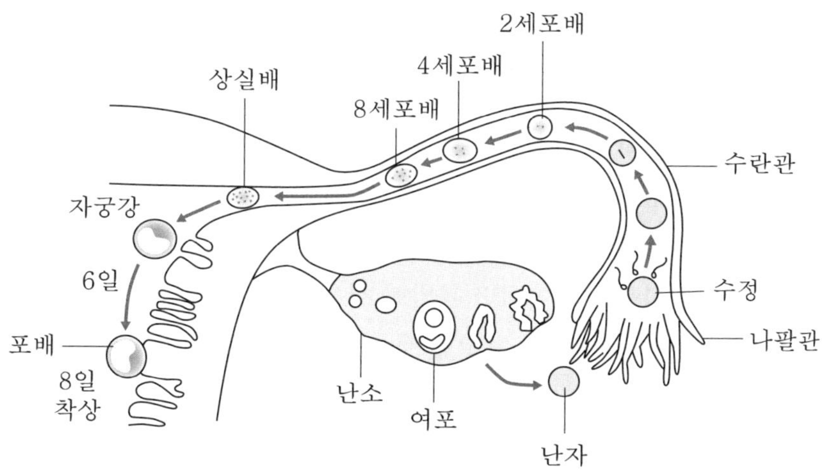

[그림1-1] 배란에서 착상까지의 과정

출처 : 김영호 외(2005)

3) 태아의 발달에 영향을 미치는 유전적 요소

(1) 성장률

태아기에 결정되는 유전적 요인들은 사람이 성숙하는 속도에 영향을 미친다. 다시 말해서 유전인자가 전 생애에 걸친 성장의 특수한 내용과 더불어 성장률에 대한 정보를 제공한다.

유전인자는 성장에 대한 내부적 지배자로 간주될 수 있다. 왜냐하면 성장의 속도를 결정하고 삶에 있어서 주요한 변화의 시작(예: 이가 나는 것, 사춘기의 시작, 갱년의 시작)과 노화, 사망의 시기까지 인도하기 때문이다.

(2) 개인적 특징

유전인자는 광범위한 인간의 특징에 대한 특수한 정보를 담고 있다. 눈의 색깔, 키, 혈액형, 지능과 같은 대다수의 중요한 신체적 특징뿐 아니라 사회성, 활동적인 성격과 같은 기질적인 측면도 유전적 요소의 영향을 받는다.

(3) 비정상적 발달에 대한 유전적 요소

많은 비정상적 발달이 유전적 요소에 기인한다. 염색체가 없거나 필요 이상의 염색체가 존재하는 것은 태아에게 치명적이다. 대표적인 예가 다운증후군(Down's syndrome)이다. 몽고증이라고도 불리는 이 증상은 21번 염색체(21trisomy syndrome)이상에 의해 유발되며, 지능은 40~60정도이지만 매우 다정하고 쾌활한 성격을 보이지만 특별한 경우 심각한 신체 · 정신적 발달 지체를 보인다. 1993년 제킨스가 보고한 것에 따르면 미국의 경우 다운증후군은 636명중 1명의 비율로 나타나는 것으로 발표되었다. Hayes & Batshaw(1993)의 연구에 의하면 1,000명당 17명 정도의 다운증후군이 나타나며, 산모의 나이가 많을수록 그 가능성이 높은 것으로 나타났다. 우리나라의 다운증후군 출생률은 1/1000정도이며, 성별 및 인종 차이는 없다. 그밖에도 남성으로서 X염색체를 더 많이 가지고 있는 것으로 XY대신에 XXY형인 클라인펠터 증후군(Klinefelter syndrome)이 있는데, 이러한 결함을 가진 사람은 가슴과 키가 크며, 생식이 불가능하고 약25%가 정신지체를 가지고 있다(Craig, 1999). 또한 여성으로서 X염색체 하나가 없어 XX대신에 XO형인 터너 증후군(Turner syndrome)은 중성으로서 키가 작고 여성의 2차 성징이 나타나지 않아 생식능력이 없으며, 3,500명당 1명 정도의 빈도로 나타나고 있다(Papalia, Olds & Feldman, 1998). 그 외 혈우병(hemophilia), 거대남성증후군(supermale syndrome), 페닐케톤요증(Phenylketonuria) 등이 있다.

4) 태아기의 환경적 요소가 결정하는 특징

태아기의 환경적 요인에는 화학적, 물리적 뿐만 아니라 어머니의 정서 상태와 같은 심리적인 것도 포함되며 이밖에도 여러 가지 환경적 요인들이 남자의 정자에 영향을 주어 태아에게 영향을 미치기도 한다(강문희 외, 1999). 임신 중 태아에게 영향을 줄 수 있는 요인 등을 살펴보면 아래와 같다.

(1) 영양

산모의 하루 섭취량은 임신 전보다 15~30%(300~500cal)정도 증가시키는 것이 좋다. 태아에게 가장 위험한 것 중의 하나가 부적절한 영양공급이다. 태아에게 필요한 영양분 중 가장 큰 비중을 차지하고 있는 것은 칼로리와 단백질이다. 임신을 하면 평상시보다 많은 엽산(시금치-기형아 방지), 철분, 칼슘 등이 임산부에게 필요하게 된다. 아연과 같은 미량 원소들은 비록 양이 아주 적더라도 정상적인 발달을 위해 필요 불가결한 영양소이다. 적절한 영양공급은 산모의 영양 상태에서 결정된다. 임신 중 영양결핍은 당뇨, 결핵, 빈혈, 우울증 등의 증세가 나타날 수 있기 때문에 산모는 영양섭취에 각별한 신경을 써야만

한다(강경미 외, 1999).

영양섭취가 적절하게 이루어지지 않을 경우에 발생할 수 있는 현상으로는 사산아, 저체중아의 출산을 들 수 있으며, 출생 후에도 지적 결함, 구루병, 뇌성마비, 발작, 일반적인 허약증세, 질병에 걸릴 가능성 등이 높은 것으로 나타나 있다(Stein, 1978).

(2) 산모의 특성

산모의 특성으로는 산모의 정서적 상태, 임신연령, 체격, 혈액(Rh), 혈액의 산소수준, 피로, 산모의 질병, 아버지와 관련된 요인 등을 들 수 있다.

첫째 산모의 정서적 상태로서 정서적 긴장은 태아에게 해로운 영향을 끼친다. 임신 중의 정서 상태는 측정하기 어려우나 긴장이 명확한 경우, 즉 이혼, 남편이나 자녀의 사망, 질병, 기타 뚜렷한 경제적 문제로 큰 충격을 받게 되면 자연유산이나 조산을 유발하는 것으로 나타났다. 인간이 공포감을 느끼면 아드레날린이 분비되고, 이 분비는 자궁으로 피가 유입되는 것을 막으므로 결과적으로 태아에게 산소의 공급이 줄어들게 된다. 임신으로 인해 산모의 신경이 예민하게 되므로 가족이 협력하여 산모를 편안하게 하는 것이 태아를 위하는 길이다(조복희, 2004). 임신 중에 정서적 긴장을 느끼게 되는 원인으로는 부부간의 불화, 남편 이외의 다른 가족들 간의 갈등, 가정의 문제, 또는 원하지 않았던 임신의 경우를 들 수 있다.

둘째 산모의 연령을 살펴보면 산모가 건강하고 정상적인 아동을 낳을 확률은 20세에서 30세 사이의 임산부가 가장 높다. 일반적으로 25~29세를 임신의 최적 연령으로 보며, 35세 이상은 노산으로 구분한다(Ventura, 1989). 10대 산모의 경우 저 체중아, 지체아를 낳거나 출산시 결함이 나타날 가능성이 높은 것을 알려지고 있다. 이는 10대들이 음식을 제대로 먹지 않는 습관을 갖고 있어 영양 문제 때문일 가능성이 높고 또한 10대들은 아직 신체적인 성숙이 충분히 이루어지지 못했기 때문에 수태와 임신의 과정에서 문제가 생긴 것으로 볼 수 있다. 그러나 산모의 연령이 높을 경우에는 사산율이 높고 정신지체아

특히 다운증후군과 같은 염색체 이상의 아동을 낳을 확률이 높다. 양수 속에는 태아에서 떨어진 세포가 있는데 이 세포 속의 염색체를 가지고 유전이상을 알 수 있고 태아의 성별을 파악할 수 있다(Berger, 1994).

사산율은 임신부의 연령이 20~24세일 경우가 가장 낮고, 35세 이상일 경우가 가장 높다. 다운증세의 아동을 낳을 확률은 30세 이전에는 약 1/1000이고 40세 때는 1/100이며 45세 때는 1/45로 높아진다.

셋째 산모가 비만증일 경우에도 위험성이 높다. 넷째 부모의 혈액형이 Rh일 때, 태아는 심한 빈혈증을 일으키게 되어 사산아 또는 조산아가 되거나 뇌 손상을 입을 가능성이 높다. 특히 태아의 혈액에 충분한 산소 공급이 이루어져야 하는데 산소 공급이 적정 수준에 미치지 못할 경우 태아의 신경 조직과 뇌에 손상을 주어 뇌성마비, 발작, 지적결함 및 과잉행동 증상이나 학습 장애를 보이게 된다. 산소결핍증(anoxia)은 주로 출산 중에 일어나기 쉬우며 산모의 피로 상태와도 관련이 높다.

(3) 산모의 습관

산모의 습관으로 크게 고려되는 요소로는 흡연, 음주, 카페인 등을 들 수 있다. 첫째 흡연하는 여성의 자녀들은 비 흡연 여성의 자녀들보다 출생 시 평균적으로 0.2kg 가량이 더 가볍다. 니코틴은 혈관을 수축시키며 태반으로 가는 혈액의 흐름을 감소시킨다. 따라서 태아에게 보내지는 영양물을 감소시키게 되고, 이러한 영양의 결핍으로 인하여 장기적으로 학령기 때에 주의 집중시간이 짧아지거나 학습에 장애를 갖게 될 위험이 커진다. 어머니가 임신 중에 심하게 흡연한 자녀들 중에서 문제 행동이 높은 비율로 발생한다는 증거도 나타나고 있다(Frid & Watkinson, 1990; Schoendorf & Kiely, 1992).

둘째 산모가 심한 음주를 한다거나 알코올 중독자인 경우에 그 자녀는 태아 알코올 증후군(FAS)증세를 나타내게 된다(Furey, 1986). 이러한 자녀들은 일반적으로 정상 아동들보다 신체가 더 작으며 뇌도 더 작다. 또한 심장결함을 갖고 있으며 얼굴 모습도 현저하게 다르다. 이들은 아동, 청소년, 성인으로 자라면서 계속적으로 정상인보다 더 작은 머리와 신체를 가진다(Cotton, 1994; Friedman, 1996). IQ점수도 낮아서 약한 정신지체의 범위에 속한다. 또한 최근 연구들은 산모가 하루에 포도주 두 컵과 같이 적절하거나 사교적인 음주라고 할 수 있는 정도의 음주를 한 어머니의 자녀들도 IQ 85 이하가 될 위험이 증가했으며 주의집중시간이 짧게 나타났다고 지적하였다.

셋째 커피나 차, 콜라에 함유되어 있는 카페인 역시 양수에 나쁜 영향을 줄 가능성이 있으며, 유산의 가능성이 높아진다.

넷째 약물과 질병도 태아의 발달에 손상을 준다. 그 영향은 임신 3개월경까지가 가장 큰데 이 기간에는 산모가 자신의 임신 여부를 깨닫지 못하는 경우가 많기 때문이다. 약물의 치명적 영향으로 널리 알려진 것은 1960년대 유럽에서 임산부가 복용한 탈리도마이드(Thalidomide)진정제의 사례이다. 임산부가 아침에 생기는 구토증을 진정시키기 위해 배아기(embryonic period)때 이 약을 복용하였는데, 팔과 다리가 없는 아이가 태어나거나, 팔과 다리가 배아기의 형태와 유사한 미발달된 상태로 태어났다(유안진 외, 1996). 이러한 사지의 발달은 피임약과 같은 호르몬의 섭취와도 관련이 있고, 아스피린(Aspirin)같은 약도 안전하지 않다.

DES(Diethylstilbestrol)는 임신한 여성의 유산을 막기 위해 한 번에 투여되는 합성 에스트로겐이다. DES를 투여한 여성의 여아는 암에 걸리는 비율이 높은 것으로 나타났고, 남아의 30%는 생식능력이 없는 것으로 나타났다(Rosenstein, 1988). 아스피린은 임신초기(3개월)에 섭취하게 되면 태아의 신체적 기형의 위험이 있다고 한다. 홍역과 같은 질병은 태아에게 심각한 영향을 미치는 것으로 알려져 있다. 방사선(X-ray)의 영향도 빼 놓을 수 없다. 산모가 방사능에 노출된 경우 사산, 기형, 뇌손상을 일으킬 가능성이 높고, 돌연변이를 출산할 가능성도 높아진다. 특히 임신 3개월 이내에 X-ray 촬영을 통해 태아가 반복적으로 라듐(radium)에 노출되면 기형아를 낳을 가능성이 있다(Santrock, 1995). 최근에 화학물질인 폴리염화비페닐(PCB)의 영향이 학계의 관심 대상이 되고 있다. PCB에 감염된 물고기를 섭취한 산모의 태아는 신체발육이 늦고, 조산할 위험이 크며, 출생 후에도 감각적 반응이 느릴 뿐만 아니라 지각적인 변별장애, 단기기억장도 현상 등이 나타났다(Jacobson et al, 1992).

(4) 산모의 질병

산모가 질병을 앓게 되면 태아에게 영향을 끼치며, 그중 풍진은 태아에게 치명적이다. 임신 첫 3개월 이내에 풍진을 앓았던 경우 태아는 청각장애, 시각장애, 심장병을 갖고 태어나거나 정신박약아가 될 수도 있다. 매독 역시 태반을 통해 태아에게 전달되며 대뇌손상, 피부장애 및 태아사망을 일으키기 쉽다(정정옥 외, 2003). 당뇨병을 앓는 임부에게 태어난 아이는 이 병을 물려받을 가능성이 매우 높다. 당뇨병이 있는 산모보다 태아가 훨씬 위험하여 사산되거나 수주 이내 사망할 확률이 높다. 최근 후천성면역결핍증(AIDS)환자가 늘어나면서 산모의 경각심을 길러주고 있다. AIDS환자인 어머니는 임신 중 태반을 통해, 출산 시 산모의 혈액이나 체액의 접촉, 출산 후에는 모유 수유로 감염될 수 있다(강문희 외, 1999).

(5) 아버지와 관련된 요인

태아에게 미치는 외부 환경요인은 산모에게만 국한되는 것은 아니다. 아버지의 요인 역시 태아에게 영향을 미칠 수 있다. 직업상으로 유독한 화학물질에 많이 노출되었거나 알코올이나 약물중독 또는 지나친 흡연은 남성의 경우 정자의 수가 감소하거나 또는 정자의 비정상적인 운동으로 인해 불임이나 염색체 이상을 초래하기도 한다. 이 외에도 아버지의 연령은 태아의 이상을 일으키는 중요한 요인으로 작용한다. 즉 마르팡(Marfan)증후군과 연골발육부전증 등의 골격 이상은 아버지의 연령이 높으면 높을수록 발생률이 증가하고, 다운증후군의 경우에도 1/4정도는 아버지의 높은 연령과 관계가 있는 것으로 나타났다(Santrock, 1995).

5) 비정상 임신과 검진

(1) 비정상임신

비정상임신의 대표적인 것은 첫째 자궁 외 임신이다. 자궁 외 임신은 수정란이 자궁이 아닌 다른 위치에서 성장하기 시작하는 경우로서 난관임신이라고 한다. 자궁 외 임신의 경우 대부분은 수정란이 나팔관에서 착상을 시작한다. 그러나 간혹 수정란이 자궁 밖에 있는 복강의 어딘가에 착상하기도 한다. 자궁 외 임신은 90%가 난관임신이며 태아가 성장함에 따라 나팔관이 팽창하다가 착상부위가 파열하여 심한 출혈로 이어져 경우에 따라서는 산모의 생명도 위협할 수 있다. 둘째 임신중독증 혹은 임신으로 인한 혈압항진은 임신중반기 이후에 나타나는 고혈압, 부종, 경련 등을 포함하는 산모의 상태를 말한다. 셋째 자연유산은 태아가 스스로 생존할 수 있을 때까지 살지 못하고 자연적인 원인에 의해 임신이 종료되는 것을 말한다. 임신의 약 20%가 자연유산이다(Fridman, 1996).

(2) 불임

불임이란 부부가 임신할 수 있는 능력이 없는 상태로, 일반적으로는 1년 혹은 그 이상 성관계를 가지면서 임신이 되지 않는 것을 말한다(Masters, 1966). 불임도 부부에게는 스트레스의 원천이며, 약 10~15%가 1년 이상의 임신 노력에도 불구하고 임신을 못한다고 알려지고 있다(Zastrow & Kirst-Ashman, 2002). 현대 생식생리학의 발달로 불임의 원인이 대부분 밝혀져 있는 상태이지만 여전히 전체 불임의 5% 정도는 정확한 원인을 알지 못하고 있다. 이러한 경우는 정상 불임부부라고 부른다.

불임의 원인은 여성과 남성 모두에게서 찾아 볼 수 있는데, 한 통계에 따르면 불임의 원인 중 약 35%는 여성 측에, 35%는 남성 측에 원인이 있으며 25%는 부부 양쪽에 원인이 있다고 한다. 최근에는 대략 100쌍의 부부 중에

10~15쌍의 부부가 불임을 의심하는 상태이고 그 수치는 점점 증가하고 있는 추세이다. 근래 10년 동안 항생제의 남용이나 자궁 내 장치, 인공 유산을 하는 사람들이 많아진 것도 이와 무관하지 않다.

(3) 산모와 태아의 검진

태아의 검진은 첫째 초음파검사(ultrasound)가 있다. 초음파 검사법은 임신 4주 혹은 5주에 시행할 수 있으며, 태아의 성별과 자궁 내의 자세, 그리고 다양한 신체의 이상을 탐지해 낼 수 있다.

둘째 양수검사(amniocentesis)는 산모의 복강을 통해 자궁에 주사기를 삽입하여 20cc 정도의 양수를 채취하는 방법이다. 이 방법으로 태아의 성별, 염색체 이상을 알아낼 수 있다. 셋째 융모생체표본(Chorionic Villus Sampling) 검사는 카세터(catheter)를 자궁경부나 배에 삽입하여 장차 태반이 될 융모를 검출하여 염색체의 선천성 기형을 진단하는 또 다른 방법이다. 넷째 산모 혈액검사는 임신 15~20주 사이에 이루어지며, 이 검사를 통해서 태아의 다양한 상태를 알아낼 수 있다.

6) 태아기와 사회복지실천

태아기의 발달과 관련하여 사회복지실천에서 관심을 기울여야 할 문제는 생물학적 문제, 심리적인 문제, 사회적인 문제로 나누어 볼 수 있다(김동배 · 권중돈, 2006).

(1) 생물학적인 문제

생물학적인 문제와 관련하여 고려해 볼 수 있는 문제는 불임의 문제이다. 만약 결혼한 부부가 임신을 하지 못하면 가정의 해체로까지 이어질 수 있기 때문에 사회복지사는 실현 가능한 불임대책에 대한 정보를 제공할 수 있어야 한다. 또한 임산부의 연령, 영양상태, 질병 등은 태아의 발달에 큰 영향을 미치므로 가급적 최고 수준의 건강상태를 유지하고 있을 때 임신을 하고 출산하는 것이 바람직하다. 그러므로 사회복지사는 가임여성과 배우자를 대상으로 하여금 임신 전에 철저한 의료적 진단을 받을 수 있도록 권유해야 하며, 또한 임신한 부부를 대상으로 하여 유전적 질병, 흡연, 음주, 방사선, 환경오염, 약물복용 등으로 인한 선천성 장애의 예방 방법과 대책을 알려 주어야 한다. 그리고 만약 임산부의 건강을 위협하는 조건이 존재하면 철저한 의료적 진단과 그에 따른 개입이 이루어져야 한다.

(2) 심리적인 문제

심리적인 문제와 관련하여 고려해 볼 수 있는 문제는 원하지 않는 아이의 임신으로 인한 산모의 부정적인 심리반응이다. 특히 성폭력에 의한 임신, 계획에 없던 아이의 임신 등은 심리적인 문제뿐만 아니라 다른 생활영역에도 미치는 영향이 크기 때문에 사회복지사는 가족 및 사회생활계획을 수정하는 데 필요한 여러 가지 정보를 제공하고 임산부가 올바른 판단을 할 수 있도록 도와야 한다.

(3) 사회적인 문제

사회적인 문제와 관련하여 고려해 볼 수 있는 문제는 가족의 사회 경제적 안정의 문제이다. 재정적인 결핍으로 임신 중에 필요한 영양과 의료적 보살핌을 받지 못하는 경우 사회복지사는 이들이 적절한 의료적 보호를 받을 수 있도록 필요한 자원을 연결하여야 한다. 의료적 지원 이외에도 직접적으로 재정적인 지원을 해 주거나 가사지원서비스 등 다양한 서비스를 연결하여 안정적인 물리적 환경을 제공하여야 한다.

태아기관리는 사회복지사 그리고 보건 전문가가 조산 혹은 저체중아 출산의 위험이 있는 여성을 발견하고, 의료, 영양, 교육, 그리고 심리사회적인 개입을 하는 것으로, 이러한 서비스 제공은 임신의 결과를 긍정적으로 이끈다는 면에서 매우 중요하다.

따라서 한 생명을 유지한다는 차원에서 태아기관리는 매우 중요하게 고려되어야 한다. 임신초기의 태아기관리는 더욱 중요한데, 이 시기에 태아가 가장 취약하기 때문이다. 그러나 태아기관리에 있어 모든 여성이 동일하게 서비스를 제공받는 것은 아니다.

2. 신생아의 성장과 발달(신생아기)

1) 신생아의 정의

출생 후 1개월을 신생아기라고 한다. 신생아기는 비록 짧은 기간이지만 태내 환경과는 상이한 환경에 적응해야 한다는 점에서 중요한 의미를 갖는다. 신생아는 태내에서 바깥세계로 나와 심한 환경변화를 겪게 되므로, 새로운 외부세계에 적응하기 위해 일시적으로 체중이 감소하기도 하고, 간 기능의 적응에 따른 황달현상이 나타날 수도 있다. 그러나 일반적인 생각과 달리 신생아는 상당한 정도의 적응능력을 가지고 있고, 신생아는 출생 후 첫 15~30분 동안은 깨어있지만 곧바로 깊은 잠에 빠진다. 따라서 태어나자마자 부모가 아기와 눈을 맞추고 신체접촉을 하는 것은 이후 애착관계 형성에 매우 중요한 요인으로 작용한다.

2) 신체적 발달

(1) 신체적 특징

신생아의 머리는 몸 전체 길이의 1/4 가량 되며, 아직 두개골은 단단하지 않으며, 머리에는 대천문과 소천문이 있다. 이 두 개의 천문은 태어날 때 닫혀 있지 않아, 소천문은 생후 6개월을 전후하여 닫히고, 대천문은 생후 4~6개월에 가장 커지다가 14~18개월에 닫힌다. 우리나라의 경우 평균체중은 3.35kg 정도이며, 평균 신장은 50.5cm로서 남아가 여아보다 키도 크고 몸무게도 더 많이 나간다. 피부는 작은 모세혈관을 흐르고 있는 피를 겨우 덮을 정도로 얇기 때문에 분홍빛을 띠고 있다. 갓 출생한 신생아의 피부는 하얀 치즈 같은 태지에 둘러 싸여 있는데, 이것은 세균 감염에 대한 유성의 보호막으로 자연스럽게 건조되어 벗겨진다. 생후 3~4일 경에 나타나는 신생아 황달도 일주일이 지나면 사라지게 된다. 이러한 신체적 발달은 연령이 증가함에 따라 일정한 순서, 즉 머리에서 하체로, 중심에서 주변으로 발달해 나간다(강봉규, 1992).

(2) 반사운동 능력

신생아는 외부의 자극에 대하여 여러 가지 반사행동을 보이는데 생존반사(survival reflexes)와 원시반사(primitive reflexes)로 구분된다(Craig, 1999). 이것은 인간의 생존이나 보호와 관련된 것으로서 위험으로부터 신생아를 보호하는 역할을 한다. 생존반사행동은 대부분 신생아기를 지나 영아기에 접어들면서 점차 사라지게 된다. 원시반사행동은 출생 시 이미 잘 발달되어 있는 뇌간이나 중뇌에 의해 통제되는 무의식적 반사행동으로 신생아의 생존과 직접 관계되지 않는다. 생후 6개월~1년 정도에 사라지며 뇌손상이 있는 신생아의 경우 잘 나타나지 않는다.

[표 1-1] 신생아의 반사운동능력

반사유형	자극	반응	사라지는 시기	중요성
찾기반사 (searching reflex)	입 주변의 뺨을 건드린다.	머리를 자극을 준 쪽으로 돌린다. 입을 벌린다.	3주	젖꼭지를 찾게 한다.
빨기반사 (sucking reflex)	아기의 입에 손가락을 댄다.	손가락을 규칙적으로 빤다.	영구적 반사	젖을 빨게 한다.
수영반사 (swimming reflex)	물속에 아기의 얼굴을 담근다.	수영 동작으로 손을 휘젓고 다리를 버둥거린다.	4~6개월	물속에 빠졌을 때 생존하는 데 도움을 준다.
바빈스키반사 (babinski reflex)	발바닥을 건드린다.	발가락을 부챗살처럼 펴고 발을 안으로 비튼다.	8~12개월	알려지지 않음
모로반사 (moro reflex)	아기의 등을 수평으로 받힌 채 갑자기 머리를 떨어뜨리거나 또는 갑자기 큰소리를 낸다.	팔과 다리를 벌리고 손가락을 펴며 마치 무엇을 껴안으려고 하는 자세를 한다.	6개월	진화 과정에서 어머니에게 매달리도록 한다.
파악반사 (grasping reflex)	아기의 손바닥을 손가락으로 누른다.	어른의 손가락을 자동적으로 쥔다.	3~4개월	자발적인 잡기를 훈련한다.
걷기반사 (stepping reflex)	아기의 팔 밑을 잡고 평평한 곳에 맨발이 닿게 한다.	걷는 것처럼 발을 교대로 움직인다.	2개월	자발적인 걷기를 준비시킨다.
눈깜박임반사 (blinking reflex)	아기의 눈에 밝은 빛을 비춰준다. 머리 가까이에서 손뼉을 친다.	눈꺼풀을 빨리 닫는다.	영구적	강한 자극으로부터 보호한다.

(3) 신생아의 생리적 기능

① 호흡

생후 30분 이내에 대개 첫울음을 울며 폐호흡을 시작하나 호흡기능은 불완전하다. 호흡수는 1분에 35~50회 정도이고, 생후 1주일은 불규칙하며 폐 전체가 공기로 채워지려면 2~3일 걸린다. 만약 신생아가 울지 않는다면 아직도 호흡을 하고 있지 못하다는 신호이므로 호흡할 수 있도록 자극을 주며 1시간 간격으로 울게 하여 폐를 완전히 확장시켜야 한다. 신생아가 울지 않은 상태로 방치된다면 산소 부족에 기인된 대뇌 손상을 입을 가능성이 크다.

② 체온

신생아의 체온은 섭씨 37℃로 어머니의 체온보다 약간 높지만 출생 후 환경의 온도에 따라 즉시 내려가며 8시간 후에는 정상으로 유지된다. 신생아의 체온은 주위의 온도에 따라서 많은 영향을 받으므로 적절한 조절(방 온도, 옷, 속싸개, 겉싸개, 이불)을 해주어야 한다.

③ 소화와 배설

섭취한 모유나 인공유는 2~4시간 경과하면 모두 소화하므로 3~4시간 간격으로 수유해야 한다. 수유 중 여러 차례에 걸쳐 트림을 시켜 삼킨 공기를 분출시키지 않으면 구토의 위험이 있고 또 장내로 통과되면 배가 몹시 아픈 산통의 위험이 있다. 위장의 형태가 바로 세워둔 병 형태로 적은 자극에도 쉽게 토한다. 출생 후 처음 보는 변을 태변이라 하는데 끈적끈적하고 냄새가 없으며 암녹색에서 암갈색이며, 모유시 난황색 풀과 같은 변을 1일 2~4회 배변하며, 인공수유시에는 엷은 노란색 변을 1일 1~2회 배변 한다. 소변은 출생 후 24시간 이내에 30~40g의 소변을 배설하며 생후 2일부터 하루에 10~20회 정도로 소변을 본다.

④ 수면

신생아는 하루에 약 17~20시간 동안 자며, 한 번 자면 배가 고프거나 춥거나 배변을 하거나 신체적으로 불편한 때를 제외하고는 거의 깨지 않는다. 대부분의 신생아들은 약 2시간 정도 자다가 깨어났다가 다시 잠이 드는 것을 반복한다.

[표 1-2] 신생아의 수면 및 깨어있는 상태

상태	특징	평균시간
깊은 수면 (규칙적인 수면상태)	· 두 눈 감고 규칙적인 호흡 · 때때로 움찔거리는 것 외에 움직임 없음	출생 시 16~18시간 1개월 14~16시간
활동성 수면 (불규칙적인 수면상태)	· 눈 감고 불규칙한 호흡 · 약간 뒤척이나 전체적인 몸 움직임 없음	
조용한 깬 상태 (졸림)	· 잠들기 전후에 일어나는 상태 · 눈 뜨고 있으나 주요 신체 움직임 없음 · 규칙적인 호흡	출생 시 6~8시간 1개월 8~10시간
활동적인 깬 상태 (비활동적인 각성 상태)	· 눈 뜨고 머리, 사지, 동체 움직임 · 불규칙한 호흡	
울음 및 흥분	· 눈을 반쯤 감거나 완전히 감은 채 격렬한 움직임 · 울음, 몸부림	

⑤ 울음

칭얼거리거나 울음소리를 내는 것이 신생아가 자신의 의사를 나타내는 유일한 방법인데 신생아의 상태에 따라 울음소리가 다르다. 첫째 아프거나 괴로워서 울 때는 먼저 숨을 급히 들이쉰 후 길고 높은 비명을 지르면서 일정한 간격을 두고 운다. 둘째 정상적인 울음소리는 높낮이가 규칙적이며, 숨을 쉴 때 끊어진다. 주로 배가 고프거나 놀아달라는 표시를 할 때의 울음이다. 셋째 용변 때문에 기저귀가 축축해졌거나 배가 고플 때, 피곤하거나 다른 불만을 나타내는 경우는 울음소리가 작고 낮다. 칭얼대는 소리처럼 들리는 경우가 흔하다.

(4) 감각능력

신생아는 출생 직후부터 감각적 경험을 통하여 사물을 판단하고, 적응능력이 발달해 간다. 감각기관에 장애가 있을 때 지적 발달의 지연이 나타날 가능성이 높다.

시각의 발달은 출생 2일후 동공반사를 보이며, 15일에는 색채 식별이 가능하고, 특히 흰색, 황색, 녹색, 적색, 청색의 순으로 반응한다.

청각의 발달은 출생 직후 귓속의 양수 등 점액질이 있어 청각반응을 잘 나타내지 않는다. 그러나 며칠 내에 청력이 매우 예민해져 4주 정도에는 어머니의 음성을 식별할 수 있다.

미각의 발달은 생후 2주째 맛의 차이에 대한 식별에 반응하여 단맛을 선호하고, 쓰거나 신 것은 내뱉고 얼굴을 찡그린다.

후각의 발달은 출생 직후에는 완전하지 못하나, 어머니의 젖 냄새를 맡을 수 있으며 자극적인 냄새에 반응을 보인다.

촉각의 발달은 온도감각과 통각 등이 발달되어 있다. 통각은 출생 직후에는 발달되어 있지 않지만 생후 3일후부터 빠르게 발달한다.

(5) 학습능력

신생아들도 고전적 조건화, 조작적 조건화, 습관화, 모방 등을 통해 학습이 가능하다. 그러나 이것은 정상적인 아기들에게만 볼 수 있는 현상이지 모든 신생아가 다 해당되는 것은 아니다. 아기들은 제각기 다른 기질을 가지고 태어난다.

① 신생아의 고전적 조건화

신생아들은 부저 소리나 악기소리를 들을 때 빠는 행동을 하고, 손바닥을 누르는 전통적인 자극 대신에 그들의 팔을 움직였을 때 바빈스킨 반사(Babinskin reflex)를 나타내도록 하며, 동공을 확장하거나 수축하고 눈을 깜빡

거리며 심장 박동 수를 변화시키는 것을 학습한다(Rovee-Collier & Lipsitt, 1982).

② 신생아의 조작적 조건화

생후 3일 된 신생아들은 낯선 여자의 목소리가 들리도록 조작된 젖꼭지보다는 엄마의 목소리가 들리도록 조작된 젖꼭지를 더 많이 빨았다(Decasper, 1994). 또 다른 연구에서 아기는 젖을 빨 때 액체가 가장 효과적으로 흘러나오도록 하기 위해서 자기의 빠는 행동을 적응시켰는데 이와 같은 행동은 하나의 적응적 학습이라고 할 수 있다.

③ 습관화

신생아에게 있어 학습이 있다는 가장 좋은 증거의 하나로는 습관화(habituation)를 들 수 있다. 이 습관화 과정을 통해서 아기는 어떤 자극에 익숙해지면 그 자극에 더 이상 반응하지 않는다. 예를 들면 동일한 소리나 장면을 계속 반복해서 제시하게 되면 그 자극은 새로움을 잃어 아기의 빠는 행동에 영향을 주지 못하고 신생아는 그 자극에 습관화된다. 다른 새로운 자극이 주어지면 아기는 그것에 주의를 기울이고 다시 빠는 행동을 멈춘다. 이와 같이 신생아는 변화를 감지할 수 있고 조그만 차이에도 반응 할 수 있는 능력을 지니고 있다.

④ 모방

다른 사람을 관찰하고 모방하는 것은 신생아기에 시작되는 학습의 한 형태이다. 2주 된 아기가 성인이 하는 대로 혀를 내밀고, 입술을 벌리고, 손가락을 움직이는 등 성인의 행동을 모방한다는 것이다(Meltzoff, & Moore, 1983).

3) 양육자의 역할

(1) 영양관리

아기의 영양 · 건강과 관련된 보호를 제공해야 한다. 일반적으로 신생아에게 적절한 영양을 지닌 모유나 우유를 수유한다. 또, 이시기에는 아직 면역체계가 완성되지 않은 상태이므로 각종 질병에 대비하여 예방 접종을 해 주어야 한다.

(2) 적절한 자극

신생아의 적절한 성장과 발달을 위해서는 자극을 주어야 한다. 흑백 대조나 선명한 색상의 대조를 통해 자극을 줄 수도 있고, 아기의 자세나 위치를 자주 바꿔서 시야를 넓혀 주고 환경에 접할 수 있도록 돕는다. 아기가 맑은 정신으로 깨어 있을 때에는 아기와 상호 작용하며 아기의 관심을 끌면서 놀아준다.

(3) 정서관리

아기의 시각과 청각, 피부 감각 등의 발달을 촉진시키기 위해서 엄마와의 활발한 교류가 필요한 시기이다. 기저귀를 갈 때나 수유를 할 때 엄마는 풍부한 표정을 지으며, 아기에게 말을 걸어주도록 한다. 또, 하루에 몇 차례씩 아이를 안아 주면 엄마로부터 편안한 마음이 전달되어 아기의 정서가 안정된다.

(4) 욕구충족

애정과 관련된 아기의 욕구를 충족시켜주는 일은 중요하다. 신생아가 울면 즉각 반응하고 자주 돌보아 주도록 애쓴다. 배가 고프거나 기저귀가 젖은 경우를 확인하고, 계속 우는 경우 강보에 꼭 싸주거나, 안아주거나, 체온을 조절해 주거나, 다독거려 주는 등 안정과 위안을 주는 것이 좋다.

4) 신생아기와 사회복지실천

(1) 감각 및 지각발달 측면의 실천

신생아는 태내발달을 통하여 최소한의 생존능력을 갖추긴 하였지만, 출산이후의 비보호적인 환경에서 생존하기 위해서는 어머니의 모성애적 보호가 절대적으로 필요하다. 안정된 모성보호가 이루어지게 되면 신생아는 자신의 긴장상태를 해결해주고 만족을 가져다주는 모성인물에 대해 기본적인 신뢰감을 형성할 수 있게 된다. 아이가 적절한 반응을 보이지 못할 경우에는 아이에 대한 정확한 진단과 치료 어머니에 대한 정서적 지지 치료를 제공해야 한다. 특히 인지발달의 장애가 심해 정신지체 증상이 있는 아동에게는 조기치료를 제공해야 모성보호가 이루어지게 된다. 신생아는 기본적으로 타인을 불신하고 있음으로 적절한 보호가 이루어지지 않으면 이후의 사회과정에도 부정적인 영향을 미치게 된다.

(2) 사회 및 국가적 대책

분만 후 건강한 성인으로 성장발달하기 위해서는 태어난 순간부터 온전한 보살핌이 필요하다. 가정은 사회를 안정적으로 유지되도록 하는 기반이므로 가정 문제를 효율적으로 해결하고 건강가정을 육성하기 위하여 가정 중심의 통합적 복지서비스 체계를 확립할 수 있는 행정적 · 제도적 기틀을 마련해야 한다. 이를 위해 가족기능 강화 및 가정의 잠재력 개발을 통한 가정의 자립증진 대책, 가족공동체 문화 조성을 통한 사회 통합과 문화 계승, 다양한 가족의 욕구충족을 통한 건강가정 구현, 민주적인 가족관계와 양성평등적인 역할분담, 가정친화적인 사회 환경의 조성, 가족의 양육, 부양 등의 부담 완화와 가족해체 예방을 통한 사회비용 절감, 가족의 건강 증진을 통한 건강사회 구현, 가족지원정책 추진과 관련한 재정조달 방안, 가족원의 정신적 · 신체적 건강지원, 소득보장 등 경제생활의 안정, 안정된 주거 생활, 태아검진 및 출산 · 양육의 지원, 직장과 가정의 양립, 음란물, 유흥가, 폭력 등 위해환경으로부터의 보호, 가정폭력으로부터의 보호 및 가정 친화적 사회분위기 조성, 기타 건강한 가정의 기능을 강화하고 지원할 수 있는 국가적 대책이 필요하다.

3. 영아의 성장과 발달 (영아기)

1) 영아의 정의

영아는 라틴어의 '말을 하지 않음'에서 유래된 용어로서 '언어가 없는 시기'라는 의미에서 사용되었다. 학자별로 출생 후 2주부터 15개월(성영혜 외, 1996), 출생 4주부터 18개월(박성연 외, 1999), 출생부터 만 1세 또는 1세반까지(김영호 외, 2005), 출생에서부터 만 2세까지(김동배 · 권중돈, 2006)로 규정하고 있다.

본서에서는 영아기(infancy)를 출생 후부터 약 생후 2세까지로서 모든 발달 영역에서 급속한 성장과 발달을 경험하고, 직립보행, 말을 배움, 개체성을 획득하는 시기로 정의한다.

2) 신체발달

영아기는 일생 중에서 신체발달이 제일 급속하게 이루어지는 시기이며, 성장비율의 속도는 초기 6개월 동안이 가장 빠르다. 영아기의 급성장을 성장급등현상이라고 부르며 일생동안 영아기와 사춘기에 두 번 나타나기 때문에 영아기를 제1성장급등기(first growth supurt), 사춘기를 제2성장급등기라고 한다.

영아기의 신체발달은 첫째 상부에서 하부로의 발달(top to bottom development)로서 아기들은 먼저 머리를 발달시킨다. 아기는 자기 몸의 상체부분을 사용하는 것을 배운 다음에 하체부분의 사용을 배운다. 둘째 내부에서 외부로의 발달(inner to outer development)로서 아기는 손을 의도적으로 사용할 수 있기 전에, 팔을 아주 능숙하게 움직일 수 있다. 이것은 자궁 내에서 이미 시작되었던 것으로서 발달의 두 번째 원리이다. 신체의 중심부분에서 신체의 중심부분에서 바깥부분으로 진행된다. 그래서 태아의 머리와 몸은 손이나 발보다 먼저 발달하며, 팔과 다리가 발달한 뒤에 손가락과 발가락이 발달한다. 셋째 단순한 발달에서 복잡한 발달(simple to complex development)로서 법칙은 명백하지만 심오하다. 신체적이건 다른 것이건 간에 실제로 모든 기술을 획득하는 데 있어서 인간은 단순한 것에서 복잡한 것으로 진행한다는 것이다. 거의 모든 아이들이 보다 단순한 움직임과 활동에서 더 복잡한 활동이라는 일정한 순서로 진행한다. 그래서 발달은 우연하거나 특이한 것이 아니다. 오히려 모든 인간에 유사한 어떤 논리적인 흐름을 따라 진행하는 것이다.

(1) 신체 크기 및 신체 비율

첫째 영아기의 신장은 영아의 체중에 비해 성장속도가 느리다. 출생 시 신장은 남아 51.4cm, 여아 50.5cm로 남아가 여아보다 약간 큰 편이며 영아기의 신장발육도 남아가 여아보다 우세하다. 영아의 평균 신장은 생후 1년 동안 약 50%, 20cm 증가해서 출생 시 신장의 약 1.5배가 된다. 그러나 신장은 1년이 지나면서부터 증가속도가 차츰 감소하여 출생 후 2년이 되면 출생 시의 1.7배인 약 87~88cm로 성장하며, 3년이 되면 출생 시의 1.8배인 94cm 정도가 된다. 한편 신장은 체중과 달리 영양이 부족하였을 때에도 그다지 영향을 받지 않아, 질병이나 영양부족 등의 여러 가지 원인으로 인해 아동의 체중이 감소되는 경우에도 신장은 여전히 증가되는 것을 볼 수 있다.

둘째 체중은 신체 크기의 변화내용을 종합적으로 나타내 주기 때문에 체중만 가지고도 영아기 성장상태를 알 수 있는 가장 좋은 단일지표라고 할 수 있다. 아기마다 개인차는 있지만 첫 1년 동안, 특히 첫 몇 개월 동안 체중의 증가 속도는 현저하여 이때의 성장속도는 일생 중 또 한 번의 급속한 신체적 변화가 일어나는 청소년기보다 더 급속하다.

[표 1-3] 아동의 신체발달 기준표

발달단계	월령	남아		여아	
		신장(cm)	체중(kg)	신장(cm)	체중(kg)
영아기	출생 시	50.8	3.4	50.1	3.3
	11~12 개월	76.5	9.8	75.6	9.3
	18~21 개월	82.6	11.7	81.8	11.2
	24개월	87.7	12.9	87.0	12.5

출처 : 권민균(2005)

(2) 골격 및 근육 발달

첫째 일반적인 골격성장은 성인에 비해서 크기도 작고 수도 적을 뿐만 아니라 근육, 형태, 구성에 있어서도 차이가 있다. 또한 출생 시 연하고 부드러운 뼈가 단단해지는 경화현상이 서서히 나타나면서 신체발달 원리에 따라 손이나 손목의 뼈가 먼저 단단해지고 그 다음은 다리와 발로 진행된다. 그러나 점차적으로 하지의 골격과 근육발달이 빨라지면서 상지의 발달을 앞서게 된다. 뼈의 성장이나 골격경화 속도는 대부분 적절한 영양공급이나 호르몬 물질에 따라 달라지며 골격의 각 부위에 따라서도 다르다.

둘째 두개골의 성장과 천문은 두뇌의 성장으로 인해 두개골의 성장은 출생 후 첫 2년 동안 급속한 진전을 보인다. 두개골의 뼈는 봉합이 채 이루어지지 않아서 머리에는 천문 또는 숫구멍이 남아 있는데 약 9~12개월이 되면 두개골이 자라고 그 사이에 무기물이 채워지면서 완전히 닫히게 된다.

셋째 영아의 근육은 골격과는 다르게 섬유의 수가 성인과 같거나 비슷하다. 그러나 근육조직도 영아기에는 작고 약하다. 출생 시 근육조직은 35%가 수분으로 구성되어 있다. 근육조직은 청년기까지 꾸준하게 발달하는데, 점점 두꺼워지고 단단해진다.

넷째 치아의 발달은 대체로 골격발달과 관련이 있기 때문에 이가 일찍 난 아기는 신체적인 성숙에서도 앞서는 경향이 있다. 치아에는 젖니와 영구치가 있는데, 젖니의 수는 모두 20개이고 영구치의 수는 모두 32개이다. 치아는 생후 6개월경에 젖니가 아래 앞니부터 나기 시작하여 1년이 되면 6~8개의 앞니가 난다. 그 다음 첫째 어금니, 송곳니, 둘째 어금니 순서로 24~30개월경에는 20개의 젖니가 모두 나게 된다.

(3) 운동 발달

첫째 이행 능력은 자기 몸의 위치를 스스로 움직여서 옮기는 것을 말하며, 뒤집기, 앉기, 기어 다니기, 일어서기, 걷기, 뛰기 등이고, 이들은 일정한 순서대로 진행된다.

[표 1-4] 영아의 월령별 운동발달 순서

월 령	운동발달
1개월	엎드린 자세로 턱을 들어 올릴 수 있다.
2개월	엎드린 자세로 어깨를 들어 팔로 자신의 몸을 지탱 할 수 있으며, 옆에서 뒤로 뒤집을 수 있다.
3개월	머리를 돌릴 수 있게 되며 손을 뻗쳐서 원하는 물체를 손이 닿을 수 있지만 잡지는 못한다.
4개월	받쳐주면 앉는다.
5개월	몸을 뒤집거나 엎드릴 수 있으며 무릎에 앉아서 물체를 잡을 수 있다.
6개월	의자에 앉아서 매달려 있는 물체를 잡는다.
7개월	혼자 앉는다.
8개월	배를 바닥에 대고 기게 되며, 받쳐주면 선다.
9개월	가구를 잡고 선다.
10개월	배를 바닥에 대지 않고 손과 발로 기어 다닌다.
11개월	붙잡아 주면 걷는다.
12개월	가구를 잡고 혼자서 일어서며, 잠깐씩 서 있을 수 있다.
13개월	계단을 기어오른다.
14개월	혼자 일어선다.
15개월	혼자 걷는다.

출처 : 강경미 외 (2003)

[그림 1-2] 이행운동발달

출처 : 송명자(2003)

둘째 조작 능력은 신생아기에 아기들은 어떤 물체를 보면 그것을 잡으려는 듯 무조건 손을 휘젓는 행동을 말하는데, 생후 6~7주 정도부터는 팔을 뻗어 잡으려는 듯하다. 행동은 현저히 감소하고, 자기 손을 바라보는 시간이 점점 많아지는 등사물을 응시하는 행동이 증가한다. 이 시기를 다음 과정과 비교하여 잡기 전 단계로 칭하기도 한다. 다음 단계는 눈으로 보고 잡는 단계로서 아기는 2~5개월이 되면 시각적인 활동을 통해 사물을 우선 눈으로 확인하고 손을 뻗는 행동을 보인다. 반복되는 이러한 경험을 통해 아기의 눈과 손의 협응은 점점 자연스럽고 정확해진다.

[표 1-5] 영아의 월령에 따른 조작능력의 발달

월 령	조작능력
1개월	고리를 쥔다.
2개월	누워서 팔을 뒤로 쳐든다.
3개월	손을 폈다가 주먹을 쥐곤 한다.
4개월	팔을 뻗치지만 물체를 손이 닿지 못한다.
5개월	물체에 손이 닿기만 하고 잡지는 못한다.
6개월	물체를 손 전체로 서투르게 잡는다.
7개월	손가락의 움직임이 나타난다.
8개월	물체를 손바닥으로 잡는다.
9개월	물체를 손가락으로 잘 잡지 못 한다.
10개월	손가락을 사용하여 물체를 집는다.
12~14개월	두 손가락 끝으로 어떤 물체도 잘 잡고 또한 집을 수도 있다.

출처 : 강경미 외 (2003)

3) 심리적 발달

(1) 인지발달

영아의 인지발달은 지능발달의 기초가 되며, 지능이 유기체와 환경과의 상호작용을 통해서 발달해 간다는 것이다. 영아는 선천적으로 타고난 반사행동으로 환경에 적응하며 점차 경험에 의해 획득된 적응반응을 반복하게 되고, 그 이후에 반사행동을 통하여 어느 정도 의도적인 행동을 할 수 있게 된다(곽형식 외, 2000). 영아는 언어가 발달하지 않았기 때문에 지각과 환경탐색으로 개념형성의 기초를 구축하는데, piaget와 inhelder(1969)는 영아기를 인지발달 6단계 중 첫 단계인 감각운동기(sensory motor period)로서 다음과 같이 설명하고 있다.

① 제1단계 반사기(0~1개월)

영아는 세상에 대한 지식 습득을 일차적 자원으로서 빨기, 잡기, 큰소리에 반응하기와 같은 반사적 행동에 의지하며 입에 닿는 것은 무엇이든지 빨려고 한다.

② 제2단계 1차 순환 반응(1~4개월)

영아의 관심은 외부의 대상보다는 자신의 신체에 있기 때문에 일차 순환 반응(primary circular reaction)이라 불린다. 빨기-잡기 도식과 보기-잡기 도식은 이 단계에서 획득되는 중요한 도식간의 협응이다.

③ 제3단계 2차 순환 반응(4~8개월)

영아의 관심이 자신의 신체 외부에 있는 대상과 사건에 있다.

④ 제4단계 2차 순환 반응의 조정(8~12개월)

이 하위 단계에서의 영아의 관심은 자신의 신체가 아니라 주위 환경에 있으며 자신의 목표를 달성하기 위해 두 가지 행동을 협응하게 한다. 즉 자신이 먼저 원하는 목표를 지각하고 다음에 그것을 어떻게 성취할까를 찾게 되는 명백히 의도적인 행동(intentional behavior)을 보이게 된다. 이것은 대상영속성의 개념을 획득하기 시작했다는 사실을 보여준다(Piaget, 1952).

⑤ 제5단계 3차 순환 반응(12~18개월)

이 단계에서 영아는 매우 적극적이고 목적 지향적이며 시행착오적으로 탐색하는 특성을 보인다. 새로운 결과를 얻기 위해 여러 가지 새로운 방법을 시도해보기도 한다.

⑥ 제6단계 정신적 연합을 통한 새로운 수단의 발견(18~24개월)으로서 여아의 지적 능력이 놀랄 정도로 크게 성장하는 시기이다. 눈앞에 없는 사물이나 사태를 내재적으로 표상하는 심상(mental representation)을 형성할 수 있으

며, 이전 단계까지 불가능했던 지연모방(deferred imitation)이 가능하게 된다.

영아는 임의적으로 단순한 반응을 보이는 것 보다는 오히려 어떤 간단한 목적을 달성하기 위해서 의도적으로 여러 가지 행동을 수행한다(Zastrow & Kirst Ashman, 1997). 즉 영아기는 자신의 행동과 그 행동에서 나타나는 결과를 예측할 수 있게 되면서부터 자신의 욕구를 충족하기 위해 의도적으로 행동하게 되며 새로운 목적을 성취하기 위해 목적지향행동을 보인다. 영아기에 획득해야 할 중요한 과제 중의 하나가 대상영속성(object permanence)의 개념이다. 대상영속성은 우리 자신을 포함하는 모든 대상들이 독립적인 실체로서 존재하며, 대상이 한 장소에서 다른 장소로 이동하였을 때 시야에서 그 대상이 사라지더라도 다른 장소에 계속 존재한다는 사실에 대한 지식을 의미한다(송명자, 2000). 대상영속성 개념발달 단계를 자세히 살펴보면 출생~1개월은 시야에서 사라진 물체는 마음에서도 사라졌다고 보며, 1~4개월에는 숨겨진 물체가 있는 곳을 쳐다보지만 계속 찾으려 하지 않고, 4~8개월에는 사라진 물체를 찾으려는 시도를 보이며, 8~12개월에는 사라진 사물을 찾을 수 있고, 12~18개월에는 마지막 사라진 장소에서 물체를 찾아내며, 18~24개월에는 정신적 표상에 의해 이동과정을 추적 할 수 있다(Harris, 1983).

(2) 언어발달

영아기의 언어발달은 인지발달 및 사회성 발달과 밀접한 관련성을 지니고 있는데, 대개 6단계의 발달단계를 거친다(민영순, 1996). 언어발달의 첫 번째는 반사적인 소리와 아주 유치한 소리를 내는 단계이며, 둘째는 옹알이 단계이고, 셋째는 의사표현이 단순하고 잘 통하지 않는 단계, 넷째는 약간의 뜻이 통하는 단어 사용단계이며, 다섯째는 두 단어 이상의 의미 있는 말을 연결하여 사용하는 단계이고, 여섯째는 언어기술이 숙달된 단계로 구분하고 있다.

영아기의 언어발달은 낱말을 사용하지 못하는 언어이전 시기와 낱말을 사용하기 시작하는 언어시기로 나눌 수 있다(임규혁, 2001). 언어 이전 시기는 대략 생후 1년까지의 시기이며, 울음, 쿠잉(cooing), 옹알이(babbling), 음소의 확장 등을 통하여 의사를 전달한다. 이것은 언어발달에 있어서 필수적인 것은 아니지만 상당한 관련성이 있는 것으로 알려져 있다(Papalia, Olds & Feldman, 1998).

① 울음

출생 직후 호흡시작의 신호인 울음은 아기의 최초 발성으로 주변 환경과 의사소통하는 유일한 방법이다. 그러나 출생 시의 첫 울음에서 생후 1개월까지의 울음소리는 분화되지 않은 것으로 반사적인 울음이다. 생후 1개월이 지나면 영아의 울음소리가 분화되면서 배고픔이나 고통과 같은 좀 더 구체적인 욕구의 표현으로 나타나며 이러한 욕구에 따라 울음소리에 차이가 있다.

② 옹알이

생후 2개월경부터 성대로 공기를 내보내는 신경근육이 발달하기 시작하면서 나타나는 영아의 음성놀이 또는 연습을 옹알이라고 한다. 옹알이는 언어발달의 기초가 되기 때문에 매우 중요하며, 농아나 부모가 청각 장애인 경우에 옹알이가 나타나지 않는다.

③ 한 단어 문장

10~13개월이 되면 대부분의 영아들은 한 개의 단어로써 의사소통을 하기 시작한다. 엄마, 아빠, 맘마라는 단어들이 가장 최초로 획득되는 의사소통의 언어수단이다. 이 시기의 영아들은 한 개 단어를 한 단어 문장으로 사용하는 경향이 있으며, 이 때 영아가 사용하는 하나의 낱말은 한 단어가 아니라 의미있는 문장이 되는 것이다. 따라서 듣는 사람은 말하는 영아의 억양과 몸짓, 얼굴 표정과 같은 신체언어를 참조하여 의미를 이해해야 한다. 또한 이 시기의 영아들은 하나의 단어를 과잉확대, 과잉축소해서 사용하게 된다.

④ 두 단어 문장

일반적으로 영아는 18~20개월경이 되면 두 단어를 결합하여 말을 하게 된다. 이 때 두개의 단어는 같은 의미와 내용의 연속적인 표현으로 단일 단어의 의미를 가진 두 마디 말의 형태인 것이다. 이 때 사용하는 첫 번째 단어는 호칭이거나 감탄사, 지시어인 경우가 대부분이기 때문에 의미에 있어 한 단어의 시기와 별 차이가 없다.

영아기의 언어발달은 개인차가 있으며, 성별, 가정환경, 가족형태 등에 영향을 받는 것으로 알려져 있다. 일반적으로 여아가 남아보다 빠르며, 어머니의 언어자극은 신생아의 언어발달을 촉진시킨다.

[표 1-6] 영아의 월령별 언어발달

수행시기	발성과 언어
3개월	울음이 감소되며 말을 걸거나 고개를 끄덕여 주면 미소 짓고 꾸르륵 소리를 내며 좋아한다. 꾸르륵 소리는 모음과 비슷하며 15~20초 동안 지속된다.
4개월	사람의 소리에 대해 보다 분명한 반응을 나타낸다. 머리를 돌리고 말하는 사람을 찾는 것처럼 행동하며 가끔 웃음소리를 낸다.
5개월	모음과 같은 꾸르륵 소리 속에 자음의 소리가 삽입된다. 주로 마찰음과 비음을 많이 낸다. 그러나 이러한 영아의 발성은 음성학적으로 언어소리와는 전혀 다른 것이다.
6개월	꾸르륵 소리내기는 한음절 소리와 흡사한 옹알이로 변한다. 마, 다, 나와 유사한 소리를 가장 많이 낸다.
8개월	모음과 자음의 반복이 빈번하게 나타난다. 억양이 명확해지고 발음의 강약으로 감정을 표현하게 된다.
10개월	영아의 발성 속에 꼬록꼬록하는 소리나 거품을 부는 것과 같이 장난이 섞인 소리가 나오게 된다. 소리변별이 부분적으로 가능해짐에 따라 단어 간의 구별이 시작되고 소리를 모방하려는 시도가 나타난다.
12개월	맘나나 나나와 같은 소리를 반복해서 하며, 영아는 몇 개의 단어와 간단한 명령을 이해할 수 있다.
18개월	3개 이상 50개미만의 단어를 말할 수 있다. 아직도 옹알이는 많이 하는 편이며 비교적 복잡한 억양패턴의 여러 음절을 사용하게 된다. 이해력은 빠른 속도로 진전되나 아직까지 의사소통의 의도는 없으며, 2개 단어를 사용해서 말을 하지만 완전하게 결합 또는 조직하지는 못한다.

출처 : 강경미 외 (2003)

(3) 감각발달

영아는 시각이 비교적 덜 발달된 상태에서 태어나며 한 물체에 시선을 고정시키거나 초점을 맞추지 못한다. 그러나 다른 사물에 비해 사람의 얼굴을 오랫동안 응시하는 경향이 있으며 생후 4개월이 되면 다른 색보다 파란색과 빨간색을 더 오랫동안 보는 경향이 있다. 깊이 지각은 생후 4~6개월이면 가능한 것으로 보고 있다(유안진, 1996). Gibson과 Walk(1960)는 생후 6~14개월 된 아기들의 시각절벽(visual cliff)위에 올려놓고 실험한 결과 기어 다닐 수 있는 아이는 유리로 덮여 있지만 벼랑처럼 보이는 위치에 오면 건너편에서 엄마가 불러도 기어가지 않고 멈추는 행동을 보였으며, 처음부터 벼랑으로 보이는 유리판 위에 놓으면 울고 다른 쪽으로 기어가는 행동을 보였다. 한편 6개월 이전의 아기는 길 수 없으므로 시각절벽에 올려놓고 심장박동수를 살펴본바 심장박동수가 감소했는데, 이러한 현상은 대개 공포를 느낄 때 관찰되는 것으로서 2개월 된 영아도 깊이지각 능력이 있음을 알 수 있다(Campos, Langer, & Krowitz, 1970).

4) 정서 및 사회 발달

(1) 애착

애착(attachment)이란 인간을 비롯한 모든 동물이 자신이 아닌 다른 인간이나 동물을 가까이 하고 이를 유지하려고 하는 행동을 말한다(Bowlby, 1958; Ainsworth et al, 1973). 애착은 영국의 아동정신분석학자 볼비(Bowlby)가 정의한 용어로 사랑하는 대상과 관계를 유지하려는 행동을 뜻하는 정신분석학적 용어이다. 애착의 대표적 예는 아기와 어머니 사이에서 볼 수 있다. 아기와 어머니는 서로 사랑의 관계를 집요하게 유지하려고 애쓴다. 특히 포유류나 조류는 태어나면서 어미에 대한 애착을 본능적으로 가지며 동시에 모르는 대상에 대해서는 두려움을 갖는다. 인간의 경우 생후 6개월 정도면 특정 인물에 대한 애착을 가지며 또 알지 못하는 것에 대해 막연한 두려움을 갖는다. 이때를 무난하게 넘겨야 정상적인 성격을 형성할 수 있으며 그렇지 않으면 나중에 정서적 장애를 유발할 수 있다.

[표 1-7] 애착 형성 단계

단계	시기	애착형성 내용
1단계	출생~3개월	빨기, 젖찾기, 파악반사 등을 통해 계속해서 대상에 머물러 있으려 한다.
2단계	3~6개월	애착형성의 가장 결정적 시기. 몇몇 친숙한 사람에게만 선택적으로 반응을 보이며 낯선 사람에게서 낯가림을 하게 된다.
3단계	7~걸음마기	능동적으로 타인과의 신체적 접촉을 추구. 부모와 분리되기 싫어하는 분리불안이 나타난다. 대상이 눈에 보이지 않아도 그 대상이 존재한다는 사실을 인식할 수 있는 대상영속성이 형성된다.
4단계	걸음마기이후	부모의 애착행동을 유발하기 위한 다양한 행동 시도

출처 : Ainsworth(1973)

(2) 낯가림과 격리불안

보통 생후 5~7개월 정도가 되면 어머니와 애착을 형성하기 시작하게 되고 어머니와 낯선 사람을 구별하여 낯가림(stranger anxiety)을 시작하게 되는데, 이는 낯선 사람에 대한 불안반응으로 정상적인 정서발달의 한 표현이다. 아기는 낯선 사람이 접촉하려고 하면 얼굴을 돌리고 찡그리거나 눈을 동그랗게 뜨고 쳐다보거나 긴장된 태도를 보이게 되며, 몸을 떨거나 얼굴표정이 굳어지기도 하는데 심하게 우는 경우도 있다. 걸음마를 하는 아기라면 어머니의 치마 품으로 숨기도 한다. 이러한 낯가림은 아기가 친숙한 사람과 그렇지 않은 사람을 구별할 수 있다는 것을 의미하며 어머니와 아기 사이에 애착이 생겼다는 첫 번째 현상이다.

격리불안(이별불안 또는 분리불안, separation anxiety)은 아기가 애착이 생겨나면서 애착의 대상인 어머니와 헤어지는 데 대한 두려움, 슬픔, 실망으로 어머니만 좇아다니거나 어머니가 눈에 보이지 않으면 불안해하는 경우를 말한다. 분리불안은 낯가림보다 늦은 생후 7~9개월경에 나타나기 시작하는데, 생후 12~15개월경에 가장 심하다가 3, 4세경이 되면 자연스럽게 없어진다. 분리불안은 아이가 어머니에게 안정되게 애착될수록 적게 나타나는데, 이는 아이가 자기의 경험에 비추어 어머니가 곧 돌아올 것으로 쉽게 믿기 때문이다. 반면에 어머니가 존재하고 있다는 신뢰가 약화되면 분리불안은 증가된다(Shaffer, 1999).

분리불안은 연령에 따라 불안의 동기가 다른데 8개월 정도의 영아는 어머니가 없어지면 돌아오지 않을 것이라고 믿기 때문에 어머니가 옆에 없는 것 자체가 불안의 요인이 된다. 반면, 걸음마를 하는 연령이 되면 어머니와 떨어져서 돌아다니기도 하고 어머니가 곧 올 것을 믿기 때문에 오랫동안 돌아오지 않는 경우가 아니라면 혼자서도 잘 놀기도 한다. 따라서 18개월 정도가 지나면 돌아올 시간을 정확히 하고 약속을 지킨다면 별로 두려움을 보이지는 않는다.

(3) 신뢰감 형성

영아기 동안 어머니와 맺게 되는 사회적 관계가 어떠하냐에 따라 신뢰감이 형성될 수도 혹은 불신감이 형성될 수도 있다. 내가 필요로 하면 언제든지 어머니가 요구를 충족시켜 줄 것 이라는 기본적인 믿음이 있을 때, 비로소 영아는 외부 세계를 안전한 세상으로 인식하며 받아들이게 된다. 이를 위해서 주양육자는 일관성 있게 그리고 애정을 가지고 영아의 심리적・생물학적 욕구를 충족시켜 주어야 하며, 영아의 발달 수준에 적절하고 동시에 영아를 적절히 자극할 수 있는 환경을 구성해 주어 영아의 감각적, 운동적 그리고 사회적 환경 탐색을 격려하는 것이 좋다.

(4) 자아의 발달

영아기 동안에는 자아인식과 자아인지 및 자아정의를 발달시킨다. 자아인식은 아기가 다른 사람이나 사물로부터 독립된 개체임을 인식하는 분리-개별화 과정으로서 영아기 초기부터 나타난다. 자아인지는 자신의 모습을 상으로서 정확하게 인식하는 능력을 의미하며, 자아정의는 아기들은 말로 명명함으로써 보다 분명하고 정교한 자아개념을 갖게 된다.

이러한 기본적인 지식들을 기초로 아기들의 자아개념들은 발달하기 시작하며 동시에 자아존중감도 발달한다. 아기의 자아가치감은 자기가 어떤 일이 일어나게 할 수 있다든지 다른 사람의 행동을 조절할 수 있다고 느끼는 정도에 따라 영향을 받는다. 따라서 양육자의 민감하고 반응적인 행동을 통해 영아에게 신뢰감을 갖게 하는 일은 중요하다.

5) 사회 환경

(1) 가정환경

태어나서 성장해 나가는 과정 속에서 경험하게 되는 삶의 장(場)을 의미하며, 물리적 환경과 부모의 양육태도 및 양육 관을 비롯한 심리적 혹은 인적 환경이 포함된다. 가족과 부모는 자녀가 성장・발달함에 있어서 필수 요소임으로 영아가 외부의 위험으로부터 보호하고 격려하면서 한 인격체로 성장시켜 나가는 가장 근본이 되는 체계를 마련해야 한다.

(2) 보육환경

어느 시기보다도 세심한 배려로 보육의 질을 제고해야 할 단계임으로 국가적 차원의 영아보육시설에 대한 시책 및 대안이 요구되며, 부모의 필요에 따라 아이를 돌보는 형태의 보충 보육 서비스가 필요하다.

6) 영아기와 사회복지실천

(1) 신체적 발달과 사회복지실천

영아기의 신체적 발달과 관련하여 사회복지실천에서 관심을 기울여야 하는 영역으로서는 첫째 선천성 질병과 장애발생 예방이다(김동배 · 권중돈, 2006). 영아가 유전적 또는 출산 과정상의 문제로 인하여 신체 내부 기관의 결손 및 결함, 선천적 질병, 그리고 신체적 장애를 가지고 있는 경우 생존에 필요한 여러 가지 기능을 수행하는 데 어려움을 겪을 수 있고 부모 및 사회적 상호작용에도 많은 제한을 가지고 살아가게 된다. 따라서 사회적 차원에서 이러한 선천성 질병이나 장애가 있는 영아들이 조기 치료와 교육, 재활 훈련을 받을 수 있는 기회를 제공할 필요가 있다. 둘째 운동발달 지체의 문제로서 영아가 머리 들기, 앉기, 서기, 걷기 등에서 발달 지체를 겪는 경우 외부 세계에 대한 호기심과 자발적 탐색이 이루어지지 못하므로 다른 발달영역(언어, 인지, 정서)에 많은 어려움을 겪게 된다. 이 경우에 부모와의 상담을 통해 영아의 발달 상태를 평가하고 필요시에는 의학적 진료를 받을 수 있도록 의뢰하는 절차가 필요하다.

셋째 감각과 지각의 발달 문제로서 영아의 경우 감각을 통해 양육자와 접촉하고 애착 관계를 형성해 나가기 때문에 감각 및 지각 기능의 장애는 신체 발달뿐 아니라 정서 및 나아가 사회적 발달에도 부정적 영향을 미친다. 따라서 이러한 경우에는 영아가 정확한 의학적 진단과 치료를 받을 수 있도록 의료기관에 의뢰할 수 있어야 하고 부모에게 필요한 교육과 지지적 상담을 해줄 필요가 있다.

넷째 영아 돌연사증후군을 예방하기 위해서는 임신 중에 충분한 영양섭취와 산모가 임신 중에 담배를 피우지 말며, 아기를 바로 눕히거나 옆으로 재우고, 엄마 젖을 먹이는 것이 좋으며 예방접종을 철저하게 하는 것이 필요하다.

다섯째 흔들린 아기증후군에 걸리면 장골이나 늑골의 골절 등 복합적인 손상이 발생하므로 장난으로 아이를 공중에 던져 받는 것, 아이를 무릎 위에 올려놓고 툭툭치는 것, 아이를 등에 업거나 어깨에 목말을 태워 조깅하는 것, 말을 타는 것 등은 위험한 행동임으로 자제해야 한다. 여섯째 부모의 사회경제적 지위와 영아조기사망률과의 관계로서 한 연구결과에 따르면 부모의 사회경제적 지위가 낮을수록 출생아의 조기 사망률이 높아진다는 것이다. 세대 간 전승이 강한 사회에서 부모의 사회경제적 지위와 영아의 생존 문제와는 밀접한 관련이 있음에 관심을 기울여야 한다.

일곱째, 영아기 조기교육의 문제로서 영아기의 조기교육이 유행되고 있지만 영아기에는 신경세포가 아직 성숙되지 않아서 과도한 조기교육은 오히려 이후에 학습 장애나 각종 스트레스 증세가 나타나 뇌 발달에도 큰 지장을 초래할 수 있다.

(2) 심리 · 사회적 발달과 사회복지실천

영아기 심리사회적 발달과 관련하여 관심을 기울여야 할 영역은 부모 자녀간의 애착관계 문제이다. 영아의 격리불안이나 낯가림 현상은 시간의 흐름에 따라 감소되는 것이 일반적이지만 현대사회에서 맞벌이와 가정이 증가하고 있는 실정에서 영아와 부모의 접촉 시간이 매우 짧고 잦은 주 양육자 교체로 인해 영아가 격리불안을 강하게 표출하거나 반응성 애착장애 등과 같은 불안정한 애착 관계를 형성하는 경우가 증가하고 있다.

이를 예방하기 위해 맞벌이 부부의 경우 아이가 태어난 지 2~3년 이내에 어머니가 직접 아기를 기르는 것이 최선이고, 고정 양육자를 구하여 아기를 맡기는 것이 바람직한 방법이다.

또한 부모들을 대상으로 짧은 시간 동안에 자녀와 효과적 애착 관계를 형성할 수 있는 양육기술과 부모역할 교육이나 정보 제공을 위한 프로그램을 실시할 필요가 있다.

4. 유아의 성장과 발달(유아기)

1) 유아의 정의

유아의 정의를 살펴보면 젖을 뗀 때로부터 학령이전까지의 시기(동아새국어사전, 1989), 유아기는 출생에서부터 초등학교 입학 전까지의 시기(최옥채 외, 2005), 만 2세부터 6세까지(조복희, 2004), 걸음마기(toddlerhood)라고 하며 만 2세~4까지의 시기(김태련 외, 2004) 등으로 다양하게 규정하고 있다. 유아기는 인간의 행동과 바람직하고 사회적으로 변화시키는데 필요한 각종 사회적 발달과정을 학습하게 되므로 매우 중요하다. 구체적으로 이 시기에 평생을 좌우할 신체적, 인지적, 언어적, 정서적, 사회적 발달과정을 학습하게 되며 유아기의 학습이 유아의 두뇌와 인지발달에 상당한 영향을 미치므로 간과해서는 안 될 매우 중요한 시기이다. 본서는 인간의 인지발달과정의 가장 기초단계이면서 중요한 단계가 되는 유아기는 만 2~3세부터 5~6세까지의 단계로서 초등학교 입학 이전의 학령전기까지로 정의하고자 한다.

2) 유아기 발달의 특성

(1) 기초성

유아기의 모든 경험은 성인이 되었을 때 갖게 되는 여러 가지 특성의 기초가 된다. 우리 속담에서도 세살버릇 여든까지 간다라는 말이 있듯이 유아기의 경험과 발달은 일생동안 지속되는 경우가 많다. 따라서 유아기에 전인적 발달이 조화롭게 이루어질 수 있도록 적절한 환경을 제공해야 한다.

(2) 적기성

인간은 어떤 특정한 발달과업을 성취함에 있어 가장 적절한 시기가 있으며 이 시기를 놓치면 그다음 시기에서 이를 보충하기가 어렵게 되는데 이러한 시기를 이른바 결정적 시기라고 한다. 예를 들면 0~2세의 영아는 풍부한 감각 경험과 신체동작경험을 통해 지적 발달을 이룰 수 있는데 이때 이런 경험을 제공받지 못한 유아는 그 후 이런 경험을 제공받게 된다 하더라도 지적 발달에 있어 많은 효과를 얻지 못한다. 이처럼 유아의 발달에는 최적기가 있고 신체, 지능, 성격, 도덕성 발달 등 각기 발달마다 그 최적기가 다르다. 따라서 최적기를 놓치지 않고 때맞추어 좋은 경험을 제공하여야 유아의 발달을 도울 수 있다.

(3) 누적성

유아의 성장발달에 있어 어떤 결손이나 지체가 생기면 그다음 시기의 발달에 영향을 미쳐서 그로 인한 결손이 누적되며 심각한 결과를 초래하게 된다. 예를 들면 수유기는 인간에 대한 기본적 신뢰감이나 불신감이 형성되는 시기인데 이 시기에 어머니와 자녀 사이에 신뢰감이 형성되지 못하면 유아가 성장하여 형성되는 모든 인간관계에 계속 영향을 주게 된다. 이러한 결손은 깊이 누적되기 전에 신속히 인지하여 이를 수정 보완해야 한다.

(4) 불가역성

인간의 여러 특성은 인생의 초기에 급속히 형성되며 어떤 특성은 그 발달의 결정적 시기를 놓치면 회복이 불가능해지는데 이런 발달의 성격이 바로 불가역성(irreversibility)이다. 예를 들면 4세까지 인간지능의 50%이상이 형성된다고 하는데 이때 지적 자극이 부족한 환경에서 자라게 되면 유아의 지능 발달은 큰 손실을 입고 그 후에 아무리 풍부한 환경을 제공하더라도 완전한 회복이 어렵다는 것이다. 그리하여 위에서 열거한 유아기 발달특성에 유의하여 유아기의 교육적 환경의 토대에서 각종 인식과 경험을 학습시키기 위하여 노력하여야 한다.

3) 신체발달

(1) 신체발달

유아기 신체적 발육의 속도는 늦지만, 신체적 활동은 극히 왕성하다. 활동적이기 때문에 사고를 당하는 일이 증대되고, 감염의 기회도 많아지며, 많은 면역을 획득하는 것도 이 시기이다. 신체발육에 있어서는 체중의 증가에 비해 신장의 발육이 눈에 띄는데, 특히 유아기의 후반에 두드러진다. 따라서 이 시기에는 많은 유아들이 호리호리한 체형이 되고, 개중에는 말라 보이는 유아도 있다. 영아기의 발육 속도에 비하면 늦지만, 유아기의 발육도 현저해져서 생후 4년 정도이면 출생 때 신장의 약 2배 이상이 되고, 체중은 매년 2㎏정도가 증가하여 생후 2년이면 출생 시의 약 4배, 4년이면 5배에 달한다.

치아는 2.5~3년이면 유치 20개가 모두 돋아나지만 개인차가 크다. 뇌신경의 발육도 현저해지고, 4세 전후가 되면 뇌의 중량은 성인의 약 80%에 미친다. 뇌중량의 발육과 정신발달과의 관계가 반드시 비례한다고는 할 수 없지만, 뇌신경계의 발육에 따라서 지능이나 운동기능 등이 발달한다. 수면시간은 성장하면서 점점 줄어들어 5세경에는 9시간 정도를 잔다(이근홍, 2003). 배뇨의 생리 기능도 유아기에 거의 완성되고, 밤의 배뇨도 3~4세가 되면 70~80%는 스스로 일어나서 변기에 보게 된다. 그러나 4~5세가 되어도 수면 중에 배뇨하는 유아가 있고, 다음의 아동기에 이르러 비로소 완성하는 유아도 있다.

(2) 운동발달

운동발달은 운동형태의 발달과 운동기술의 발달로 나누어 볼 수 있다. 운동형태의 발달은 어떤 행위를 수행할 때 형성되는 일련의 기본적인 움직임을 말하며, 운동기술은 이러한 움직임의 정확성과 속도를 포함하는 개념을 말한다(이옥형, 2002).

인간의 운동발달은 개인차가 있기는 하나 대개 일정한 단계를 거쳐서 일정한 규칙성을 가지고 발달하게 되는데 유아기의 운동발달 원리는 다음과 같다.

첫째 운동발달은 단계적 · 연속적으로 이루어진다. 신체 기관이나 운동 기능의 발달은 앞 단계의 발달을 토대로 하여 다음 단계로 발달해가는 단계적이며 연속적인 과정을 거쳐서 이루어진다.

둘째 신체적 · 심리적 발달에는 이상적인 시기가 있다. 운동기능이나 심리적인 발달은 급증하거나 정체하는 시기가 있다. 따라서 이 시기를 놓치면 발달에 장애가 올 수 있다.

셋째 운동발달은 개인차가 있다. 운동발달은 속도뿐만 아니라 발달 유형에도 개인차가 있고 남녀 간에도 차이가 있다. 그런데 이러한 개인차는 선천적인 요인보다도 학습기회, 수련방법, 동기유발 등에 의한 차이가 더 크다.

넷째 운동발달은 다른 영역의 발달과도 관계가 깊다. 유아기의 운동발달은 사회성, 성취동기, 정서적인 안정감, 학업성취 등과 밀접한 관계가 있다. 따라서 성공적인 운동발달은 긍정적인 자아개념을 형성하는 데 많은 도움을 준다.

① 구체적인 발달 학습 모형

대근육 발달

첫째 걷는 시기와 자세는 지능이나 신경 및 근육조직 발달정도에 많은 영향을 받으며, 대략 2세가 되면 거의 완전하게 이루어진다.

둘째 달리기는 약 4~5세가 되면 어느 정도 속도를 낼 수 있다.

셋째 뛰어오르기는 3세경에 조금 높은 곳에서부터 시작하여 4세가 되면 멀리뛰기, 높이뛰기 등의 뛰어넘기가 가능해지고, 5~6세가 되면 한발로 뛰기를 할 수 있다.

넷째 기어오르기는 근력발달과 지구력이 있어야 가능한데, 4세 이후 매우 활발해 진다.

다섯째 균형 잡기는 3세 이후 곧 걸을 수 있으나 꾸불꾸불한 길은 4세가 되어야 따라 걸을 수 있으며, 4~5세 이후 몸의 균형을 잡고 안전하게 속도를 내며 걸을 수 있게 된다. 5세가 되면 팔짱을 낀 채로 한쪽 발로 잘 서 있을 수 있다.

여섯째 공 던지기는 유아의 눈과 손의 협의능력과 조정능력을 발달시키는 운동으로서 3세의 유아는 팔목을 사용할 줄 모르고 어깨와 팔꿈치를 사용한다. 4세 때는 높이 조절이 어렵고, 5~6세 이전에는 공을 받는 것이 어렵다.

일곱째 세발자전거를 타면서 유아는 발을 젓고, 브레이크를 걸고 가속시키는 등의 자전거 타기를 경험을 할 수 있다. 2~3세에 타기 시작하여 즐기지만 4세가 되기 전에 더 빠르고 더 모험적인 두발자전거를 선호하게 된다.

소근육 발달

첫째 사물조작은 손과 팔을 이용하여 물체를 쥐거나 잡을 수 있는 기능이 생기고 능숙해진다. 2세가 되면 대부분의 아기는 미숙하지만 밥을 먹고 컵으로 물을 마신다.

둘째 블록 쌓기를 하려면 블록을 잡는 일과 적당한 곳에 놓는 일을 할 수 있어야 한다. 2~3세경에 7개정도의 블록을 잡을 수 있으며, 4~5세가 되면 탑을 쌓은 후 손을 떼는 일에 주의를 기울여 성공 할 수 있다.

셋째 젓가락 사용은 3세경에 막쥐기식으로 젓가락을 사용할 수 있으나, 5세 이상이 되어야 적절한 방식으로 능숙하게 사용이 가능하다.

넷째 그리기는 1~3세 동안은 끼적거리는 시기이고, 3세가 되면 단순한 선에 의한 도식화가 가능하다. 4~8세 동안에 단순한 도형을 모아서 구조를 이루는 식으로 그리는데 이때의 그림은 인지와 깊은 관계가 있다.

다섯째 옷 입고 벗기는 3세 이후 혼자 양말을 신고 옷의 단추를 뺄 수 있으나 운동화의 끈을 매거나 지퍼를 올리는 것, 단추를 끼는 것은 어렵다. 벗고 입는 것이 모두 가능한 것은 5~6세경이다.

여섯째 단추 끼우기는 6~7세가 되면 자기 옷에 단추를 채울 수 있다.

일곱째 왼손잡기는 유아기 동안에 자연스럽게 양손 중 어느 한쪽의 우세한 사용이 드러나는데 전체 아동의 6~7%가 왼손잡이이며 여아보다 남아에게 많이 나타난다. 강제적으로 왼손잡이를 고치려고 하면 유아는 정신적, 심리적 부담감을 가지고 여러 가지 장애를 일으킬 수 있다.

4) 심리발달

(1) 감각 및 지능발달

지능은 새로운 환경과 상황에 적응하는 능력, 추상적 학습을 할 수 있는 능력 및 이를 구체적 사실과 관련시킬 수 있는 고등 정신 능력이라 할 수 있으며 이는 부모로부터 받은 유전적 요소에 의해 영향을 받는다. 최근 지적능력이 환경에 의해 좌우 된다는 환경에 대한 관심 고조되며 부모의 교육, 직업, 문화수준이 언어와 행동 사고방식에 영향을 주어 지능발달에 영향을 미친 것으로 분석된다. 또한 지적(perception)기능의 발달에 있어서 눈에 띄는 것은 언어의 발달이다. 서투른 말을 몇 마디씩 하는 것은 1~1.5세경이며, 그 후의 발달은 두드러져서 유아기가 끝날 무렵에는 약 2,000개의 어휘를 익히게 되어 일상의 회화에 불편이 없을 정도의 능력을 가지게 된다. 이에 대하여 외계의 사물이나 사상을 이해하는 능력은 아직 한정되어 있다. 주로 감각적인 실마리를 통하여 사물의 성질(크기 · 모양 · 온도 등)을 이해하지만, 어른과 같이 그것을 객관적 존재로서 파악할 수는 없으며(자기중심성), 무생물에도 자기와 같은 의지나 감정이 있는 것으로 생각하는 상모적 지각(physiognomic perception)특성을 갖는다.

(2) 정서발달

정서란 모든 사람이 가지고 있는 느낌이다. 정서표현은 얼굴, 신체, 음성적 반응을 포함하는 복잡한 행동패턴을 의미하는 것으로 정서표현 방법은 그 문화에 속한 모든 구성원이 학습하는 표현규칙이다. 정서는 긍정적 정서와 부정적 정서로 크게 나눈다.

첫째 부정적 정서로는 두려움, 분노, 질투, 슬픔, 혐오감 등이 있으며, 둘째 긍정적 정서로는 애정, 사랑, 행복, 기쁨, 호기심이 있다. 정서는 비교적 어린 시절부터 발달하는 것으로 유아기 동안에 대부분의 정서가 분화하여 성인들의 정서와 거의 유사한 특성을 보인다.

일반적으로 불쾌 쪽의 정서가 더 빨리 분화되며 2세 말 경에는 성인에게서 나타나는 거의 모든 정서가 나타난다. 부모는 남아와 여아에 대한 정서적 고정관념을 강화하지 않는 것이 중요하다. 모든 아동들이 자신의 감정에 충실히 표현할 수 있도록 격려 받는 것이 중요하다.

(3) 사고의 발달

학습이나 경험을 여러 가지 방법으로 변형 및 부호화하고 기억 속에 저장한 다음 그것을 사용할 경우 인출하는 정신과정을 인지라고 한다. 곧, 우리 머릿속에서 일어나는 내적 정보처리과정을 객관적이고 과학적인 방법으로 연구하는 것을 인지이론이라고 한다.

현대의 인지이론은 접근 방법에 따라 인지발달론과 정보처리론으로 나눌 수 있는데 인지 발달 론의 연구하는 대표적인 학자가 바로 Jean Piaget이다. 유아기의 인지사고능력은 지능, 기억, 주의력, 창의성, 개념 등 인지영역에서의 변화를 통해 다양한 지식 획득과 사고력의 증진으로 특징지을 수 있다.

Piaget의 전 조작기에서 두드러진 사고의 특징을 살펴보면 첫째 상징적사고로서 지금, 여기라는 현실을 벗어나 다른 장소와 시점을 정신적으로 표상(representation)한다. 둘째 자아중심성(egocentrism) 사고로서 동시에 여러 관점을 고려하는 능력부족으로 모든 현상을 자아중심성으로 사고한다. 셋째 직관적 사고(intuitive thought)로서 사물이나 현상을 직관에 의해 두드러진 속성을 근거로 판단한다(Santrock, 1997).

(4) 언어발달

유아기의 언어특성은 상징을 사용할 수 있는 능력이며, 가장 중요한 상징적 표현의 수단은 바로 언어이다. 아동이 상징적 기능을 획득하게 됨에 따라 단어 획득 속도는 급격하게 빨라진다. 유아가 일단 말을 하기 시작하면, 이에 따라 사회적 상호작용도 보다 활발해지면서 언어발달이 가속화된다. 유아기 동안 언어발달이 활발히 진행되어, 보통 5세 정도가 되면 대부분의 유아들은 모국어를 유창하게 구사할 수 있다. 유아는 언어를 통해 타인과 상호작용하고, 새로운 정보를 서로 교환하고, 자신들이 바라는 바를 표현하고, 타인의 행동을 통제하며, 자신의 독특한 견해, 감정, 태도를 나타낸다.

언어의 특징을 살펴보면 첫째 자기중심적 언어로서 유아기의 언어에는 반복, 독백, 집단적독백과 같은 자기중심적 언어가 보편적으로 나타난다. 유아는 의미 없는 말을 반복하거나 남에게 의사를 전달할 의사가 없는 혼잣말을 자주 한다.

둘째 확인부가 의문문으로 구성된다. 유아들은 "이거 맛있어, 그렇지?" 하는 토를 달아서 확인조로 물어보는 부가의문문을 자주 사용하는데 이는 자신의 말에 대한 확인이 필요하기 때문이다.

셋째 과잉확대(일반화)와 과잉축소로 반응한다. 예를 들면 유아가 "아빠가~, 엄마가~"에서와 같이 자주 사용하는 단어에서 주격조사를 사용한다는 것을 깨닫는 다면 그 다음부터 유아는 모든 주어에 ~가를 붙여 사용하기 쉬운데 이러한 현상을 과잉 확대(일반화)현상이라 한다. 과잉축소란 유아가 먼저 자신이 경험한 것을 기초로 단어의 의미를 구체적인 상황에 한정시키는 경우를 말한다. 과잉확대와 과잉축소는 유아기를 기초로 한 특징 중 하나로 유아기가 지나 어휘력의 증가와 문법의 획득으로 사라지게 된다.

유아기의 언어발달이론에서는 강화와 모방의 영향이 언어발달에 중요하다는 것을 인정하면서 인간은 선천적인 언어 습득기제를 사용하여 언어를 획득한다(Zanden, 1997). 언어발달 과정은 연령별로 다음과 같은 과정으로 발달한다.

① 만2세경 : 둘, 혹은 그 이상의 단어를 결합한 언어 사용.
② 2세 말경 : 보다 발전된 형태의 두 단어 문장.
③ 3세 이상 : 부사, 형용사 점차 사용.
④ 4세 경 : 3~7개의 단어로 된 문장을 사용하여 거의 완전한 문장의 언어 구사.
⑤ 5세 경 : 한 문장에 6~12개의 단어 사용.

5) 사회발달

인간은 미완성의 상태로 태어나서 성장하는 동안 끊임없이 사회로부터 자극을 받으며 그 영향을 상호교환 하여 사회의 성숙한 일원으로의 역할을 할 수 있게 된다. 유아발달, 발달심리, 교육사회학 등에서는 영유아 자신과 다른 사람에 대한 이해 및 태도, 기본 생활 습관과 태도, 다른 사람과의 바람직한 관계를 유지하는 능력에 대한 발달을 말한다.

유아의 사회화 과정은 유아가 살고 있는 문화나 집단의 특성에 따라 차이가 있다. 한국에서 자라는 유아들은 한국 문화와 사회에 적합한 행동과 사고방식, 가치관 등을 갖게 되며, 미국에서 자란 유아는 미국 문화와 사회에 맞는 사회화를 하게 된다. 나이, 성, 기질, 지능, 인성 등의 개인적 특성, 가족, 친구, 대중 매체 등의 개인 환경, 문화 및 국가 등의 거시 환경이 작용한다. 사회화를 통해 습득되는 구체적 가치관에서 친사회적 행동의 발달, 성 역할인식, 도덕적 기준 등을 발견하게 되는 것이다.

6) 사회 환경

(1) 가정환경

첫째 가정환경은 유아의 초기 환경이기 때문에 매우 중요하다. 유아들이

3~4세가 되기 전에는 거의 대부분 가정에 맡겨져 있고, 유치원이나 초등학교에 다닐 때도 상당한 정도는 가정에 의존되어 있기 때문에 초기 환경으로서의 가정환경은 매우 중요한 것이다.

둘째 가정은 유아들의 기본적인 생활 습관을 습득하는 곳이기 때문에 중요하다. 인간이 태어나서 처음으로 맞이하게 되는 심리적 과제는 이 세상에 대한 신뢰감을 형성하는 것이다. 이러한 신뢰감은 가정에서 부모가 유아들의 신체적 욕구와 안전을 보장해 주고, 사랑을 베풀어주는 데서 형성되는 것이다. 또한 이러한 기본적인 신뢰감과 안정감은 후의 사회・정서적 발달의 기초가 되므로 더욱 중요하다.

셋째 가정은 유아의 생리적 욕구를 충족시켜 주고, 신체 발육의 기본적인 요소를 제공한다. 즉, 의식주의 문제를 맡고 있다. 의식주에 의한 생존 그 자체도 중요하지만 의식주와 관련된 복잡한 여러 생활경험을 제공해 주는 곳이 바로 가정이기 때문에 가정환경은 더욱 중요하다. 그리고 음식은 유아들의 생리적 욕구를 충족시키고 신체발육을 이루게 하며, 영양은 대뇌의 발달과도 밀접한 관계를 갖기 때문에 이러한 것을 제공해 주는 가정은 중요한 역할을 하는 것이다.

넷째 가정은 유아로 하여금 언어를 습득하게 하므로 중요하다. 언어는 다른 사람의 생각을 이해하고 또 자신의 의사를 전달하는 주된 도구이기 때문이다. 이러한 언어를 획득하는 것이 기본 습관의 하나로 고려될 수도 있지만 언어 습득은 단순한 습관의 범주를 넘어서는 가치를 지니고 있다. 언어 습득은 우선 말을 드는 데서부터 시작되는데 이것은 가정에서 부모나 가족들과의 자연스런 언어적 접촉을 통해서 어렵지 않게 이루어진다. 만일 가정이 없다면 인간에게 언어를 습득시키는 일은 매우 어려운 일일 것이다. 어릴 때부터 부모가 들려준 그 많은 말들을 다른 기관을 통하여 교육시키려 한다면 이루 말할 수 없는 노력이 들기 때문에 가정환경은 매우 중요한 것이다.

(2) 가정환경

첫째 가정의 분위기가 온화하고 가족 간에 서로 존경할 때 긍정적이고 현실적인 자아 개념을 확립한다(박성연 외, 1999). 둘째 신체적 처벌 및 심리적 통제와 같은 양육 행동 사용 시 아동의 공격성증가와 적대감을 갖게 한다.

(3) 가정 내 유아학대

학대 발생의 80% 정도가 가정에서 일어나며 모든 부모들이 학대의 가해자가 될 가능성이 가장 크다. 유아기 학대의 결과를 살펴보면 첫째 신체학대는 육체적 고통, 접촉의 두려움, 지나친 애정갈구, 집착, 위축 또는 공격적 행동, 귀가거부, 불안과 후유증으로 신체불구, 발달지연 및 정신지체, 학교 부적응, 과잉행동, 불안정, 우울증, 학대자가 될 가능성이 높다. 둘째 정서학대는 사회·정서적 기능장애, 스트레스장애 등으로 발달지연, 습관적 손 빨기, 야뇨증·히스테리, 과식, 공포, 우울 등의 행동을 보일 수 있다. 셋째 방임은 의사소통기술 등의 사회화 기술부족, 자신을 통제하는 능력이 부족해 질 수 있다.

(4) 보육환경

6세 이전의 초기 경험이 인간의 성격 형성과 사회행동의 기초를 이루는데 없어서는 아니 될 중요한 역할을 한다는 점에 대해서는 이미 많은 교육학자와 심리학자들에 의하여 밝혀진 바 있으며, 타고난 가능성도 초기 경험을 통한 적절한 자극으로써 충분히 개발될 수 있다.

유아는 자극적이면서도 정돈된 환경에서 선택한 활동에 능동적으로 참여할 때 학습이 이루어지게 되므로 보육환경은 대단히 중요하다. 여러 학자들의 연구 결과 등에서도 나타나는 것처럼 보육시설의 물리적인 환경은 아동의 사회성에 영향을 끼치므로 매우 중요하다. 그러므로 무한한 가능성과 잠재력을 지닌 아동의 발달적 특징을 고려하여 볼 때 아동의 신체적, 정서적, 사회적 지적 발달에 도움을 주며 다양한 경험과 자극을 제공해 줄 수 있는 실내 환경 계획이 필요하다.

(5) 건강 및 안전관리

실내 · 외의 모든 설비, 시설물, 놀잇감의 안전성을 확보할 필요성이 있다. 교실과 놀이시설 수시 점검하고, 구급함구비 및 응급처치교육 이수 직원의 배치하며, 화재, 경찰, 긴급구조, 응급실, 약사, 간호사 등의 연락처 비치하여야 한다. 또한 유아질병에 대한 의사소견, 예방접종확인서 등 유아의 건강상태확인하고, 태내기 및 출생관련정보, 알레르기, 과거병력, 사고경력 등에 대한 정보를 수집하며, 과잉행동, 시 · 청각 손상, 대 · 소근육 발달의 지체 등에 지속적인 관찰과 원인을 파악해야 한다.

특히 음식물 섭취 성향(식품 기호, 양, 식습관)에의 변화가 있는지 관찰하여 영양의 균형과 식사 및 좋은 식습관 형성을 위한 노력하여야 하며 건강에 좋은 음식물을 선택 할 수 있는 기회 제공 및 식습관 에 대한 긍정적 태도를 갖도록 격려해야 한다.

7) 유아기와 사회복지실천

(1) 신체적 발달의 관심 영역

유아가 유전적 요인 또는 출산과정상의 문제로 인해 선천적 질병, 장애를 갖는 경우 조기 치료와 교육 및 훈련을 받을 수 있는 기회를 제공하고, 부모나 가족에 대한 지지적 서비스를 제공하여야 한다. 또한 부모 상담을 통하여 운동발달 상태를 평가하고 필요시 의학적 진료를 받을 수 있도록 의뢰하여야 한다.

(2) 심리적 발달의 관심 영역

유아가 감각 및 지각발달 정도에 대한 정확한 의료적 진단과 치료를 받을 수 있도록 의뢰기관에 의뢰하고, 어머니를 위한 정서적 지지상담 실시, 정신지체를 지닌 유아의 경우 조기치료와 훈련을 받을 수 있도록 기회를 제공해애 한다. 또한 부모에게 자조집단 참여 등 지지적 상담서비스 제공하고, 언어발달장애의 경우 의학적 진단을 통해 원인을 정확히 파악하여 조기 언어치료를 받을 수 있는 기회 부여와 인지 및 언어발달과 정서발달에 촉진적인 환경을 조성할 수 있는 기술을 제공하여야 한다. 특히 야뇨증(nocturnal enuresis)은 유아기에 나타나는 보편적인 기능장애로서 생리적인 원인보다는 심리적인 원인에 기인하는 것으로 보는 경우가 많으며, 5세 남아의 경우 전체의 약 7%, 여아는 3%가 야뇨 증세를 보이기 때문에 배뇨를 한 유아를 비난하거나 처벌하지 말아야 하며, 이것은 특별한 도움이 없이도 상태가 호전될 수 있음으로 유아에게 심리적, 정서적 안정을 제공하고 자신감을 가질 수 있도록 해야 한다(Papalia, Olds & Feldman, 1998).

(3) 사회적 발달의 관심영역

부적절한 애착관계로서 어머니가 우울증 등으로 유아와의 신체적 접촉이나 애착관계 형성을 거부하는 경우 상담과 심리치료기관을 제공하고, 맞벌이를 하는 부부의 경우에는 맞벌이 부부대상으로 짧은 시간에 효과적인 애착관계형성을 할 수 있도록 양육기술, 교육정보를 제공하는 프로그램을 실시할 필요가 있다. 또한 보육시설에서는 영아가 신뢰감을 구축할 수 있도록 신체 및 운동발달, 인지발달, 사회적 애착관계 형성을 지원할 수 있는 전문적인 양육서비스를 제공하여 영아의 감각, 운동 그리고 사회적 환경 탐색을 적극적으로 격려해야 한다.

(4) 유아학대와 사회복지실천

가장 안전한 환경이 되어야 할 가정에서 오히려 가장 많은 학대가 이루어지는 원인 중 큰 부분은 가족의 해체로 인한 어려움을 겪는 부모들의 양육 부담이 크다는 것이다. 가정 내 아동학대를 문제를 해결하기 위한 방안으로서 경제적 곤란에 대한 대책, 가족 관계 향상 프로그램의 실시, 학습 자원봉사 및 가사지원서비스의 개발, 관계망 개입 프로그램 실시, 가족의 유형과 학대 아동의 유형에 따른 전문적 서비스 제공, 학대 행위자의 치료 및 상담을 위한 법적 근거를 마련, 그들을 위한 서비스를 제공할 수 있는 시설과 설비 및 법적인 제도를 마련해야 한다.

(5) 보육환경과 사회복지실천

현재 우리나라에서 향후 실천해야 할 영유아 관련 사회복지정책에 대한 대책을 아래와 같이 단기 · 중기 · 장기대책으로 나열하여 비교 검토하고자 한다.

첫째 단기대책으로서 보육시설 안전사고 예방을 위한 시설환경 개선 촉구, 보육시설 영양관리의 강화, 보육시설 안전관련 설비와 비품 기준 강화, 보육시설 안전을 위한 보육종사자와 아동, 부모에 대한 교육훈련 강화, 보육시설 입소시 아동 건강기록 제출의 의무화 및 평생건강정보 활용 방안, 식단 작성의 및 부모 공지를 의무화하여야 한다.

둘째 중기대책으로서 보육시설 안전사고 예방을 위한 주변 환경 개선, 보육시설 안전 및 관리감독 강화, 시설 및 설비의 정기검사 실시 의무화, 표준화된 보육시설 기록 관련서식 및 매뉴얼 개발, 안전, 건강, 영양교육 프로그램 및 교육 매체 개발 · 보급, 보험가입 의무화 및 안전사고 처리 장치 마련, 보육정보센터의 정보보급 기능 강화, 보육시설 안전, 건강, 영양 관리 기록 의무화 및 관리 체계 도입, 모자보건, 전염병 예방관리사업과 연계한 보육시설 건강관리 강화, 보건소의 보육시설 지원 역할 강화, 지역사회와 연계시스템 구축, 보육시설 영양 및 건강관리 인력 확보 방안 마련, 지역단위별 영양사 배치를 통한 공동 급식관리 체계를 도입해야 한다.

셋째 장기대책으로서 안전한 보육시설 표준모델 개발, 영유아보육법 개정을 통한 보육시설 안전, 건강, 영양 관련 세부지침 및 기준 개발, 보육시설 아동에 대한 안전, 건강, 영양관리를 위한 감사제도 도입, 보육시설 평가인증 제도의 안전, 건강, 영양 기준을 강화해야 한다.

5. 아동의 성장과 발달 (아동기)

1) 아동의 정의

아동의 발달과정은 시간이 경과함에 따라 아동이 양적 또는 질적으로 변화하는 과정이다. 양적인 변화는 크기 또는 양에서의 변화를 의미하며, 질적인 변화는 본질, 구조 또는 조직상의 변화를 의미한다. 아동발달은 생물학적 과정, 인지적 과정, 사회 정서적 과정의 영향을 받고 복잡하게 얽혀있다. 아동기(childhood)의 사전적 의미는 어린이인 시기, 사람의 개체 발달의 한 시기로서 보통 유아기 이후 청년기 이전(5~6세에서 12~14세까지)의 시기를 말한다. 아동기는 공식적 학교교육을 통하여 사회가 요구하는 기본적 기술을 습득하는 발달단계로서 초등학교 입학에서부터 졸업까지의 시기 즉, 만7세~12세까지의 시기로 구분하는 데 이 시기의 아동은 부모와의 관계, 또래관계를 바탕으로 하여 아직 사회적 의무나 구속이 없는 자유로운 상태에서 자신이 속한 사회에서 생활하는데 필요한 기본기술과 능력을 습득하고 이를 사회에 적용해 볼 수 있는 기회를 갖는다(김동배 · 권중돈, 2006).

또한 아동기란 초등학교에 입학하는 7~8세부터 12세에 이르는 시기로서 아동들의 생활의 중심이 가정에서 학교로 옮겨지게 된다. 이러한 의미에서 이 시기를 학령기라 부르기도 한다(최옥채 외, 2005). 한편 6세에서 11세까지 초등학교에 다니는 시기를 아동기로 구분하는데, 이시기는 생활의 중심이 가정에서 학교로 옮겨감에 따라 학교생활이 중요한 역할을 하게 된다. 학교생활을 통해 아동은 많은 사회적 관계를 형성하게 되며, 또래집단의 비중이 점차 커지게 되므로 이 시기를 학동기 또는 도당기(gang age)라고도 한다(정옥분, 2005).

Freud는 이 시기를 잠복기라 규정하고 성격형성에 영향을 미치는 특별한 발달적 사건은 발생하지 않는다고 보았으며, Erikson과 Piaget는 자율성과 유능성이라는 성격적 특질의 발달로서 새로운 형태의 사고발달이 이루어지는 중요한 시기로 보았다.

2) 신체적 발달

(1) 신체적 성장

아동기의 신체적 성장과 발달은 비교적 완만하게 진행되는데, 키는 1년에 약 6㎝ 정도씩 신장되어 성장속도가 둔화되는 시기로 5세경의 남아와 여아는 신장이나 체중이 비슷하다. 그 후에는 여아에 비해 남아의 성장이 더 빠르지만, 10~12세경에는 여아가 남아의 성장을 앞지르게 된다. 왜냐하면 여아의 사춘기 성장급등이 남아보다 2~3년 일찍 시작되기 때문이다. 따라서 여아가 성장급등을 시작하는 10세경부터 몇 년 동안은 남아보다 신장이 더 자라 체중이 더 늘어난다. 그러나 남아가 12~13세경에 성장급등을 시작하면 이러한 경향은 역전되기 시작한다.

체중의 증가도 비슷한 양상을 보인다. 신장과 마찬가지로 10~12세경에는 여아가 남아보다 체중이 더 많이 나간다. 아동기 체중의 증가는 지방보다 근육에 집중된다. 남아가 여아에 비해 근육세포가 많기 때문에 아동기 말부터 청년기에는 남자가 힘이 더 강해진다(정옥분, 2005). 이 시기에는 신장이 120cm~145cm정도로 자라고 몸무게는 22kg정도에서 35~38kg정도에 이른다(김영호 외, 2005).

(2) 신체비율의 변화

아동기가 시작되는 6세경에는 뇌 무게가 거의성인 수준에 달하기 때문에 아동기의 뇌성장은 매우 느린 편이라 할 수 있다. 아동기에는 신체의 다른 부분이 빨리 성장하기 때문에 신체의 비율이 변한다. 팔다리의 성장이 몸통의 성장보다 빠르고, 뼈의 성장이 근육의 성장을 초월하는 근육 성장통(growing pain)으로 밤잠을 설치는 경우도 있다. 아동기의 전형적인 신체특징인 팔다리가 가늘고 긴 모습을 보이게 된다. 또 아랫부분(턱)이 더 빨리 성장하고 볼의 살이 빠지면서 얼굴이 길어진다(정옥분, 2005). 그리고 이 시기에는 유치가 영구치로 바뀐다(김영호 외, 2005).

(3) 사춘기의 시작

최근에는 예전보다 영양섭취가 개선되었고 영화나 TV 등의 매체를 통해 쉽게 성적 자극에 노출되어 성숙의 가속화 현상이 일어나고 있다. 이로 인해 아동기 말에 사춘기를 맞이하는데 사춘기는 호르몬의 변화로 인해 급격한 신체적 · 성적 성숙이 이루어지는 기간을 의미한다. 외모에서 남녀의 차이가 뚜렷해지는데 이는 여자의 생식기관인 난소와 남자의 생식기관인 고환이 발달함에 따라 성호르몬이 활발하게 분비되기 때문이다(정옥분, 2005).

(4) 운동기능의 발달

아동기의 운동기능은 유아기에 비하여 속도, 정확성, 안정성, 호응성, 역량 등이 더욱 발달되고 정교해진다. 이 시기에는 장난감보다는 자신의 신체를 이용한 달리기, 던지기, 뛰기 등의 능력을 활용한 스포츠와 조직적인 단체놀이에 강한 관심을 보인다.

이러한 운동능력의 발달은 개인차와 성차가 크게 나타난다. 남아는 17세까지 운동능력이 계속적으로 발달하는 반면 여아는 13세경에 최고조에 달하고 이후부터는 쇠퇴하거나 기존의 능력을 유지하게 된다. 또 남아는 여아에 비해 힘이 더 세어지고, 여아는 남아보다 유연성이 뛰어난다. 아동기에는 자신의 운동기술과 역량을 다른 아동과 비교하여 자신의 능력을 평가하기 때문에, 아동기의 자존감 형성의 밑바탕이 된다. 그러므로 아동기에는 운동을 할 수 있는 환경과 기회를 제공하여 자존감을 갖게 하는 것이 매우 중요하다. 아동기가 되면 유아기에 잘 수행하지 못했던 자전거타기, 아이스 스케이팅, 수영, 줄넘기, 야구, 농구, 피구, 술래잡기 등 여러 가지 대근육 운동기능을 습득하게 된다. 또한 소근육 운동이 발달하여 7세경에는 손놀림이 더 안정되고 연필로 글씨를 쓰며 속도도 빨라지게 된다. 8~10세경에는 양손을 따로따로 쓸 수 있고 10~12세경에는 손놀림이 성인의 수준에 가까워지고 정교한 수공예품을 만들 수 있으며 어려운 곡을 악기로 연주할 수 있게 된다(정옥분, 2005).

(5) 아동기 건강관리와 질병

아동기에는 유아기에 비해 면역력이 증가하기 때문에 일반적으로 건강한 편이지만 아동기에는 초등학교에 입학하여 생활반경이 넓어지기 때문에 여러 전염성 질병에 노출되기 쉽다. 그러나 여러 전염성 질병은 제때에 예방접종만 하면 걱정하지 않아도 된다.

또 아동기에는 신체적인 활동량이 많아지고 호기심이 왕성해지므로 여러 사고가 자주 발생하는데 아동기 사고의 절반 정도는 부모가 안전에 유의한다면 미연에 방지할 수 있는 것이다(정옥분, 2005).

3) 심리적 발달

(1) 감각 발달

감각기관을 통하여 사물이나 현상을 식별하는 과정을 지각이라 한다. 아동기 이전에는 지각이 미분화되어 있으므로 지각에도 정서가 혼합되어 있지만, 아동기에는 지적 기능이 분화됨에 따라 객관적인 지각이 가능해진다(김영호 외, 2005). 또한 유아기에 발달한 운동지각은 점차 공간지각으로 전환되어 공간지각의 발달과 아울러 시간지각의 발달도 나타난다(김동배 · 권중돈, 2006). 유아기에 발달한 운동 지각능력이 공간지각으로 전환되는데, 6~7세 때 공간개념이 형성되고, 8세 때에는 모험심의 형성과 시간지각능력이 생성되어 과거, 현재, 미래를 정확히 이해한다. 9세 때부터는 한두 번 가본 곳이면 혼자서 교통수단을 이용하여 찾아갈 수 있으며, 계획한 일을 시간표에 따라 규칙적으로 실행에 옮길 수 있다. 10세 때에는 TV 프로그램의 시작 시간 등을 정확히 인식하고, 12세 이상부터는 추상적인 시간의식이 점차 확립된다(김영호 외, 2005).

(2) 성격 발달

이 시기를 Freud는 이성보다 동성과의 관계를 통해서 사회기술을 배움으로써 사회화한다는 잠재기와 이성에 대한 관심이 증대되어 하나의 독립된 성인으로 출발한다는 성기기의 초기에 해당하는 시기로 보았다. 또한 Erikson은 근면성 대 열등감의 시기로서 학교라는 작은 사회를 경험하면서 많은 지적 능력을 발전시키며, 친구를 통하여 사회의 가치관, 규범을 획득하는 시기로 보았다. 특히 친구관계에서 아동은 자기주체성을 확립하고 스스로 무엇인가를 주도적으로 할 수 있는 능력, 자신감, 근면성 발전시키는 반면 과업을 성공적으로 달성하지 못하거나 학교, 사회가 편견 있는 태도로 아동을 대하면 열등감이 형성된다고 보았다.

(3) 언어발달

아동기에는 문자언어(written language), 발표력과 문법력, 독해력의 발달이 현저하게 일어나게 된다(김영호 외, 2005). 아동기에 사용하는 어휘의 수는 아동의 지적 흥미와 직접적으로 관련되어 있지만 일반적으로 이해하고 있는 어휘 수보다 사용하는 어휘수가 적은 것이 일반적이다. 기억력이나 주의력이 향상됨에 따라 사용하는 어휘수의 증가와 함께 언어표현력도 증가하며 동일한 하나의 주제에 대해서 오랫동안 대화를 나눌 수 있게 된다. 초등학교를 졸업할 때쯤에는 약 40,000단어 정도를 습득한다(정옥분, 2005).

언어발달에 영향을 주는 요인으로는 지능의 차이, 신체적 조건, 남녀의 차이, 아동의 가정환경, 출생순위, 지역 간의 차, 부모의 사회적 · 경제적 지위 등이 있다.

(4) 인지발달

아동기에도 유아기의 직관적 사고나 자기중심적 사고와 같은 전 조작적 사고의 특성이 남아 있다. 하지만 7~8세경에 이르면 이전 단계와는 전혀 다른 형태의 사고가 나타나는데 Piaget는 이를 구체적 사고조작이라고 하였다(김동배 · 권중돈, 2006).

이 구체적 조작기의 단계에서는 개념상의 능력 발달이 현저하게 일어나는데 이때 성취하는 세 가지 개념으로 보존의 개념, 유목화의 개념적 기술, 조합의 능력이 있다.

① 보존의 개념

이것은 형태가 변화하거나 담는 그릇이 달라지더라도, 질량이나 부피와 같은 물리적인 문제는 변화하지 않는다는 것이다. 이런 보존의 개념을 획득한 어린이는 세 차원의 논리, 즉 동일성의 원리, 보상성의 원리, 역조작의 원리를 적용하게 되어, 질량이나 부피, 길이, 숫자 등 어떠한 물리적인 차원에 대해서도 보존의 능력을 적용할 수 있게 된다(권륙상, 2000). 첫째 동일성의 원리는 어떤 방법으로든 더하거나 빼지 않았으므로 양은 동일하다는 원리이며, 둘째 보상성의 원리는 높이의 감소가 폭이라는 차원으로 보상된다는 원리이며, 셋째 역조작의 원리는 어떠한 상태 변화가 그 변화의 과정을 역으로 밟아 가면 다시 원상으로 복귀될 수 있다는 원리이다.

② 유목화의 개념적 기술

이것은 대상들을 그들이 공유하고 있는 어떤 차원에 따라서 집단화할 수 있는 능력을 말한다. 예를 들면, 이 시기의 아동들은 자신의 가족이나 친척들을 자신과 친한 순서대로 번호를 부여해 보기도 하고, 친구들을 자기와 가까운 순서대로 꼽아 보기도 한다.

③ 조합의 능력

이것은 보존 능력 중에서도 숫자에 대한 보존 능력을 획득한 아동이 갖게 되는 개념적인 기술로서, 일정한 수나 사물을 펼쳐 놓든지, 아니면 밀집해 놓든지 또는 형태를 바꾸든 지간에 그 숫자는 마찬가지라는 것을 이해하는 것이다. 아동이 조합의 능력을 획득하게 되면 더하기, 빼기, 곱하기, 나누기와 같이 수를 다루고 조작할 수 있게 된다(권육상, 2000).

(5) 지능발달

지능(Intelligence)은 각 개인이 유목적적으로 행동하고 합리적으로 사고하고 능률적으로 환경에 대처할 수 있는 총체적 능력을 의미한다. 이러한 지능의 발달에 대해서 지능이 유전에 의해 영향을 받는다는 불변관과 지능이 환경적 자극에 의해 변화한다는 변화관이 팽팽히 맞서고 있다. 지능발달의 결정적 시기와 지능발달의 한계에 대해서도 이견이 존재한다. Klineberg(1938)는 인간의 지능발달은 11~12세까지는 거의 직선적으로 발달하고 그 후부터는 점점 완만하게 발달하여 17~18세경에 절정에 이른다고 하였다. 이에 비해 Davis(1994)는 11세경에 성인의 50% 정도까지 발달하고 20세경에 발달이 절정에 이른다고 하였으며, Miller(1992)는 18세에 최고 정점에 이르렀다가 이후 서서히 하강하는 양상을 보인다고 하였다.

지능발달수준은 일반적으로 지능검사에 의해 제시되는 지능지수(IQ)로 표현한다. 지능지수는 역연령으로 정신연령을 나눈 수치로, 100보다 크면 정신연령이 나이에 비하여 높다는 의미이며, 100이하인 경우는 그 반대이다. 일반적으로 70미만일 경우에 정신지체아라고 하며, 140이상을 우수아라고 한다(김영호 외, 2005).

(6) 도덕성 발달

도덕적 발달을 설명하는 데서 가장 중요한 인지발달 이론가는 Piaget와 Kohlberg이다. 피아제이론에서 도덕적 판단의 중요한 발달은 타율적인 도덕성으로부터 자율적인 도덕성으로 전환된다. 타율적인 도덕성의 수준에서는 규칙을 신성하고 불변적인 것으로 이해하며 행동의 옳고 그름을 규칙에 의거하여 판단한다. 또한 이 시기의 아동은 부모를 전지전능한 존재로 여기는 경향이 있다. 이러한 타율적인 도덕적 추론은 구체적 조작기에 감소하고 자율적 도덕적 판단이 중요성을 갖게 되면서 아동은 자아중심성에서 벗어나 다른 사람의 시각에서 사물을 보는 능력을 발달시키며 다른 사람을 이해하고 공감하는 능력도 더욱 향상된다.

(7) 정서발달

학령 전기로부터 아동기에 걸쳐 아동은 자신의 감정을 다루는 것을 배우게 된다. 이 시기에 즐거움, 사랑, 분노, 공포, 질투, 좌절감 등 여러 가지 감정을 다루게 되고, 또한 충동과 사회적 요구 간에 균형을 취할 줄도 알게 된다. 아동기는 비교적 정서적으로 안정된 시기로서, 정서적 혼란이나 흥분은 비교적 적은 편이다. 아동기에는 정서적 통제와 분화된 정서표현이 가능해진다. 사회적 행동과 밀접한 관련성을 지니고 있는 정서 중에서 공포감에 대해 살펴보면, 상상적이고 가상적인 것, 비현실적이고 초자연적인 것에 대한 공포가 많아진다. 예를 들면 아동기에는 괴물, 유령, 죽음 등에 대한 공포감을 많이 느낀다. 이러한 공포감과 직접적으로 연관된 정서가 바로 불안 정서이다. 이러한 정서장애 중 대표적인 것이 등교거부증(school refusal) 또는 학교공포증(school phobia)이다. 아동기에는 공포나 불안보다 더 빈번하게 발생하는 정서는 분노이다. 그 이유는 아동기에 접어들면서 사회적 관계범위가 넓어지기 때문이다. 즉 사회적 관계범위가 가정에서 학교로 확대되면서, 욕구가 좌절되고, 행동에 방해를 받고, 놀림을 당하거나 꾸중을 듣는 경우가 많아지며, 다른 아동들과 불쾌한 비교를 당하거나 무시를 당할 때가 더 많아짐으로써 분노의 감정이 이전보다 더 발생하게 된다. 아동기에는 애정을 쏟는 대상이 가족성원이 아닌 또래친구에게로 변화해 간다. 그중에서도 이성의 친구보다는 동성의 친구에 대한 애정이 더욱 강하다. 이러한 애정의 표시로 친구가 원하는 일이면 무엇이든 해주려 하고, 같이 있고 싶어 한다. 이러한 동성애 경향은 사춘기에 접어들면서 점차 이성애로 변화되며, 점점 사랑의 대상도 넓어지게 된다(김영호 외, 2005).

4) 사회발달

(1) 자아개념

자아개념은 신체적 특징, 개인적 기술, 특성, 가치관, 희망, 역할, 사회적 신분 등을 포함한 '나'는 누구이며, 무엇인가를 깨닫는 것을 의미한다. 자아개념은 자신이 독특하고 타인과 구별되는 분리된 실체라고 인식하는 데에서 발달하기 시작한다.

아동기가 되면 자아개념에 큰 변화가 일어나는데, 자신이 가진 개인적 특성으로 자신을 묘사하기 시작한다. 일반적으로 아동은 자신의 신체적 특성, 소유물, 활동 능력과 관련시켜 자신을 규정한다. 자아개념은 성숙해감에 따라 점차 안정적인 것으로 변하며, 추상적이고 분화된 개념으로 발달하게 된다.

(2) 학교생활

학교는 아동의 인지발달뿐 아니라 아동의 사회적 발달에도 많은 영향을 미친다. 특히 저학년일수록 교사의 영향을 많이 받으며, 고학년이 될수록 친구의 영향을 많이 받는다. 교사의 행동이나 지도방법에 의해서 아동은 사회적으로 바람직한 행동과 관련된 규범을 학습하게 되며, 자신의 사회적 지위에 따르는 사회적 정체감을 형성하게 된다(김동배 · 권중돈, 2006).

(3) 또래관계

아동기에는 친구와 진정한 우정을 나눌 수 있는 기회를 갖게 된다. 저학년에서는 집이 가깝고, 앉는 자리가 가깝고, 가족끼리 교류가 있는 또래를 친구로 선택하지만 학년이 높아질수록 친절, 명랑, 취미 등과 같은 내적인 성격적 특성을 보고 친구를 선택한다.

7~8세경에는 동성친구만 어울려 놀며 이성 친구에 대해서는 배타적인 관계를 유지하며, 특별히 마음에 드는 친구와 절친한 이원적 관계를 형성한다. 9세경이 되면 또래 친구집단을 형성하여 조직적인 활동을 하기 좋아한다. 이러한 집단을 짝패, 또는 도당이라고 하는데 이러한 집단에 참여한 아동은 집단내에서 상호작용을 통하여 자기를 표현할 수 있는 기회를 갖게 되므로 성취감을 경험하고 상호의존적 감정을 공유함으로 우정이 싹트며, 서로 협동관계를 맺게 된다. 그리고 또래로부터의 승인을 통해 자아존중감이 발달되며, 용기, 인내, 정의감, 지도력과 같은 좋은 사회적 태도가 발달한다. 만약 아동이 이러한 집단에 참여할 수 있는 기회를 갖지 못하게 되면 소외감정을 갖게 되기 때문에 위축되고 부정적 자아개념을 형성할 수 있다(김동배 · 권중돈, 2006).

(4) 대중매체

이 시기에 아동의 사회성 발달에 영향을 미치는 또 다른 요인은 TV이다. TV시청에서 문제가 되는 것은 바로 폭력적이고 공격적인 장면들이 많다는 것으로 아동들은 TV에서 본 공격적인 행동을 모방하며, 그것을 본 아동들이 쉽게 통제력을 잃고 폭력적이 될 수 있다. 또 반복적으로 폭력장면에 노출된 아동은 이 세상을 바라보는 인식의 틀이 변화될 수 있고 나아가 가치와 신념체계까지 바꾸어 놓을 가능성이 높다(최옥채, 2005).

TV뿐 아니라 최근에는 개인용 컴퓨터와 게임방 등을 통해 아동들이 폭력적이고 선정적인 내용을 적절한 지도・감독 없이 쉽게 접근하는 경우가 많다.

(5) 아동기와 사회복지실천

아동복지실천에서 고려해야 할 대상은 일반 아동과 보호가 필요한 아동이라고 할 수 있다. 그리고 일반 아동과 보호가 필요한 아동의 배경적 특성에 따라 그 실천적 관점은 구별될 수 있으며 이에 따라 실천 세부 분야도 설정될 수 있다. 가정의 복지실천을 위해서 재가복지사업과 사회복지기관의 가정 복지사업을 통한 재가구호사업을 적극 추진해 나감은 물론 가족수당의 급여 등 사회보장제도를 통한 경제적 원조를 하도록 해야 할 것이다. 가정복지기관을 중심으로 다양한 프로그램을 통한 가정복지서비스를 적극적으로 추진함으로써 결손 가족이나 문제 가정의 아동 및 청소년의 건전한 육성, 발달과 아울러 복지를 도모해야 할 것이다. 이 외에도 장애아동, 결식아동, 소년소녀가정 세대의 아동뿐만 아니라 가정 해체나 경제적 어려움 등으로 인해 시설에서 보호받고 있는 아동도 사회복지기관에서 도움을 주어야 하는 대상이다. 그리고 또래로부터 왕따를 경험하는 아동, 부모나 양육자로부터 학대를 당하고 있는 아동 모두 지역사회 기관과 전문가의 도움과 관심이 필요하다.

① 일반 아동과 사회복지실천

일반아동은 특별한 도움을 받지 않아도 되는 아동을 말하지만 기본적으로 아동은 한 사람의 인간으로서 아동다운 생활을 할 권리가 있다는 점을 바탕으로 한다. 그리고 현재의 특별히 해결할 문제가 없다는 점에서 문제 해결보다는 오히려 아동의 타고난 능력을 보존하고, 잠재 능력과 외부 자원을 최대로 활용 즉, 신체적 건강과 안전, 정서적 안정과 성숙, 잠재능력의 개발, 사회적 적응을 할 수 있도록 해 주어야 한다.

이를 실천하기 위해서는 일반적이며, 예방적, 지지적인 부모, 가족, 교사를 대상으로 한 교육프로그램이 필요하다. 지역사회에서의 방과 후 아동교실, 아동권리보호 등에 관한 실천 프로그램들이 요청된다.

② 보호가 필요한 아동과 사회복지실천

보호가 필요한 아동은 외부로부터 도움을 받아야 하는 아동을 말하는데 보호가 필요한 아동의 경우도 일반아동과 마찬가지로 아동다운 생활을 할 권리가 있을 뿐만 아니라 요보호라는 특수한 발달적 및 환경적 상황에 적절한 부가적인 서비스를 제공받을 권리가 있다. 배경적 요인에 따른 문제를 극복하는데 초점을 맞추어야 하며 그 요인이 가족을 구성하고 있는 부모에 의해 발생되는 경우와 아동자신의 문제로 인한 발생으로 나눌 수 있으며, 부모와 아동을 나누어 살펴볼 수 있다.

첫째 아동에 대해서는 보호가 필요한 아동의 경우 요보호가 된 상황이 더 이상 악화되지 않도록 최대한 잔존 능력을 유지하며 오히려 그 잔존능력을 최대한 개발할 수 있도록 서비스를 제공해야 한다. 사회적 책임으로서 최적 수준의 외부 도움과 자원 제공되어 자신의 역량을 강화해야 한다. 자원으로는 시설과 설비, 전문가의 상담과 치료 등 서비스는 아동의 역량강화, 역할 수정과 강화, 역할의 재조정과 강화로 나눌 수 있다.

둘째 부모에 대해서는 아동양육의 1차적인 책임을 진 자로서 최선을 다하여 아동을 양육해야 하지만 아동과 부모 자신 및 가족, 또는 아동양육과 관련된 주변의 상황적 여건으로 아동을 제대로 양육하기 어려울 때 사회가 여러 가지 측면에서 부모역할을 지원하는 것을 부모 입장에서의 접근이라 할 수 있다. 지원으로는 시설과 설비, 전문가의 상담과 치료, 공공부조에 의한 급여와 보험방식에 의해 공보험 및 사보험 등이 있다.

특히 제1차 방어선의 기능인 부모의 양육 기능을 지지 및 강화하는 실천활동으로는 문제 아동이나 행동장애아동을 둔 부모를 대상으로 한 상담, 편부모나 자녀를 방임하거나 학대하는 부모를 위한 교육 등을 들 수 있다.

2차 방어선의 기능으로서 아동이 가정에서 그 부모와 함께 생활할 수 있도록 보장하기 위해 사회가 부분적으로 양육 책임을 지는 것으로 보육서비스, 가정조성서비스 및 각종 연금과 보험에 의한 경제적 지원을 들 수 있다.

3차 방어선의 기능으로서 부모를 대신하여 사회가 아동의 생존권 및 생활권을 보장하는 것으로 가정위탁양육, 입양 및 시설에 의한 보호서비스가 있다.

6. 청소년의 성장과 발달 (청소년기)

1) 청소년의 정의

청소년(adolescence, youth)이란 라틴어로 '성장하다'(grow up), '성숙해지다'(to come maturity)란 의미로, 이 시기가 신체적, 심리적, 사회적 성장이 급속하게 진행된다는 전환기적 의미를 암시하고 있다(곽형식 외, 2000). 청소년기란 어린이가 어른이 되어 가는 과도기로서, 확실하게 구분할 수는 없으나 대체로 12~13세에서 18~19세까지를 말하며, 성장이 빠르면 청소년기의 특징이 좀 더 일찍 나타나기도 한다. 또한 아동기의 의존성을 벗어나 독립적인 정체감을 추구하는 시기(Specht & Craig, 1987)로 간주하여 18세, 20세 또는 22세에 종결되는 것으로 보고 있다(김동배 · 권중돈, 2006). 이 시기는 사춘기(puberty)라고도 하며, 신체적 · 생리적인 변화와 더불어 심리적 · 사회적으로도 큰 변화를 겪게 되는데 자신의 변화에 잘 적응하지 못해 불안과 갈등을 겪기도 한다(홍봉선 외, 2005). 특히 이 시기는 생식기능과 일차적 성 기관이 성숙되고, 2차적 성적 특성이 나타나는 급격한 생리적 성장기인 사춘기로부터 시작된다. 사춘기는 약 2년 동안 지속되고 각 개인이 성적으로 성숙하고 생식할 수 있는 시점에서 끝난다.

법적인 성인기는 투표권이 주어질 때(만 18세), 부모의 허락 없이 결혼 할 수 있을 때(보통 여자는 18세, 남자는 21세), 군대에 입대할 때(17세), 또는 법적인 계약 단계에서 책임질 수 있을 때(21세)이다. 심리적 의미에서의 성인기는 자신의 정체감을 발견하는 일, 부모로부터 독립하는 일, 자신의 가치관을 형성하는 일, 성숙되고 상호의존적인 우정과 사랑의 관계를 맺는 일 등이다. 이 기준에 의하면 어떤 사람들은 아무리 나이를 먹어도 성인이 되지 못할 수도 있다.

[표 1-8] 청소년의 어원적인 의미

Adolescent	Youth
- 인간발달론적 관점 - 생리학적 발달 국면 강조 - 과도기적 특성 강조 - 유보된 시민권 강조	- 사회 심리적 관점 - 사회적 심리학적 생활 국면강조 - 고유한 청소년기 특성 강조 - 청소년의 인권, 책임 강조

출처 : 김진화 외(2002)

또한 Havighurst(1972)는 인생의 단계에서 반드시 성취해야 할 과업을 제시하였는데 청소년의 발달과업을 다음과 같이 제시하고 있다.

(1) 자기의 신체조건을 받아들여 남성적, 여성적 역할을 수행해야 한다.
(2) 양성, 동년배, 친구와 새로운 관계를 수립할 수 있어야 한다.
(3) 부모와 다른 성인으로부터 정서적인 자립이 증가해야 한다.
(4) 경제적 자립의 확신을 가질 수 있어야 한다.
(5) 직업에 대한 준비와 선택을 스스로 할 수 있어야 한다.
(6) 시민생활에 필요한 지적기술과 개념을 발달시켜야 한다.
(7) 사회적으로 책임 있는 행동을 하기를 원하며 또 할 수 있어야 한다.
(8) 결혼과 가정생활을 준비할 수 있어야 한다.
(9) 정확하고 과학적인 세계관에 조화되는 의식적 가치를 설정할 수 있어야 한다.

2) 신체발달

(1) 신장의 확대

청소년기에는 뇌의 중추가 뇌하수체를 자극하여 성장을 촉진하는 호르몬과 생식샘을 자극하는 호르몬이 분비되므로 신체적 · 성적 성숙이 이루어져 다음과 같은 특징이 나타나게 된다(홍봉선 외, 2005).

첫째 청소년기에 일어나는 가장 현저한 변화로 키나 몸무게가 급격하게 증가하는 현상을 성장급등 현상 또는 성장폭발이라고 한다. 둘째 일반적으로 여자가 2~3년 정도 일찍 시작하여 평균 10세경에, 남자는 12세경에 시작하며 4~5년 정도 지속되면서 성인의 키와 몸무게에 도달한다. 셋째 유전, 개인의 건강 상태, 환경 등의 상호 작용에 의해 개인차가 있으며 20세 이후까지도 키가 자랄 수 있다. 넷째 남자는 어깨가 넓어지고 근육이 발달하여 남성다운 체형으로 변하고 여자는 골반이 넓어지고 피하 지방이 축적되어 여성다운 체형으로 변한다. 다섯째 비 동시적 성장 경험으로서 신체 각 부분이 다른 속도로 성장함에 따라 일시적 불균형 현상이 나타나고 동작의 어색함과 부자연스러움을 경험한다. 여섯째 얼굴 모습의 변화로서 둥근 얼굴에서 길쭉한 모습으로 변화한다. 일곱째 신체 내부 기관의 성장으로서 소화 기관, 심장, 폐 등의 내장 기관이 커지고 기능이 향상 된다(이인정 외, 2005).

(2) 성적성숙

신체적 성숙은 청소년기와 청년기의 초기에 완성되며, 이 시기에 신체적으로 활기, 힘, 건강의 최고 수준을 보인다. 근육과 내부기관의 기능도 19세에서 26세 정도에 최고의 수준에 달한다(Turner & Helms, 1983). 이 시기에는 성호르몬의 생성과 분비가 일어나는데 일차적인 성징으로 남자는 음경이 확대되고 전립선이 발달하여 사정 능력이 생기며, 여자는 가슴의 발달과 더불어 초경(menarche)과 월경(menstruation)이 시작된다. 이차적인 성징으로는 남자와 여자를 구분하게 해주지만 생식에 직접적인 영향을 미치지 않는 특징을 말한다. 청소년기 전기에 일어나는 급속한 신체적 변화가 소년, 소녀들에게 미치는 심리적 영향을 살펴보면 첫째 청소년들로 하여금 자신을 더욱 성인에 가깝게 느끼도록 해주며, 둘째 성역할에 대한 동일시를 강화하고, 셋째 신체적 변화 중에서도 특히 성적성숙(sexual maturation)에 따라 일어나는 현상들은 청소년들로 하여금 양면적인 감정으로 반응하게 한다. 마지막으로 급속한 자신의 신체적 변화에 관심이 집중되어서 청소년들은 자기도취적 상태에 빠지는 경향이 있다(홍봉선 외, 2005).

3) 심리적 발달

(1) 정서발달

청소년기에는 정서변화가 심하며, 극단적 정서경험을 한다. 이런 청소년기를 질풍노도의 시기(storm and stress period)라고도 하며 경계인, 주변인(marginal man)이라고도 한다. 2차적 성적 특징의 발달과 그로 인한 충동으로 인해 성적 색채가 강한 정서를 경험하게 되며 성 의식이 높아짐에 따라 성적수치심이 강해지고 이성에 대한 호기심이 있으면서도 반항적 행동을 하는 경우가 많다(이인정 외, 2005). 청소년 전기에 내면적 독립의 요구, 사회적 승인요구가 강해져서 부모에 대한 심리적 의존을 단절하는 행위가 나타나는데 이것을 심리적 이유(Psychological Weanling)라고 한다. 그렇지만 이 시기는 심신의 발달이 불균형한 혼란기이므로 의존도도 동시에 강해서 독립과 의존이라는 전혀 상반된 방향성을 가지고 심리적 갈등을 일으킨다. 즉, 간섭받기는 싫어하면서도 남동생이나 여동생에게처럼 관심을 기울여 주지 않는다는 모순된 행동을 취하며 별다른 이유 없이 부모에게 혐오감을 갖거나 반항을 하기도 한다. 청소년기를 제2반항기라고도 하는데 이것은 청소년기에 있어서 자아개념의 변화는 급격한 신체적 성장에 기초한 신체상의 불안정화와 성적 성숙에서 오는 충동이라는 청소년의 내적 조건, 사회로부터의 기대, 그들을 둘러싸고 있는 사람들의 태도변화 등 외적 조건을 배경으로 하여 생겨난다. 아동기의 미성숙한 자신과 엇비슷한 대상이나 사람들과의 상호 작용을 통해서 다면적, 현실적으로 환경이나 물리적 힘에 대해서 유연하고 융통성 있게 적응할 수 있는 능력인 가소성(plasticity)을 지니며 명확한 자기상을 성숙시켜 나간다. 청년 초기의 자아현상의 특성은 반항현상으로 이는 부정적, 방어적 반항이다. 이를 제2반항기라고도 하고 '불안 동요기'라고도 한다. 따라서 청소년기에는 자신의 정서변화에 대한 인내심을 길러야 하며, 타인의 반응에 지나치게 민감하게 반응하지 않도록 노력하여야 한다.

(2) 인지발달

청소년기 동안에 사고는 점차 성인과 유사하여 Piaget의 구체적 조작사고에서 형식적 조작사고로의 전환 시기이다. 청소년의 가장 큰 특징은 아동들과는 달리 가상적인 것에 대해 논리적으로 사고할 수 있다는 점이다. 따라서 청소년들의 사고는 현실보다는 가능성에 중점을 둔 경우가 많다. 청소년기에는 아동기의 구체적이고 직시적인 사고방식에서 추상적이고 본질적인 사고로 발달하기 때문에 자신이 직접 경험해 보지 않은 이상이나 가능성의 세계에 대한 사고를 전개시켜 나갈 수 있다. 또한 조합적 사고(combinational thinking)능력이 발달해 동시에 작용하는 둘 이상의 변인들의 효과를 고려할 수 있으며, 문제에 직면했을 때 가능한 해결책을 논리적이고 체계적으로 검증해 나가면서 문제해결을 시도한다. 이런 과정은 아동기의 귀납적 사고에서 연역적사고로 확장되는 것을 의미하며, 자신의 정체감에 대해 생각하기 시작하고, 논리적, 추상적 사고능력이 나타나면서 반성적 사고가 가능하지만 자기중심성이 강하다. 자기중심성은 자신과 타인의 관점을 구별하지 못하는 현상을 의미하고 청소년들은 타인이 자기에 대해 어떻게 생각하는지에 대해 생각하고 추리하기 시작한다. 자기중심성은 가상청중과 개인적 우화라는 개념에서 잘 나타나는데, 가상청중은 청소년기에 나타나는 과장된 자의식을 반영하는 개념이며, 개인적 우화는 청소년이 자신을 특별한 존재로 여기는 경향을 말한다. 따라서 타인들이 자신을 이해하지 못한다고 생각하는 경향이 있는데 이는 자기 파괴적 행동과 관련이 있다. 따라서 무모하고 충동적 행동 저변에는 자신이 특별하기 때문에 위험에서 안전하다고 믿는다.

또한 청소년기에 이루어지는 형식적 사고의 발달로 인하여 청소년들은 자신의 사고를 비판적으로 검토할 수 있고 자신과 세계에 대해서 상대론적 관점에서 이해할 수 있게 된다.

(3) 자아정체감의 발달

Erikson은 청소년기의 주요 발달과업이 자아정체감(ego identity) 형성을 지적하였다. 자아정체감은 자신의 독특성에 대한 비교적 안정된 느낌을 갖는 것을 말하는데, 개인이 자신의 자아가 연속성과 동일성을 갖는 것으로 경험하고, 또한 그렇게 행동하도록 하는 능력을 의미한다(조복희, 2004). 청소년기의 자아정체감은 지적 발달이 이루어지면서 자신의 모습을 정확히 이해하려는 노력이 나타나며 스스로를 있는 그대로 받아들이고 긍정적으로 인식해야 한다. 자아정체감은 '내가 누구인가'에 대해 일관성 있게 동일한 자기인식을 가지며 그렇게 행동할 수 있는 능력을 갈등과 혼돈을 경험하며 확립해 가는 시기이다(이인정 외, 2005).

4) 사회 환경

(1) 또래집단

또래집단이 청소년기에 미치는 영향은 매우 큰데, 이것은 이 시기가 되면 집에서 떨어져 밖에서 많은 시간을 보내야 되며 친구들과의 대화가 일상 활동이 되기 때문이다. 청소년이 특정한 또래집단을 선택하는 것은 사회경제적 계층, 부모로부터의 물려받은 가치관, 거주지역과 학교의 성격, 특수한 능력이나 제질, 자신의 성격 등 여러 가지 요인에 의하여 결정된다. 이것은 사회적 활동, 공부 방식, 이성교제, 취미생활 등 삶의 다양한 측면에서 영향을 미치게 된다.

(2) 이성교제

청소년의 이성교제는 실질적인 성숙의 정도 이상으로 가족이나 학교, 친구들로부터 오는 사회적 기대의 영향을 받는다. 청소년기 전기에는 1대 1관계의 이성교제보다는 집단으로 사귀는 것을 선호하는 경향으로서 이성에 대해 이해하고 이성과 사귀는 것을 배우는 첫 번째 단계이다.

(3) 가족관계

부모나 가족보다는 친구나 자기 자신에게 의존하려는 경향이 높아지는데 이러한 현상은 친구관계에서 배운 가치관을 가족관계에 적용하려고 하기 때문이다. 따라서 부모는 상실감을 경험하게 되고, 청소년이 심리적 이유를 추구하는 과정에서 부모에게 반항하는 행동적 특성 때문에 제2의 반항기라고도 부른다. 안정된 가족관계를 유지하기 위해서는 부모와 자녀가 서로의 의견을 경청하고 그 차이를 토론하며, 이러한 차이를 극복할 수 있는 방안을 가족성원들이 상의하여 결정하는 것이 바람직할 것이다.

(4) 환경문제

청소년의 발달과 환경 간에 자주 발생할 수 있는 문제는 폭력과 따돌림, 가출, 인터넷 중독, 성적 이탈, 알코올, 흡연, 약물 중독과 같은 문제이다. 이와 같은 문제는 특정 환경의 청소년에게만 해당되는 문제라기보다는 인간 환경이 개방적인 사회에서 언제, 어디서, 누가 이러한 문제와 관련될지 모르는 잠재적인 위험성을 내포하고 있다. 이들 문제점을 살펴보면 첫째 청소년의 성문제로서 왜곡된 성의식 및 성폭력에 대한 문제의식 약화, 자아존중감 상실, 청소년의 고립화, 여성의 성 상품화, 비하문화 강화 등이 있다. 대처방안으로서

성 평등 교육의 실시, 올바른 성지식에 대한 정보제공, 인간관계 교육 실시, 성 문제의 예방, 성적 의사결정 능력의 함양, 생명에 대한 존중감 향상, 성표현물에 대한 비판적 사고를 갖게 하여야 한다.

둘째 청소년의 약물 중독으로서 약물 남용 시작 연령이 점차 연소화되며 수는 점차 증가하고 있으며, 청소년의 약물 남용은 어른보다 더욱 빠른 속도로 증가하고 있다. 청소년의 약물 중독은 약물에서 점점 강한 약물로 진행되며 현실 판단 능력이나 자제력 상실로 인한 난폭행위 및 공격행위, 범죄발생이 가능하며, 장기적으로 보면 성인병 등 각종 질환 및 생명에 치명적일 수 있다. 대처방안으로서 부모와 자녀간의 친밀한 대화와 서로를 이해하려는 노력의 강화, 약물예방교육의 실시, 학교사회사업가의 배치, 민간단체의 약물남용 예방운동, 유해물질에 대한 광고금지, 약물남용자에 대한 전문 의료기관의 확대 및 건강보험의 적용, 약물남용 재활프로그램의 개발 및 지원, 약물 유통구조의 재정비 등이 있다.

셋째 청소년의 인터넷 중독은 가상과 현실이 혼돈되며, 폭력물에 대한 동감과 잘못된 성 인식이나 가치관, 폭력 모방, 심리적, 신체적 부작용 등이 나타난다. 대처방안으로서 컴퓨터 사용 패턴 파악, 인지행동 전략 실시, 부모교육 및 부모상담, 위험요인과 보호요인의 파악, 올바른 인터넷 이용 교육, 소비자 교육, 충동조절훈련, 인터넷통신 규제, 가상세계와 현실세계를 구분하는 분위기를 조성해 주어야 한다.

넷째 청소년의 자살 문제로서 자살유발 요인인 부모 사이의 불화, 부모와의 불화, 부모상실, 부모의 이혼, 가까운 친구 관계의 깨어짐, 진학실패 및 성적 부진, 권태감 등을 미리 파악하여 대처해야 한다. 특히 자살행동의 예측인 주변 사람이나 타인에게 자살할 것이라고 위협하거나, 주변 사람이나 타인에게 죽고 싶다는 말을 자주하는 등 죽음에 대해 지나치게 생각하거나 몰두, 충동적 행동, 지속적인 슬픔 또는 가족의 상실, 친구 또는 좋아하는 활동의 포기, 학교생활의 갑작스러운 하락, 섭식 또는 수면 습관의 하락, 심각한 죄의식과 수치감, 자신의 가치에 대한 회의감, 약물남용, 아끼는 물건을 다른 사람에게 주거나 버리는 등의 행동을 할 때는 전문가의 진단과 치료가 필요하다. 대처방안으로서 전화상담 서비스, 자살예방센터 건립, 자살예방교육 프로그램의 실시, 자살 도구의 제한, 자살 예방을 위한 부모의 역할을 강화하여야 한다.

5) 청소년기와 사회복지실천

(1) 청소년 프로그램 시행

청소년의 복지실천은 의존과 독립의 욕구가 동시에 발동하는 청소년의 발달적 특징을 고려하여 가정, 학교, 사회의 협력과 특히 청소년 복지를 실현하는 기관들의 긴밀하고 실질적인 프로그램 등의 운영을 통해 이루어져야 한다.

청소년을 위한 사회복지기관의 프로그램을 살펴보면 학습, 진로, 상담 및 다양한 청소년 문제 상담, 청소년자원봉사자들을 대상으로 하는 정기적 간담회 실시, 청소년들에 대한 학습기회 제공 및 학업능률 강화 기회제공, 댄스, 만화, 수화, 자원봉사, 동아리 문화축제, 청소년 캠프 등의 동아리 활동, 자원봉사활동을 통한 이성교육활동 및 학교연계 프로그램, 역의 공공기관과 연계하여 청소년 자원봉사 일환으로 환경 탐사 활동지도 등이 있다. 청소년의 복지실천을 위한 문제는 일상생활 문제를 해결 할 수 있는 사고능력과 의사결정능력, 학업성취, 직업 훈련 등을 할 수 있는 능력을 갖는 것과 관련하여 문제를 다루어야 한다. 특히 사회 정서적 측면에서도 사회적 적응과 감정의 조절, 타인에 대한 이해, 원만한 관계 형성과 적응과 관련하여 문제를 다루어야 하며 특히 청소년기는 자아존중감을 바탕으로 하여 가정적 역할과 사회적 역할, 세계를 보는 관점 등이 바르게 형성될 수 있도록 도와주어야 한다.

(2) 청소년을 위한 법 · 제도 정비

청소년복지와 관련되는 기본적인 두 개의 법률은 청소년기본법과 청소년보호법이다. 청소년 육성에 대한 제도는 청소년기본법을 중심으로, 청소년 보호에 관한 제도는 청소년보호법을 중심으로 시행되고 있다.

방은령(2001)은 청소년기본법과 청소년보호법을 검토하고 청소년 보호와 육성에 대한 제도적 측면에서 다음과 같은 개선의 방향을 제시하고 있다. 첫째 인간 발달적 측면이나, 사회적 통념, 시행 효과 등을 고려하여 청소년의 연령은 13세가 되는 3월 1일부터 19세가 되는 3월 1일 이전까지로 조정한다. 둘째 청소년 육성과 학교교육을 구별하는 현재의 제도에서 벗어나, 청소년 육성에 대한 정의를 학교교육과정까지로 보다 확대하고 학교교육과정에서도 수련 활동이 전문적 · 체계적으로 이루어지게 한다. 셋째 청소년 유해 환경의 범위는 현실적인 상황을 고려하여 조절한다. 담배와 술에 대한 규제의 재검토와 현실적으로 청소년들이 자주 이용하고 있는 청소년 유해 업소인 노래방, 당구장, 커피숍, PC방 등이 청소년들이 이용하기에 적합하도록 시설과 운영에 대한 정비를 통해 개선되도록 한다. 넷째 청소년 보호와 육성에 관련한 국가와 지방자치단체의 역할과 책임을 의무 조항으로 강화시킨다. 다섯째 청소년 전담 행정 기구의 위상을 높이고 관련 부처들은 부처가 이기주의를 벗어나 청소년들의 육성과 보호를 위한 차원에서 이루어져야 한다. 여섯째 청소년 보호와 육성에 대한 시행과 처벌 규정을 보다 강도 높게 마련한다. 마지막으로 청소년 정책에 청소년이 참여할 수 있는 실질적인 제도를 마련할 것을 제안하고 있다.

특히 청소년의 권리보장으로서 청소년의 생존, 성장, 발달권의 보장과 청소년의 의결표명권, 청소년의 자기결정권 등이 존중되도록 법적 정비와 제도적 노력이 필요하며, 경제적 어려움이 있는 청소년에게 생계급여와 교육급여, 의료급여와 더불어 학용품비, 급식비 등의 부가 급여를 지급하여 청소년이 건강한 문화생활을 영위할 수 있도록 적절한 생활보장이 요구된다. 또한 청소년을 가정폭력, 성적학대, 방임으로부터 보호받을 수 있고 학교사회사업이 현실화되어 행복한 학교생활과 청소년 근로에 대한 보장, 가정환경을 상실한 청소년들에게 생활 보호, 지도 · 감독이 이루어지도록 청소년의 복지권이 보장되어야 한다.

7. 중년의 성장과 발달 (중년기)

1) 중년의 정의

중년은 인생의 전성기 또는 황금기로 간주한다. 그와 반대로 인생의 쇠퇴기로 규정하는 사람도 있다. 중년기를 전성기 또는 황금기로 보는 이유는 전반적인 삶 중에서 경제적으로 상당히 안정되어 있고 다양한 삶의 영역에서의 경험을 통하여 삶의 지혜를 터득한 상태이며 직장이나 집안에서 높은 지위와 책임을 갖기 때문이다. 중년기를 인생의 쇠퇴기로 바라보는 입장은 여성의 폐경기, 남성의 갱년기 등의 신체적 쇠퇴와 가정생활의 갈등 및 직장 생활에서의 역할 상실로 인해 불안정한 상태에 있는 경우다.

중년기의 연령구분은 학자에 따라 다르지만 대체로 시작은 30~40세의 한 지점으로 잡으며, 끝나는 시기는 60~70세 기간 중의 한 지점으로 구분한다(이인정, 1995). 또한 사회적 연령으로는 첫 자녀의 사춘기 시작부터 막내 자녀의 결혼 또는 직업생활의 은퇴까지라 할 수 있다. 본서에서는 40세부터 노년기가 시작되기 직전인 64세 규정하고자 한다. 그 이유는 40대부터 중년으로 보는 것이 일반적인 관점이며 노인복지법에서도 노인을 65세로 규정하고 있기 때문이다(김동배, 2006). 중년기가 인간의 발달 과정에 있어 결정적 시기이며, '샌드위치 세대', '빈 둥지 증후의 세대(empty nest syndrome)', '상실감의 시기', '제2의 사춘기' 혹은 '정체성 위기의 시기' 등으로 다양하게 표현되고 있다. 중년기는 인생의 중반에 이르러 삶의 의미와 자신의 실체에 의문을 갖고 삶의 무의미와 공허, 절망, 침체, 무기력감 같은 정서적 혼란과 방황을 겪는다. 그래서 인생의 목표와 성취, 가치, 그리고 타인과의 관계 등 지나온 삶의 전반을 평가하게 된다. 결국 중년기는 인생주기에서의 필연적인 한 단계로 신체적 변화와 더불어 가정, 사회 환경의 변화로 인해 갈등과 불균형이 나타나는 시기이나 성장 지향적 발달이 가능한 인생의 전환기라고 할 수 있다.

2) 신체적 발달

(1) 신체적 변화

중년기에는 대부분 건강하고 정력적이다. 신체기능이 다소 저하한다는 점을 약간 인식할 뿐이다. 인간은 서로 다른 속도로 늙는다. 신체의 쇠퇴는 점진적으로 나타난다. 주요한 변화로는, 스트레스를 받거나 신체의 한 부분에 기능 이상이 있은 뒤 회복능력이 감소한다는 점이다. 중년의 흔한 생리 변화는, 혈액을 펌프질하는 심장기능의 저하, 위장관에서의 효소 분비의 저하, 이것 때문에 변비와 소화불량에 걸릴 수 있다. 판막의 약화와 신장 기능의 감소, 전립선 비대로 인한 배뇨문제와 성적인 문제를 야기한다. 에너지의 수준도 점차 감소하고 신체적인 작업능력도 저하한다. 길고 힘이 드는 활동을 한 후, 이를 보충하기 위해 보다 많은 시간이 필요하다. 중년기에는 이러한 에너지의 변화를 보상하는 신체활동에 적응할 필요가 있다.

(2) 신체 기능의 쇠퇴

40대 초기에 전반적으로 신진대사가 저하하는데, 중년기에는 신체구조 및 기능의 변화로 인해 건강이 약화될 수 있다. 예를 들어, 척추 뼈 사이의 디스크의 감퇴로 인해 뼈마디가 가까워지면서 키가 줄어든다. 30~50세 사이의 키는 약 0.3㎝ 줄지만, 60세에는 약 2㎝ 가까이 줄어들게 된다(Santrock, 1995). 피부의 탄력이 줄어들고 주름이 생기며, 흰머리가 생기는 보편적인 신체적 변화이다. 이 시기에는 체중이 늘며, 배가 나오는 것은 중년기에는 건강상의 문제가 일어나기 쉬우며 질병에 대해 취약해 지며 이로 인한 사망률 또한 증가한다(U.S Bureau of the Census, 1980).

중년기의 건강을 해치는 주요 질환은 당뇨병, 담석증, 신장결석, 고혈압, 심장문제, 암, 허리문제, 천식, 관절염, 류머티즘, AIDS 등이 있다. 주요 사망원인을 살펴보면 35~54세는 암, 심장질환, 사고, 55~64세는 암, 심장질환, 뇌

졸중 등이 있다. 특히 중년기에는 외모의 변화가 나타나는데 점진적으로 흰 머리카락이 나기 시작하고 머리카락은 가늘어진다. 주름이 서서히 나타나면서 피부는 건조해지고 탄력성을 잃기 시작한다. 지방조직이 재분배되는데 예를 들어 남성은 허리둘레에 군살이 나타나고, 여성은 유방의 크기가 작아진다.

감각기관에도 변화가 나타나는데 첫째 시력의 문제로서 시각의 감퇴는 대체로 40~49세에 나타나며, 노안이 대표적 징후이다. 가까운 것을 보는 데에도 어려움이 생기며 신문이나 책을 보는 거리가 점점 멀어지게 된다. 또 눈으로 가는 혈액 공급이 감소되어 시각의 범위가 좁아진다. 이중초점 안경, 돋보기, 콘택트렌즈 사용, 눈의 수정체는 나이가 들면서 탄력성을 잃고 초점을 쉽게 맞출 수 없다. 많은 사람들이 원시가 된다. 둘째 청각 기능의 문제로서 청각은 감퇴가 가장 빨리 나타나는 감각기능으로 40세경에 시작된다. 고음에 대한 민감성의 감퇴가 먼저 나타나며, 50대에는 저음에 대한 감퇴가 시작된다. 직업적 소음으로 인해 남성의 고음 민감성 감퇴가 여성에 비해 빨리 나타난다(Olsho et al, 1985). 청각 신경세포 둔화 및 쇠퇴로 인하여 고주파 소리를 잘 듣지 못한다.

또한 미각, 촉각, 후각과 자극 반응시간에서도 변화가 나타난다. 자극에 반응하는 데 걸리는 시간을 반응시간이라고 하는데, 중년기에는 반응속도가 매우 느려진다. 그러나 일상생활을 영위하는 데는 별로 지장이 없다. 예를 들어 전화가 왔을 때에 몇 초 늦게 전화를 받는다고 해서 크게 문제될 것은 없다. 연령과 함께 반응시간이 증가하는 것에 대해서는 다음과 같이 몇 가지로 설명할 수 있다. 첫째, 연령이 증가함에 따라 중추신경계에서 자극을 처리하는 속도가 전반적으로 느려진다는 것이다. 둘째, 연령이 증가하면서 신경세포가 일정한 목적 없이 되는대로 신경을 자극하기 시작하여 신경잡음을 만들어 내기 때문에 한 자극에서 다른 자극을 구분하기가 힘들게 된다. 셋째, 나이가 들면 행동이 조심스러워지는 등의 변화로 인해 반응시간이 느려진다.

(3) 성적변화

중년기에는 성적 능력의 저하가 이루어지는데 이것을 갱년기 장애라고 한다. 여성의 경우에는 폐경기(menopause)를 경험하게 되는데, 이것은 여성 호르몬인 에스트로겐(estrogen)이 1/6정도로 줄어들고, 자궁과 유방의 퇴화가 이루어지기 때문에 신체적 고통을 야기한다. Neugarten과 Kraines(1965)에 의하면 폐경기 여성에게서는 얼굴의 홍조현상, 두통, 메스꺼움, 현기증, 골반통, 유방통증, 호흡장애 등이 나타난다고 하였다. 여성과는 달리 남성들의 갱년기는 정자나 정액 생성의 종결을 의미하지 않으며, 여성에 비해 비교적 늦게 찾아오는 것이 일반적이다. 남성의 경우는 음성이 고음이 되고 머리카락이 줄어드는 등의 변화가 있을 뿐 신체적 어려움이 야기되지는 않는다. 특히 중년기의 남성은 호르몬 분비의 감소로 인해 성욕 감퇴와 더불어 심리적인 의욕감퇴 · 불안 · 초조 등의 갱년기 장애를 경험하는 것으로 알려져 있다(Masters & Jonson, 1985). 그러나 50대 이후 중년기의 남성호르몬 감소의 정도는 실제로 1년에 1%에 불과하다(Santrock, 1995). 따라서 흔히 남성 갱년기 장애로 불리는 증상들은 생리적인 것 보다는 쇠퇴를 지각하는 심리적 반응에 기인된 것으로 보인다.

[표 1-9] 폐경기 동안 일어나는 주요 변화

증 상		설 명
폐경전	불규칙한 월경주기	• 월경주기가 길어지거나 짧아진다. • 월경의 양이 많아지거나 적어진다. • 월경을 하지 않고도 1년 정도 임신이 가능한 경우도 있다.
폐경중	월경중단	
	번열증	• 체온이 올라갔다 내려갔다 한다. • 땀이 나고, 가슴이 두근거리고, 메스껍고, 불안하다. • 빈도는 1시간에 몇 번부터 한 달에 한 번까지 다양하다. 그러나 지속시간은 대부분 5분 정도 이다. • 번열증은 폐경 1년 전이나, 1년 반 전에 시작되어 폐경 후 몇 년까지 계속될 수 있다.
	불면증	• 한밤중에 번열증으로 인해 잠이 깬다.

증 상		설 명
		• REM 수면이 감소하여 수면을 방해한다.
	심리적 영향	• 단기 기억의 감소, 과민성, 집중력 부족이 보편적인 증상이다. 이러한 증상들은 단순히 수면부족 때문일 수도 있다. • 어떤 여성의 경우 성적 욕구가 감소한다.
폐경후	신경계의 변화 피부와 모발의 건조	• 촉각이 예민해진다. • 피부가 건조하고, 가렵고, 얇아진다. • 머리카락도 가늘어진다. 얼굴의 솜털이 증가한다.
	요실금	• 방광조직의 수축과 자궁근육의 약화로 요실금이 발생한다. • 요도감염으로 인한 방광염이 발생한다.
	질건조증	• 질의 점막과 질 벽이 얇아져서 감염이 잘되고 성교 시 통증을 수반한다.
	뼈의 손실(골다공증)	• 극적으로 증가한다.
	심장혈관의 변화	• 혈관이 융통성이 없어지고 콜레스테롤과 트리글리세라이드 수치가 높아진다.

출처 : 정옥분(2000)

3) 심리적 발달

(1) 인지적 발달

중년기의 인지적 변화에 대해서는 두 가지 상반된 견해가 있는데, 첫째는 신체적 능력의 감소가 시작되는 것과 더불어 인지적 능력도 감소하기 시작한다는 것과, 중년기에는 지능이 감소하지 않으며 특정한 측면의 지적 능력은 강화된다는 견해가 있다. 그러나 일반적으로 인지적 반응속도가 늦어진다는 점에 대해서는 동의하고 있다. 이러한 인지 반응속도의 변화는 감각의 예민함이나 말초신경작용의 반응속도, 반응 동작의 속도 등과 같은 말초 신경요소들의 기능에서 먼저 일어나기보다는 중추신경 체계가 정보를 전달하는 과정에서 기본적인 변화가 일어난다. 이 외에도 이것을 지적능력의 약화보다도 조심성, 숙고, 불안 등의 요인에 의한 것으로 보고한 연구도 있다.

중년기의 인지능력 변화의 특징은 새로운 기술, 새로운 사실을 계속 학습할 수 있고, 더불어 이미 잘 아는 것을 기억할 수 있다. 그러나 대부분의 중년기 사람들은 자신의 지적인 능력을 충분히 활용하지 않고 과거의 다양한 경험으로부터 얻은 지혜를 가지고 대처하고 보상하려는 경향이 있다(Papalia et al, 1998). 어떤 사람들은 새로운 것을 배울 수 없다는 잘못된 믿음에 붙잡혀 있다. 중년기의 정신기능의 잠재력은 거의 변함이 없으며, 인지기능은 성인기 후반까지도 향상된다.

중년기에 인지능력 약화의 현상은 일반적으로 인지적 반응속도가 늦어진다는 점이다. 인지적 반응속도의 원인은 정확하지 않지만 빠른 속도를 요구하는 과제나 문제를 능숙하게 해결하지 못하지만 어휘, 기억력 및 문제해결능력을 요구하는 과업은 적절히 수행할 수 있다는 것은 분명하다(Schaie & Strother, 1968).

(2) 심리적 변화

중년기 남녀는 자신이 한 사람의 성인임을 재인식하고 이러한 과정에서 기존의 가치 및 목표에 대한 정의와 자아에 대한 성찰이 증가하면서 심리적으로 불안한 전환기를 맞는다. 많은 사람들이 자신 내부의 이러한 변화를 인식하면서 '나의 인생은 이것으로 좋은가?', '나는 누구인가?'의 문제를 갖는다. 이러한 과정에서 중년기는 자아에 대한 재인식과 변화를 수용하고 발달시키는 경험을 한다. 여기서는 중년기의 성격의 변화를 주장하는 Erikson, Peck, Levinson, 그리고 Jung의 이론을 살펴보고자 한다.

첫째 Erikson의 8단계 점성원칙을 살펴보면 중년기에는 생산성 대 침체성(generativity vs self-stagnation)이라는 일곱 번째 위기를 경험한다고 한다(Erikson, 1963). 생산성을 통해서 중년기의 성인들은 다음 세대를 인도한다. 즉, 자녀를 낳아 기르고, 젊은 세대를 가르치고, 지도하고, 지역사회에 도움이 되는 일들을 함으로써 인생의 중요한 측면을 통하여 다음 세대를 인도한다.

생산성은 자녀를 출산하는 것뿐만 아니라 직업을 통해 다음 세대에게 기술을 전수하거나 문화를 창조하고 보존하는 행위 등 매우 넓은 개념이다. 그러나 초기에 Erikson은 생산성 개념에서 자녀 출산에 특히 큰 비중을 두었다. 많은 사람들은 아이를 낳고 양육하는 것으로 생산성을 획득하고자 하나, 이 외에도 여러 가지 방법이 있다. Erikson은 가르치고, 쓰고, 발명하는 일, 예술과 과학, 사회적 활동, 그리고 미래 세대의 복지를 위해 공헌하는 것은 모두 생산성과 관련이 있다고 보았다.

침체성은 다음 세대를 위해서 자신이 한 일이 아무것도 없다는 것을 깨닫는 경우를 말하는 것이다. 인생을 지루하고 따분하다고 생각하는 사람, 불평불만을 일삼는 사람, 매사에 비판적인 사람들이 침체성을 보여주는 전형적인 경우다.

Erikson의 다른 단계에서와 마찬가지로 중요한 것은 생산성과 침체성이 균형을 이루는 것이다. 매우 생산적인 사람이라도 다음 계획을 위해 에너지를 모으면서 휴지기를 거친다.

둘째 Robert Peck의 적응 과제는 Erikson의 업적에 흥미 있는 차원을 첨가했다. 그는 Erikson의 이론이 아동기와 청년기의 심리 사회적 위기들에 너무 많은 강조를 두고 인생의 40대와 50대에 대해서는 충분치 않다고 보고 중년기의 심리적 적응의 몇 가지 측면을 제시했다.

① 지혜의 중시인가, 육체적 힘의 중시인가

20대 후반 이후 노화의 불가피한 결과의 하나는 육체적 힘, 정력, 매력에서의 쇠퇴이다. 그러나 오랜 삶을 통해 얻어진 진정한 경험은 젊은 사람에게 없는 것을 성취케 하는데 이것이 지혜이다. 지혜는 인생경험이 가져다주는 판단력의 증대를 말한다. 지혜는 지적 능력과 동일한 것은 아니며 아마도 결정을 해야 할 때 지적인 지각과 상상력이 제시하는 대안들 중에 가장 효율적인 선택을 하는 능력으로 정의하는 것이 타당할 것이다. 가장 성공적으로 늙는 사람은 그들의 이전의 사치서열을 바꾸어 자아평가의 기준으로, 문제해결의 주요 수단으로 정신적 능력을 육체적 용맹보다 우위에 놓는 사람들이다.

② 대인관계의 사회화인가, 성적 대상화인가

이 적응은 성적 갱년기에 집중된다. 갱년기는 남성과 여성이 일차적으로 서로를 성적 대상으로 보기보다 오히려 한 인격으로 대하고 중요시하도록 하는 계기가 될 수 있다. 남녀 간의 성적 요소는 그 관계가 공감, 이해, 정서적 포용의 새로운 차원을 갖게 될 때 중요시되지 않을 수 있다.

③ 정서적 융통성인가, 정서적 빈곤인가

어떤 의미에서 심리적 발달은 정서적 융통성의 능력과 관계된다. 이는 한 사람 또는 한 활동에서 다른 것으로 정서적 투자를 옮길 수 있음을 말한다. 정서적 융통성은 중년기에 더욱 중요한데 부모가 사망하고, 자녀가 집을 떠나고, 같은 또래의 친구나 친척들의 죽음과 같은 사건들이 이때 일어나기 때문이다. 정서적 초점이 될 새로운 대상을 발견함으로써 적극적으로 적응하는 것이 위기극복에 필요하다.

④ 지적 융통성인가, 지적 완고성인가

중년인들은 견해와 활동에서 융통성을 유지하고 새로운 생각에 수용적이어야 한다. 문제에 대한 색다른 해결책을 상상하는 정신적 노력을 포기하지 않고 인생경험을 지배하여 초연한 관점에서 새로운 문제의 해결책에 대한 잠정적 지침으로만 경험을 사용하고자 한다.

셋째 Levinson의 중년기 발달 단계를 살펴보면 각 발달단계에서 이룩해야 할 발달과업을 다음과 같이 강조한다.

① 중년기의 전환기(40~45세)

Levinson의 모든 전환기처럼 중년기의 전환기는 끝이자 시작이다. 성년기의 일을 마무리해 가면서 또 한편으로는 중년기의 요령을 익혀간다. 이 교량 역할을 하는 시기 동안 이제 자신의 죽음을 보다 절실히 인식하는 남성들은 그들 삶의 모든 측면에 대해 실질적으로 의문을 제기한다. Levinson에 의하면, 중년기 남성은 내면의 상반되는 성향들을 처리해야 한다고 말한다. 그가 젊은 세대보다 늙었다고 느끼더라도 아직 자신을 중년이라고 부를 준비가 안 되어 있다. 그로 하여금 중년기라는 세계에서 그의 위치를 찾지 못하게 막는 젊은 태도를 지나치게 고집하지 말아야 한다. 그러나 그의 사고가 너무 늙게 되면 메마르고 경직될 것이다. 그는 또한 그의 성격의 '남성적' 부분과 '여성적' 부분을 통합하려고 노력해야 한다.

② 중년기로의 진입(45~50세)

40대 중반이 되면 남성들은 새로운 선택을 수반하는 새로운 인생구조를 설계하기 시작한다. 여기에는 새 직업이나 현재의 일에 대한 재구성, 또는 재혼 등이 포함된다. 이때 매우 성공적인 사람들은 중년기를 인생에서 가장 충만하고 창조적인 시기, 자기 성격의 새로운 국면이 꽃필 수 있게 해 주는 기회로 생각한다. 반면, 어떤 이들은 중년기의 과업을 전혀 해결하지 못하면서 따분한 중년기를 보내게 된다.

③ 50세 전환기(50~55세)

인생 구조를 수정할 수 있는 또 다른 기회는 50대 초반에 다가온다. 50대 전환기는 중년 전환기가 비교적 무난했던 남성의 경우 특히 어려운 시기가 되는 것 같다.

④ 중년기의 안정기(55세~60세)

중년기 인생구조의 절정기는 남성들이 중년기의 토대 구축을 끝낸 안정된 시기이다. 다시 젊어져서 인생을 풍요롭게 하는 사람들에게 50대는 위대한 완성의 시기가 된다.

넷째 정신분석학파인 Jung은 중년 전환기 환자를 치료한 임상적 경험과 그 자신의 자아분석을 통하여 성인기 성격발달이론을 펼쳤다. 그는 발달단계를 연령 별로 명확히 구분 짓고 있지는 않지만 대개 아동기, 청년기, 중년기, 노년기의 4단계로 나누고 있다.

Jung은 약 40세에 시작되는 제 3단계인 중년기를 인생의 전반에서 후반으로 바뀌는 전환점으로 보고 매우 중요시 했다. Jung 자신이 이 시기에 정신병적 상태에 가까운 심각한 정신적 위기를 경험했을 뿐 아니라, 그를 찾은 환자들의 2/3가 중년기에 속하는 사람들이었다. 그들은 모두 목표한 과업을 무난히 수행해 낸 사람들로서 그럼에도 불구하고 인생에 대한 허탈감과 무력감을 호소했다. Jung은 이것을 중년의 사람들이 생의 제1차 목표지점에 도달하려고 온갖 정열을 쏟았고 성취를 하였으나 그것은 최종적 목표가 아니므로 다시 새로운 차원의 제2의 인생목표를 설계하고 새 출발을 시도해야 하는데 그렇지 못하기 때문이라고 보았다. 즉 사회로부터 얻어진 성취들은 자신의 성격의 어느 측면을 축소시킨 대가로 얻어진 것이므로 경험했어야 할 인생의 다른 많은 측면이 어두운 창고 속에 묻혀 있어 그러한 내재적 욕구가 개개인에게서 중년기에 분출 되어 나온다고 본다. 따라서 정신적 균형과 조화를 위해서는 이 억압되어 온 측면이 인식되고 개발되어야 할 필요가 있다는 것이다.

Jung은 인생의 전반기를 자기 확산기로 보고, 후반기는 자기 수렴기로 구분한다. 자기 확신기에는 무의식세계에서 의식세계로의 적극적인 활동이 특징이라면 자기 수렴기에는 종교적, 철학적, 직관적인 정신세계에 몰두 해야만 인생전체가 균형과 통합을 이루며, 결국 자기실현이라는 최종 목표에 이른다고 보았다. 예를 들어 한 사람이 청년기의 목표였던 돈 벌이, 명성, 지위 등의 물질적인 것들을 중년기에 이르러서까지 계속 추구한다면 그의 삶은 의미를 잃고 말며, 고통스러우나 의미 있는 내면적 여행을 통해 자기의 소홀히 온 측면에 대담하게 직면할 때 성장이 이루어진다는 주장이다.

4) 사회적 발달

Erikson의 심리사회적 발달단계는 생산성 대 침제로, 34~60세 사이에 일어나며, 다음 세대를 만들어 내고 지도하는 것과 관련성을 지니고 있다. Erikson은 이 단계에서 자녀출산보다는 자녀양육을 더 중요한 과업이라고 보았는데, 자녀를 낳는 것에 더 하여 부모로서 자녀를 잘 양육하고 지도하여야 한다고 했다. 그러나 생산성에는 자녀를 출산하고 양육하는 것 이외에, 학생, 동료, 또는 친구를 잘 보호하고, 직업이나 여가활동에 참여함으로써 얻게 되는 창조성이 포함되며, 더 나아가 다음 세대로의 사상의 전수까지도 포함된다.

인간은 이와 같은 생산성으로 인하여 후세대를 양육하고 가르치며, 지도감독하는 활동을 함으로써, 이전 세대의 문화와 의식이 후세대로 연결될 수 있게 만든다. 따라서 모든 문화적 진보는 생산성을 가진 사람이 타인을 배려하고, 보호하고, 가르치는 것에서부터 이루어진다고 할 수 있다.

생산성 대 침체의 위기를 성공적으로 극복할 경우 타인을 보호 할 수 있는 능력이 형성된다. 그러나 타인을 충분히 보호하고 그들에게 관심을 기울이지 못하게 될 경우 부정적 자아특질인 거부 또는 권위주의가 형성된다. 이러한 사람은 개인적 욕구 충족과 안위가 주된 관심사이며, 자기탐닉을 위한 것을 제외하고는 누구에게도 관여하지 않고 보호를 하지 않는다. 이와 같이 생산성이 결여된 사람은 사회의 일원으로서 생산적 기능을 다하지 못하고 자신의 욕구만을 충족시키기 위하여 살아가기 때문에, 인간관계가 황폐화되고, 중년기의 위기, 즉 절망과 인생의 무의미함을 느끼게 된다.

중년기에는 죽음에 대한 인식이 점차 높아지고 현재 자신의 인생목표를 성취하는 것이 제한을 받음으로써 우울해진다는 설명이 곁들여지고 있다. 그럼에도 불구하고 대부분의 사람들이 중년기 위기를 경험하지 않는다는 연구결과들이 제시되고 있다. 그리고 많은 사람들이 필수적 대처기술을 가지고 있기 때문에 중년기를 조용한 전이의 시기라고 말하고 있다.

(1) 안정된 가족생활 환경

중년기에는 가족성원들의 성장과 지원할 수 있는 안정된 가족환경을 조성하여야 한다. 즉, 중년기에 이른 부모는 가족성원의 욕구, 기호, 기술이나 재능의 차이를 인정하고 적절하게 반응할 수 있는 능력을 습득하고, 가족성원이 기술이나 재능을 개발할 수 있는 적절한 기회를 부여해 줄 수 있어야 한다. 이러한 가족환경을 조성하기 위하여 중년기의 부모는 가족성원의 지위에 따라 책임과 권리를 공평하게 배분하고 가족생활과 관련된 합리적 의사결정을 할 수 있는 능력을 지니고 있어야 한다.

가족 내 의사소통 유형과 가족역동의 관계를 설명할 때, 먼저 남성 또는 여성 성인주도형 의사결정구조를 가진 가족에서는 부모가 단독으로 책임을 지고 가족의 재산에 대한 결정권을 행사하며, 가족의 단독집행자로서 보상과 처벌권을 지니므로, 동일시의 대상이 됨과 동시에 잘못할 경우, 비난의 대상이 되기도 하기 때문에 지속적 가족갈등을 유발할 수 있는 문제점이 있다. 그리고 성인주도형 의사결정구조를 가진 가족은 부모가 가정 일에 대한 책임을 분담하고 자녀가 종속적 지위에 머물기 때문에 불만이 야기 될 수 있다. 이에 반해 전체 가족성원들이 의사결정에 대한 책임을 분담하는 가족주도형 의사결정구조를 가진 가족에서는 가족성원들 모두가 가족문제에 대한 의견이나 해결책을 제시하며, 성인의 영향을 받기는 하지만 자녀의 참여와 만족도가 높다. 우리나라의 경우에는 지금까지 남성 주도적 의사결정구조가 유지되고 있긴 하지만, 여성의 지위 향상으로 인하여 최근에는 성인주도형과 가족주도형 의사결정구조를 지닌 가족이 점차 늘어나고 있는 추세다.

중년기에 성공적 가족 관리를 하기 위해서는 가족을 위한 시간 계획과 미래목표를 설정하여야 한다. 먼저 가족을 위한 시간계획은 하루에서부터 향후 10년 정도에 이르는 미래에 대한 시간계획까지도 수립되어야 한다. 즉, 직업생활에 따르는 시간계획에 근거하여 가족을 위한 1일 시간계획을 수립하여야 하며, 자녀의 성장을 예견하여 미래의 가족을 위한 시간 계획까지도 수립하여야 한다. 그리고 미래의 가족을 위한 시간계획을 수립하기 위해서는 가족의 장 · 단기 목표를 설정하고 진척상황에 대한 중간 점검을 통하여 수정해 나가야 한다.

부모가 중년기가 되면 자녀들은 청소년기에 접어들게 된다. 똑같이 삶의 전환기를 경험하는 중년부모와 청소년 자녀 간에는 갈등이 일어날 가능성이 많아지게 된다. 중년의 부모들은 어려운 부모역할 이외에 자녀로서의 역할도 동시에 수행해야 하므로 , 두 가지 상반되는 역할 수행으로 인하여 어려움을 겪게 된다. 즉, 청소년 자녀는 오직 자녀로서의 역할만을 수행하면 되고, 가장 윗세대인 노부모는 부모로서의 역할만을 수행하면 되지만, 중간세대인 중년기의 사람들은 부모역할과 자녀역할을 동시에 수행해야 하는 "샌드위치 세대"가 되게 된다. 중년기에는 가족구성원 이외의 친척 관계망, 직업 관련 단체, 종교단체 등과의 상호 작용을 통하여 원만한 외부적 관계를 유지하고, 외적 압력이나 요구로부터 자신의 생활과 가족을 보호할 의무를 지닌다. 따라서 중년기의 성인들은 외부의 사회적 관계망과 가족생활 간에 역동적 균형성을 유지하기 위한 노력을 아끼지 말아야 한다.

(2) 자녀교육 및 훈육

부모는 아동의 변화에 맞는 적절한 자녀교육 및 훈육방식을 선택적으로 활용할 수 있는 능력을 지니고 있어야 한다. 즉, 중년기의 부모는 자녀의 발달단계에 맞는 자녀 훈육방법을 습득하여, 자녀의 요구뿐만 아니라 변화하는 상황에 융통성 있게 대처하여야 한다.

자녀의 발달단계를 기준으로 하여 볼 때 중년기 부모가 직면하는 가족 발달단계는 자녀 아동기에서부터 자녀들이 모두 독립하는 자녀 독립 기까지에 해당한다. 학령 전기부터 아동기에 속한 자녀를 훈육하기 위해서는 부모가 규칙을 설정하고 자녀를 훈육하며, 자녀들이 이에 순응하도록 훈육하며, 자녀들이 해야 할일을 적절히 수행할 수 있도록 원조하는 교육자 또는 비서로서의 역할을 수행해야 하고, 부부하위체계 내에 자녀를 위한 공간을 마련해 주어야 한다.

자녀가 청소년기로 이행하는 시기에는 청소년의 독립을 인정하는 방향으로 부모-자녀관계를 재조정해야 한다. 부모는 지나친 간섭이나 통제보다는 스스로 판단하여 행동하도록 허락하면서 동시에 적절한 한계를 규정지어 줌으로써 부모로서의 권위를 유지할 수 있어야 한다. 첫 자녀의 결혼에서부터 시작하여 막내 자녀가 독립하기까지의 자녀 독립기에는 자녀를 성인으로서 인정하고 그들의 의사를 존중해 주며, 결혼준비를 지원 할 뿐만 아니라 출가한 이후에도 지속적인 관심과 지원을 할 수 있어야 한다. 이와 함께 부부관계를 2인군 관계로 재조정함과 동시에 며느리, 손 자녀 등을 위한 공간을 마련하는 등 전체적인 가족관계를 재조정하여야 한다.

(3) 직업적 성취와 직업전환

중년기의 직업생활은 가족의 생계유지, 사회적 관계의 유지뿐만 아니라 자신의 생활 전반에 영향을 미칠 정도로 매우 중요한 요인이다. 중년기의 직무수행능력은 일의 종류에 따라 달라진다. 즉, 연령이 증가하면서 어떤 종류의 일에서는 기술이 숙련되고, 또 다른 어떤 종류의 일에서는 직무수행능력이 감소하게 된다.

중년기 동안에는 대부분의 직업분야에서 직무수행능력이 매우 높은 편이다. 하지만 체력이나 빠른 속도를 요구하는 직업에서의 직무수행능력은 오히려 감소하게 되며, 그 외에의 직업분야에서는 오랜 경험을 통한 축척된 지식과 기술을 활용하여 높은 수준의 직무성취도를 보인다. 중년기의 높은 수준의 생산성과 직무수행능력을 유지 할 수 있는 것은 "선택적 능력 발휘를 통한 보상"을 할 수 있기 때문에 가능하다. 즉, 중년기의 근로자들은 본인은 가장 핵심적인 업무에 집중하고 다른 업무는 부하 직원에게 위임하거나 업무량을 줄이며, 직무에 필요한 기술에 있어서만큼은 최고 수준을 유지하기 위하여 노력하고, 기억력이나 감각기능의 감퇴를 극복하기 위한 실용적 대안을 마련하여 자신의 약점을 최소화하고 강점을 최대화할 수 있는 능력이 있기 때문에, 높은 수준의 생산성과 직무수행능력을 유지할 수 있다.

중년기는 직업적 성취도가 최고조에 도달할 가능성과 직업적 전환을 해야 하는 가능성이 공존하는 시기이기 때문에 직업으로 인하여 야기되는 긴장이 많은 편이다. 연령에 따라서는 40대의 성인들이 다른 연령층보다 직업적 성취를 위한 열의가 가장 높기 때문에, 직업적 성공에 대한 긴장도 많은 편이다. 사회계층에 따라서는 중산층에 속하는 중년 남성은 젊은이와의 경쟁에서 낙오하지 않을까 하는 두려움 때문에 직업적 성공에 가장 많은 긴장을 경험한다. 이에 반해 하류층은 더 이상 잃을 것이 없기 때문에 그리고 상류층은 이미 안정된 생계기반을 갖추었기 때문에 직업적 성공에 대한 긴장은 별로 없다.

중년기의 성인의 직업만족도에 영향을 주는 변인은 급여수준, 직업의 미래, 노력에 대한 결과의 만족도, 과업 수행과정에서의 즐거움, 직장동료와의 관계 등이다. 40대에는 직업 활동에 몰두하기 때문에 자신의 직업만족도에 대해 현실적인 평가를 할 수 있는 여유가 많지 않은 반면 50대에 이르게 되면 직업에 대한 현실적 성공여부를 평가하게 된다. 그러나 최근 들어 고용불안이 심화되면서 30~40대에 직업만족도가 낮아지고 정리해고 등에 대한 불안을 강하게 경험하는 것으로 나타나고 있다.

만족스러운 직업생활과 효과적인 과업수행을 위하여 중년기의 성인들은 직장의 상사나 동료로부터 신임을 얻을 수 있는 대인관계 기술을 습득하여야 한다. 직장에서 타인에게 영향을 미치기 위하여 사용하는 대인관계 전술이 있을 수 있다. 직장동료와 경쟁적 관계에 놓인 경우에는 자신의 생산성 증진과 타인의 생산성 저하를 위한 전술의 사용이 눈에 띄게 많아지는 경향이 있다. 하지만 승진에 의한 지위상승은 권한의 확대와 아울러 책임의 확대도 가져오기 때문에, 새로운 지위에 적응하기 위하여 많은 노력을 기울여야 한다.

중년기는 직업적 성공의 기회이기도 하지만 직업을 바꾸어야 하는 위기상황에 직면하기도 한다. 중년기에는 이루어지는 직업전환은 자발적 전환과 비자발적 전환으로 나눌 수 있다. 자발적 직업전환의 결정에는 개인의 동기나 성격, 취업기회, 가족생활의 안정도 등이 복합적으로 작용한다. 그러나 대체적으로 맞벌이 가족의 경우에는 생계비 걱정이 없으므로 전환이 용이하고, 비전문직에 종사하는 사람들의 직업전환이 많으며, 적극적인 성격의 소유자가 직업전환을 하는 경우가 많은 편이다. 그러나 직장에서의 과도한 업무, 가족과 직업의 시간계획의 불일치, 직업 활동에서 오는 피로 등을 이유로 직업전환을 하고 싶어도 배우자나 부모로서의 역할 때문에 직장을 바꾸지 못하는 경우도 많이 있다.

비자발적 직업전환은 개인뿐만 아니라 전체 가족생활에도 중대한 위기를 초래 할 수 있다. 이러한 비자발적 직업전환은 개인의 직무수행능력이 다른 동료 직장동료들에 비하여 지나치게 떨어지거나, 회사나 전체 사회가 경제적 불황상태에 있는 경우에는 특히 많이 일어난다. 실제로 국제 통화기금(IMF) 관리체제 이후 이어지고 있는 경기침제의 여파로 인하여 취업자 수가 꾸준히 유지되는 가운데 기업의 구조조정으로 본인 의사와 관계없이 직장에서 쫓겨나는 근로자가 늘고 있다.

중년기에 속한 가장이 비자발적 퇴직을 당했을 경우에는 퇴직금이나 저축 등으로 짧은 기간 동안 기본적인 생계를 유지해 갈 수는 있다. 그러나 대부분의 가족들은 비자발적 퇴직에 대한 재정적 대비를 하지 못하고 있기 때문에, 가족성원 중의 한 명이 가장의 역할을 보완 또는 대행하기 위하여 직업생활을 시작하는데, 대부분이 가장의 배우자인 중년 여성이 취업하는 경우가 많다.

(4) 여가활동

여가(recreation)는 직업생활, 생리적 욕구 충족등과 같은 생활시간을 제외한 잔여시간에 휴식, 기분전환, 사회적 성취 및 개인적 발전을 도모하는 활동이다. 현대사회에서는 이전에 비하여 자녀양육기간의 축소, 평균수명 연장 그리고 조기정년제도의 시행 등으로 인하여 여가기간이 큰 폭으로 증가하고 있어 여가활용의 문제가 매우 중요한 중년기의 과제로 등장하고 있다. 그러나 우리 사회에서는 흔히 여가를 시간낭비로 보고, 신성한 가치인 일, 성취에 반대되는 무의미한 부정적 활동으로 간주하는 경우가 많다. 주 5일제의 확산과 아울러 여가에 대한 중요성이 부각되고 있지만, 많은 사람들이 여가활용과 인생을 즐기는 법을 몰라 당황해 하고 있다.

여가를 적절하게 사용하기 위해서는 여가에 대한 예비사회화가 필요 하지만, 우리나라의 공교육 제도에서는 학업 적 성취나 지식의 습득에만 치중할 뿐 "잘 노는 법" 또는 "즐기며 사는 법"과 같은 여가교육의 중요성을 무시함에 따라 대부분이 사람들이 여가에 대한 예비사회화의 기회를 갖지 못하고 있다. 건전한 여가생활을 위해서는 늦어도 중년기에는 여가에 대한 예비사회화가 이루어져야 한다. 따라서 중년기의 성인들은 여러 가지 사회교육 프로그램이나 여가선용 프로그램에 참여하여 미리 여가기술을 익혀 두어야 한다. 특히 신체적 건강이 허락할 때 할 수 있는 신체적 에너지를 많이 요구하는 여가활동 한 가지와 신체적 노화가 진행되어 활동이 부자유스러울 때 할 수 있는 비교적 신체 에너지의 소모가 적고 앉아서 할 수 있는 여가기술 한 가지 정도는 미리 습득해 두어야 한다.

5) 사회 환경

(1) 부부관계

부부관계는 모든 가족관계에서 가장 기본이며 중요하다. 중년기 부부는 부부간에 책임과 권리를 공평하게 배분하고 합리적 의사 결정을 할 수 있는 능력이 필요하다. 부부관계에서 부부 상호작용 유형을 근거로 한 부부권력(의사결정)의 4가지 유형으로 분류하면 첫째 부부 자율 형(autonomic pattern)으로서 남편 혼자 결정하고 행동하는 영역과 부인 혼자 결정하고 행동하는 영역이 있으며 각자의 영역에 따라 각각 자율적으로 결정하고 행동하는 유형이다. 둘째 남편지배 형(husband dominance pattern)은 부부가 공동으로 행동하는 것과 부인이 혼자 행동하는 것이 모두 남편의 결정 아래 이루어진다. 셋째 부인 지배 형(wife dominance pattern)은 부인의 결정에 따라서 남편이 행동하거나 부부가 함께 행동하는 관계이다. 넷째 부부공동 형 또는 협동형(syncratic pattern)은 부부가 공동으로 결정하고 부부공동 또는 각자 행동하는 경우이다. 즉, 부부가 대등한 인간관계를 가지고 협동적 분업을 하는 것을 말한다. 부부관계의 초기단계는 권력의 균형을 이루어 가는 과정이므로 부부관계가 불안정할 수도 있지만 중년기 부부관계는 권력을 공유하는 유형으로 변화하는 것이 바람직하다. 중년기 부부관계는 자녀의 독립에 따라 부모로서의 역할과 의무의 재정립이 필요하다. 반면 신혼기부터 가지고 있던 성격, 정서, 가족 관계 등의 문제가 중년기에 가족 해체를 결정하는 경우도 있다. 결국 중년기 부부관계는 자녀양육을 중심으로 한 부모의 역할에서 부부생활을 중심으로 한 남편과 아내의 역할로 전환이 요구되며 자녀에 대한 부모로서의 책임감에서 벗어나 부부만의 동반자 의식을 갖고 상호 보호 의식을 갖는 것이 바람직하다.

중년기의 여성(아내)은 자녀의 성장 독립으로 일상적인 가정 내 역할의 재편성이 불가피하고 여가 시간이 증대되면서 자신의 영역을 확장시키고 집 밖에서의 새로운 활동을 추구한다. 또한 중년기 이후에 출현하는 남성상의 영향으로 보다 주도적, 도구적 역할을 추구하면서 남편과의 관계에서 복종적 역할을 거부하게 된다.

중년기의 남성(남편)은 자신의 생활을 주도적으로 조정하고자 하는 과정에서, 젊음에 대한 상실감과 함께 직업에서의 은퇴, 가족 내에서의 권위 약화, 부인의 주도성 증가 등이 복합적으로 작용하여 위축감을 느끼게 되고, 사회생활이나 직업보다는 가족생활을 더욱 중요시하기 시작하게 되며, 잠재되어 있던 여성상의 증가되면서 부인과의 동료감, 자녀와의 친밀한 관계, 후배에 대한 지도자 관계 등을 중요시 하게 된다.

한편, 중년기 남성의 변화가 남성성 출현으로 도구적 효율성을 추구하는 부인과의 관계에서 균형을 잃을 수도 있으며, 부인의 주도성, 자유감 등이 직업생활 위축과 가족 내의 권위 약화를 경험하는 남편에게 위협이 될 수도 있다.

이러한 과정에서 적극적이고 주도적으로 변화한 아내가 더 이상 순종적인 역할을 감당하지 않으려 할 때, 남편은 아내를 떠나 복종적 역할이 가능한 젊은 여성을 찾아 나설 수도 있다. 중년의 남성이 젊은 여성에게 끌리는 이유는 청춘을 회복하려는 것이 아니라 자신이 남성답게 보여 지기를 원하기 때문이며 순종적인 여성은 남성으로 하여금 자신이 능력 있다는 느낌을 갖도록 해준다는 것이다. 이러한 부부간의 문제로 인해 별거 · 이혼 등 다양한 양상이 나타나게 된다. 남편이 부인의 가정 내 역할로부터 자유를 수용할 수 있다면, 또한 부부 각자의 관심과 욕구를 보다 자율적으로 추구할 수 있다면 이들은 보다 새롭고 친밀한 관계로 발전할 수 있으며 이제껏 억눌러온 남성속의 여성성과 여성속의 남성성을 의식화시켜, 상호 이해의 바탕 위에서 개발해 나갈 때 보다 원만한 부부관계가 가능하다.

(2) 부모-자녀관계

중년기 성인들의 자녀들은 청소년이나 청년기에 있으므로 이들에 대한 지지와 제도가 필요하다. 좀 더 구체적으로 중년기 부모와 자녀의 관계를 알기 위해 청소년기의 자녀와 성인기의 자녀로 나누어 설명하였다.

자녀의 반항이나 독립의 요구 등은 부모의 통제력에 대한 도전이나 위협으로 작용 할 뿐 아니라 가족생활과 관련한 스트레스로 작용하기도 하며 자녀가 청소년기로 성장하면서 이제껏 수행해 오던 부모의 역할은 감소하게 된다.

중년기 부모는 그들의 자녀들이 '나는 항상 부모에게 속해 있다'고 생각하는 그릇된 가정에 심각한 도전을 받는 시기로 자녀들은 더 이상 부모의 통제나 권위를 받아들이려 하지 않고 부모의 도움이나 간섭 없이 독립적으로 자신의 일을 처리하고자 하며 따라서 자녀에 대한 도움이나 통제의 한계가 드러나기 시작한다. 또한 중년기 부모가 '내 생애에 이룩한 것이 무엇인가?'라는 의문을 가지고 생애에 대한 결정적 평가를 할 때에 그들의 자녀는 '내 생애에 무엇을 이룩할 것인가?'에 대한 계획을 세우는 시기이다. 이러한 시기에는 청소년의 특성을 이해하고 부모-자녀관계를 재조정해야한다. 또한 부모는 지나친 간섭이나 통제보다는 스스로 판단하여 책임감 있게 행동하도록 허락하면서 부모로서의 권위를 유지할 수 있어야 한다.

자녀가 취업이나 결혼, 군 입대 등으로 인해 독립하는 시기로써 자녀를 성인으로 인정하고 그들의 의사결정을 믿고 존중해 주는 것이 필요하다. 가부장제의 한국가족의 경우, 부부 관계보다는 부자 관계가 중요시되며, 자녀는 어머니의 심리적 위안이며 정서적 구심점 이었다. 이로 인해 결혼한 아들 부부와의 관계는 상호 협조적인 면도 있지만 그 이면에 갈등과 긴장이 수반되기도 한다. 따라서 중년기 부모는 자녀를 독립된 성인으로 인정하고 이들에 대한 역할과 권위를 포기하며 젊은 시절부터 자녀와의 관계보다는 부부 관계를 중심으로 가족생활을 영위하는 것이 바람직하다.

그리고 중년기 부모와 성인 자녀 관계는 부모의 성별・연령에 따라 상이한 양상을 보이는데 어머니가 아버지에 비해 자녀 독립 이후에도 더욱 빈번한 접촉을 하며 친밀한 관계를 유지한다. 또한 부모의 연령이 증가함에 따라 자녀와 긍정적 관계가 유지되며, 손 자녀 출생은 생산성의 문제가 중요시되는 중년기 부모에게 보상 감을 제공한다.

(3) 노부모 관계

중년기에 성인들은 자녀인 동시에 부모이기도하다. 즉, 자녀세대와 부모세대 양쪽의 욕구를 충족시켜야하는 '샌드위치 세대(sandwich generation)'이다. 또한 이상의 가족 관계에서의 중년기는 자녀를 통하여 자신의 과거를 보며, 노부모를 통해 미래의 자신을 예측하게 되어, 노부모의 건강문제, 사망 등은 중년기에 처한 자신의 노화에 관심을 갖게 하는 시기이다.

대부분의 중년기 성인은 부모와 자식 세대 사이에 끼워있다. 이것은 중년에게 엄청난 요구와 압박이다. 노인은 한국사회에서 가장 급속도로 성장하는 연령집단이기 때문에 점점 많은 중년기 성인은 자녀뿐만 아니라 부모까지도 돌봐야 한다. 일부 중년기 성인은 자녀와 부모 모두 함께 산다. 따라서 이들은 직장과 자녀, 부모의 욕구를 충족할 만한 시간과 지원이 부족하다. 중년기 성인과 노부모간에는 의존의 방향이 바뀌는 역할의 전도가 일어난다. 즉 그들의 부모는 이미 노쇠하여 청소년 자녀들과 마찬가지로 돌봄을 필요로 한다. 노부모와의 관계의 변화 정도는 많은 요인에 달려 있다. 즉 부모구존 여부, 그들의 건강상태, 경제적 독립정도, 독립된 가구를 유지하는가에 따라 차이가 있다.

중년은 가족적 의무와 역할이 많은 시기일 뿐 아니라 사회적 책임과 역할도 많은 시기이다. 가족에서 의존적인 부모를 돌보는 것은 중년 여성들이다. 기혼 여성의 취업이 늘어가는 현 시점에서 그들이 노부모를 돌보는 기능을 다 하기에는 어려운 점이 많다. 중년기 여성이 자신의 성인자녀와 노보모를 부양하고 또한 직업에 종사하면서 가사를 돌봄으로 인해 발생하는 여러 가지 육체적, 경제적, 심리적 부담감은 부양 스트레스, 또는 부양 긴장을 일으킨다.

반면 노부모를 부양함으로 인해 따르는 보상감도 있다. 성인 자녀가 노부모를 부양함으로써 노부모와의 관계가 증진되며, 노부모로부터 육아나 가사의 도움을 받거나 노화에 대한 지식을 습득하면서 인간적으로 성숙해 가는 것, 자식으로서의 도리를 다한다는 떳떳함, 가족들로부터 부모를 잘 모신다는 인정을 받을 수 있게 된다.

중년기 자녀와 노부모 간의 가장 바람직스러운 관계는 책임과 의무의 관계가 아닌 상호 존중과 애정, 공통의 관심사에 근거한 자발적이며 선택적인 우정관계 이다.

6) 중년기와 사회복지실천

(1) 신체적 발달과 사회복지실천

신체구조의 변화와 신체기능의 저하로 인하여 성인병에 걸릴 위험성이 증가한다. 따라서 사회복지기관에서는 성인병 예방을 위한 건강교육이나 건강 상담 프로그램을 실시하는 것이 필요하다. 더불어 운동 시설을 설치하여 지역주민들에게 개방할 필요가 있다.

(2) 가정봉사원 파견

중년기에는 만성 질병이나 장애를 앓고 있는 중・장년기 성인이 있거나 병약한 노인을 부양하는 중·장년기 성인이 있는 가족에 대하여는 가정 봉사원을 파견하거나 간병인을 연결 시켜 줌으로써 이들의 회복과 간호를 지원할 필요가 있다.

(3) 재활 및 치료 프로그램

뇌졸중, 교통사고 등으로 인하여 중도 장애인이 된 중년기 성인의 재활을 지원하기 위한 각종 재활 및 치료 프로그램을 실시할 필요가 있다.

(4) 상담

중년기의 갱년기 장애로 인하여 나타나는 신체적 변화에 적절히 적용할 수 있도록 원조하고 우울증, 불안 등의 정신 장애를 사전에 예방하기 위해서는 중년기 성인을 대상으로 한 개인상담, 집단상담, 부부상담 등을 강화할 필요가 있다.

(5) 성 치료 및 상담

성적 무능력으로 인하여 고통을 받는 중년 남성이나 그 배우자를 성치료 전문기관에 의뢰할 수 있는 체계도 갖추는 것이 바람직할 것이다. 그로 인한 상담도 함께 이루어져야 한다.

(6) 심리적 발달의 관심영역

첫째 중년기의 인지기능 유지를 지원하기 위한 프로그램을 실시해야 한다. 특히 노년기의 대표적인 기질성 정신장애인 치매는 단기기억장애가 특징인데 중년기부터 저하되기 시작하는 단기기억능력을 제고시킬 수 있도록 치매 프로그램을 개발 실시해야 한다.

둘째 생리적 변화, 직업에서의 실패, 부부갈등과 이혼 등이 원인이 되어 나타나는 중년기 위기를 성공적으로 지원할 수 있는 프로그램을 실시한다. 여성의 잠재능력을 발견시켜 자아실현을 원조할 수 있는 여성 사회교육 프로그램이나 여가선용 프로그램을 실시해야 한다.

셋째 중년기 위기상황에 직면하여 각종 정신질환 증상을 보이는 중년기 성인들의 치료를 지원하기 위한 직접 심리치료를 실시하거나 정신병원에 의뢰할 수 있는 체계를 마련한다.

(7) 사회적 발달의 관심영역

첫째 지역주민들이 중년기에 안정된 가족생활을 영위할 수 있도록 지원을 한다. 개인상담 및 가족 상담을 통하여 가족 내 갈등을 사전에 예방하고, 아동 청소년, 노인 장애인의 보호와 재활을 지원하기 위한 각종 서비스를 실시하여 중년기 가족의 미흡한 기능을 보완해주고, 부랑인 복지서비스, 시설보호사업 등을 실시하여 해체된 가족 기능을 대체해준다. 둘째 고용관련 서비스를 수행하고, 직장인들의 스트레스와 긴장해소를 위한 다양한 상담 및 여가프로그램을 실시하여야 한다. 중년기 직장인들의 스트레스와 긴장해소를 위한 다양한 상담 및 여가 프로그램을 실시하여 직업적 스트레스가 다른 생활영역에 부정적으로 미치는 것을 예방할 수 있다. 직업적 실패로 인하여 알코올이나 마약에 중독된 중년기 성인을 위하여서는 단주집단이나 약물치료 프로그램을 직접 실시하거나 전문 의료기관에 의뢰한다. 셋째 중년기에 처음으로 취업을 원하거나 재취업을 원하는 경우에는 직업훈련과 고용알선 사업을 실시해야 하며, 자발적 직업전환을 원하는 경우에는 심리 상담 서비스, 직업 및 창업정보 제공, 장, 단기 직업훈련, 고용알선 등의 서비스를 제공 해준다. 비자발적 퇴직을 당한 중년기 성인을 위해서는 앞서 열거한 고용관련 서비스 이외에 실직 자을 위한 쉼터, 고용보험 수혜절차에 대한 상담과 가족에 대한 재정지원 서비스도 함께 실시한다. 취업을 희망하지만 취업에 필요한 특별한 기술이 없거나 장애인을 포함하여 신체적 기능이 매우 낮은 사람들을 대상으로 해서는 부업알선이나 공동작업장 운영을 통하여 수입보전과 함께 자존감을 유지할 수 있는 기회를 제공해 준다. 많은 사람들에게 장년기는 인생의 전성기로 간주되고 있다.

다른 어떤 시기보다 경제적으로 안정되어 있고, 삶의 다양한 영역에서 경험을 통해 지혜를 터득한 상태이며, 직업에서도 높은 지위와 책임을 갖는다. 이 시기에는 자신의 독립된 가족을 꾸미고 사회적 역할을 수행하는 중요한 때이다. 외양적 변화와 함께 심리적인 공허감 내지 청소년들이 겪고 있는 정체위기를 새롭게 경험하는 시기가 이 때이기도 하다. 그래서 학자들은 공통적으로 장년기를 전환기로 말하고 있다(김영모, 2000).

8. 노년의 성장과 발달 (노년기)

1) 노년의 정의

노년이란 용어는 예로부터 "늙은이"의 뜻으로 극히 평범하게 사용하고 있으나, 그 뜻을 엄밀하게 규정한다는 것은 간단하게 보이면서도 실제로 그렇게 쉬운 일이 아니다.

1951년 제2회 국제노년학회는 "노인이란 인간의 노령화 과정에서 나타나는 생리적, 육체적, 심리적, 환경적 및 행동의 변화가 상호작용 하는 복합형태의 과정에 있는 사람"이라고 정의 내린 바 있다. 노년기의 정의는 아주 다양한데, 노년기를 "65세부터 죽음에 이르기까지 인생의 마지막 단계로서 신체적 능력의 쇠퇴와 사회적 관계의 축소, 그리고 사회경제적 지위의 하락과 같은 쇠퇴가 일어나는 시기"(김동배 · 권중돈, 2006)로 보았으며, "60세 혹은 65세 이후 사망할 때까지의 시기"(오세진 외, 1999), "60세 이후부터 사망할 때까지로 노쇠하여 자기중심적이고, 외양에 무관심하며 사회적으로 은둔적인 특성을 갖는 시기"(김경희, 2004)로 보았다.

이처럼 다양한 정의들의 공통된 의미는 인생주기의 마지막 단계로 사회활동의 제한 혹은 중단과 급한 건강의 쇠퇴, 그리고 죽음을 맞이하는 인생의 황혼기라고 볼 수 있다.

노년기의 시작 연령을 규정하는 데는 어려움이 있다. 이는 사회의 변화와 함께 노년기에 있는 어르신들의 건강과 역할, 그리고 지위가 달라지기 때문이다. 우리나라의 노인복지법에서는 노인을 65세부터라고 규정하고 있다.

또한 노화는 노년기 이전에 시작되는 현상이지만, 특별히 노년기에서 노화를 중요하게 다루는 것은 노년기에서 일어나는 노화가 다른 어느 시기에서보다 심각하고, 노인들이 당면하는 제반 문제의 근원이 되기 때문이다. 노화는 인간이 신체적 쇠퇴기를 맞이하면서 신체적 건강 약화를 가져오고, 이 약화된 신체적 건강과 함께 심리적 불안, 경제적 어려움, 사회적 소외 등으로 편안하지 못한 삶을 초래하는 과정을 의미한다(최옥채 외, 2005).

2) 신체적 발달

(1) 신체구조의 변화

노년기의 생물학적 측면을 포함한 신체적 측면의 특성은 노화로 집중된다. 60세 이후가 되면 외양이 많이 변해서, 그 변화를 누구나 알아 볼 수 있게 되는 노인의 모습이 나타난다. 노후에는 필요한 일일 에너지양이 점차 줄어들기 때문에 청장년처럼 많은 양의 식사를 필요로 하지 않는다. 하지만 노후에는 신체능력 저하로 인해 기동력이 약해지고 특히 스스로 조리를 하여 식사를 할 수 있는 능력이 떨어져 남에게 의존을 많이 하기 때문에 노후에 누구와 함께 어떻게 생활하느냐에 따라 영양섭취 상태가 크게 달리진다. 촉감은 나이가 들어서 떨어지는데 이것은 피부가 건조해지고, 주름이 생기고, 단단해지기 때문이다. 노인들은 젊은이들이 하는 일을 모두 할 수는 있으나 중앙신경계에 의한 정보속도가 늦기 때문에 모든 행동이 더딜 뿐 아니라 사고를 유발하기도 한다.

특히 몸 전체를 유지하는 강화기제들의 활동이 둔해지고 신체적 적응성이 떨어져 상처가 아무는 데도 시간이 오래 걸린다. 이것은 신경계의 기능이 약화됨으로서 노화과정에 들어서면 신경계의 노화가 거의 없다고는 하나 일부 신경조직이 섬유질 세포로 대체되면서 어르신들의 반사작용과 반작용이 늦어진다.

(2) 노인의 질병

노인의 질병은 많은 질병을 동시에 함께 가지고 있으며, 만성질병이 많다는 것과 원인이 불명확하거나 여러 가지 원인에 의해서 발병한 다는 것이다. 노인의 질병은 발병, 증상, 경과, 예후 등이 이론에 있는 것과 동일하게 나타나지 않는 경우가 많다. 그러므로 주의 깊게 관찰하여야 한다. 질병의 경과가 길어진다는 점과 재발되기 쉬우며 한 질병의 경과 중에 다른 새로운 질병이 발견된다는 점이다. 또한 약물에 대한 반응성도 젊은 사람과 다르고 부작용도 발생한다. 노인에게서 흔히 볼 수 있는 합병증 증후는 심부전, 호흡부진, 대・소변실금, 우울증, 치매, 지각장애, 수면장애, 빈혈, 만성신부전, 골・관절증, 변비, 당뇨병, 골다공증, 협심증, 약물 부작용 등이 있다.

3) 심리적 발달

(1) 노인심리의 특성

뇌신경계의 노화, 신체적 기능의 저하, 성인병 등의 만성병에 이완됨으로써 건강, 경제, 사회적 인간관계 상실 등 체험을 하게 되고 따라서 체력, 활동력감퇴, 피로하기 쉽고, 기억력, 주의력 저하, 감정둔화, 무관심, 억울감정, 의욕저하 혹은 상실, 보수적인 태도, 소극적 경향, 자기중심적, 완고함, 과거에 대한 집착, 시기심, 질투심, 고독, 소외감등 성격 인격변화와 이전 성격의 첨예화(젊었을 때 가졌던 성격)등이 발생된다. 이 결과로 건강악화와 병 발생에 대한 불안과 경제적 타격에 대한 불안, 가족, 배우자의 사망, 가족의 이산(핵가족화), 정년퇴직, 은퇴에 의한 활동무대 상실, 가족 간의 대인관계 변화, 삶의 보람과 목표상실 등 실망과 좌절감 마음의 갈등, 고독감 등이 발생하여 우울한 상태로 빠지기 쉽다. 나아가서는 남은 여생의 생활에 대한 불안감, 위기감이 발생할 때가 많다(이인수, 1999).

이러한 심리적 변화는 시각, 청각장애가 심해져서 가족과 사회와의 대인관계가 안 될 때 발생한다. 건강 · 경제적 상실에 의한 불안, 공포, 가족 · 사회에서의 알력, 갈등에 의한 불평, 불만, 분노, 비애감 등은 신경증으로, 노인병 발생, 퇴직 · 은퇴, 가족사별 등은 우울증으로 진행하는 소지이며 고령화에 따라서 가속화된다.

(2) 감각기능

노년기에는 신체 내, 외부의 변화와 상태에 대한 정보를 수집하여 뇌에 전달하는 감각기관의 기능이 저하된다. 노화가 진행됨에 따라 일어나는 다양한 생리적 변화는 감각기관의 둔화 및 활동량의 감소를 초래한다.

(3) 인지발달

노년기의 가장 두드러진 특성 중의 하나는 반응속도의 감소이다. 노년기에 이르게 되면, 운동반응, 반응시간, 문제해결, 기억력, 정보처리과정에서 반응속도가 둔화된다. Birren 등은 이러한 노년기의 특성을 행동둔하(behavioral slowing)라고 하였다. 지능은 일반적으로 연령의 증가에 따라 저하한다고 생각하고 있으나, 그 저하 비율은 그리 심각한 것이 아니라고 주장한다. Piegel은 사망 5년 전부터는 지적능력의 감퇴가 확실하다고 주장하였고, Kleemeier는 사망 직전에 극적인 인지기능 감퇴가 일어지는 종말적 저하현상이 일어난다고 주장하였다(김동배 · 권중돈, 2006).

사고능력과 기억력의 심각한 장애인 노인성 치매의 문제는 중요한 사회문제로 제기되고 있다. 노화에 따라 최근 기억력이 장기기억력보다 더 감퇴되며, 논리적인 기억력이 기계적인 기억력보다 더 크게 감퇴되고, 듣는 기억력보다는 보는 기억력이 더 감퇴되는 것으로 알려져 있다(김미혜, 2002).

(4) 정서 및 성격발달

노년기에 이르게 되면 감정표현 능력의 저하가 이루어진다. 이러한 감정표현 능력의 저하는 연령의 증가에 기인한 것이라기보다는 사회문화적 요인에 더 큰 원인이 있다. 즉, 감정표현이 저하되는 원인은 감정표현을 억제하는 것이 사회문화적으로 보다 바람직한 것이라는 사회적인 압력에 순응한 결과라고 할 수 있다. 최근의 많은 연구들은 성격이 노화에 따라 변화한다고 주장한다.

Neugarten(1983) 등은 성격은 성년기 이후 거의 변화 없이 연속성과 일관성을 유지하므로 노화에 의한 영향은 없다고 주장하였으며, Woodruff(1983)와 Birren(1980) 등은 인간은 인생주기를 통하여 다양한 역할과 경험을 하면서 이전의 습관적인 반응양식을 변화시키므로 성격의 특성도 변하게 된다는 사실을 검증하였다. 노인의 정서 및 성격변화를 자세히 살펴보면 첫째 노인은 내향성 및 수동성이 나타나는데 노화에 따라 사물의 판단과 활동의 방향을 외부보다는 내면으로 향하려는 경향이 나타나며, 누군가의 도움을 받아 문제를 해결하려는 수동적인 경향이 강해지고 새로운 일에 도전하려는 경향은 감소된다(이혜원, 2004).

둘째 노화에 따른 감각 기능의 쇠퇴를 직접적으로 경험하게 되면서 조심성이 증가하고, 결정에 대한 자신감의 감퇴, 그리고 정확성의 중시 등으로 인하여 일반적으로 노인은 조심성이 많다고 받아들여지고 있다.

셋째 노인은 조심성이 증가함에 따라 옛 것을 고수하려는 보수성의 경향을 나타내게 되는데 이러한 보수성은 또한 경직성의 증가를 초래한다.

넷째 연령의 증가에 따라 신체적 노화, 배우자의 죽음, 경제적 어려움, 가족 및 사회로부터의 소외와 고독감, 지나온 세월에 대한 회한 등이 원인이 되어 일반적으로 우울증이 증가하는 경향이 보인다. 이러한 우울증은 불면증, 체중감소, 강박관념, 그리고 증오심 등의 증상을 초래한다.

다섯째 생에 대한 회상으로서 미래에 대한 기대가 사라지면서 과거로 회귀하여 지난 일을 미화하고 집착하는 경향을 보인다.

여섯째 친근한 사물에 대한 애착이 증가하여 새로운 것에 대한 경계심과 오랫동안 같이 했던 사물에 대한 애착이 증가하게 된다. 친숙한 사물들은 노인으로 하여금 마음의 안정을 느끼게 하며, 비록 자신의 주변 세상은 변하였지만 자신과 자신의 사물은 변하지 않고 일정한 방향으로 유지되고 있다는 느낌을 갖게 한다.

일곱째 성역할 지각의 변화로서 나이가 들수록 남성은 친밀성, 의존성, 관계 지향성 등이 더 증가하고 여성은 공격성, 자기주장성, 권위주의 등의 경향이 나타나게 된다.

여덟째 일반적으로 노인은 신체적 노화, 경제적 능력의 감소 등으로 인하여 의존성이 점차 증가한다. 의존성은 병리적인 현상이 아니라 인생주기에 있어서 나타나는 정상적인 형상이며 특히 유아기와 노년기는 절대 의존기에 속한다고 할 수 있다.

마지막으로 정상적으로 늙어가는 노인들은 이 세상에 다녀갔다는 흔적을 남기려는 욕망이 강한데 이를 유산을 남기려는 갈망이라 부른다. 예를 들면, 자손을 낳고, 재산과 유물, 골동품, 기술, 토지, 보석 등을 후손과 친지에게 물려주고자 하는 것이다.

4) 사회적 발달

(1) 사회화와 역할전환

사회화란 개인이 사회에 참여할 수 있는 유능한 사회적 존재로 발전하는 결과를 가져오는 제반 절차를 의미한다. 이러한 사회화는 개인적 측면과 사회적 측면의 사회화가 있다. 개인적 측면에서는 사회화는 자신이 속한 집단이나 사회 내에서의 지위에 적합한 기술, 지식, 가치, 역할 등을 학습하는 과정이다. 사회적 측면의 사회화는 사회의 생존과 발전을 위하여 구성원에게 적절한 기술, 지식, 역할 등을 학습시키는 과정이다(김동배 · 권중돈, 2006).

역할은 개인이 집단이나 사회와의 관계를 갖는 가장 중요한 수단이고 역할을 통해서 개인은 사회에 참여하고 이것을 통하여 개인의 사회적 가치가 인정되고 또한 자아정체감을 유지하는 기반이 된다. 이러한 의미에서 역할은 사회적 측면에 있어서 가장 핵심적인 요소가 된다고 할 수 있다(이인수, 1999).

노년기에는 직업인의 지위에서 물러나 퇴직인의 지위를 갖게 됨으로써, 생계유지자 및 남편과 아내로서의 역할에서 피부양자, 독신, 조부모의 역할로 전환하게 된다. 그리고 2차 집단에서의 역할보다는 1차 집단 내에서의 역할이 더 중요해지며, 1차 집단 내에서도 의존적 지위로 전락하게 됨으로써 적절한 역할을 발견하지 못하여 무위 상태에 이르기도 한다. 노년기의 역할전환을 어렵게 만들고 적절한 역할수행을 방해하는 요인으로는 퇴직, 지식과 기술의 낙후, 경제력 약화, 노년기로의 전환에 대한 부정적 인식 등을 지적하고 있다(김동배 · 권중돈, 2006). 배우자의 죽음은 남은 사람에게 감정적, 신체적, 정신적으로 영향을 준다. 배우자의 상실에 대한 분노와 고인의 생존 시 고인을 위해 더 잘해주지 못한 여러 가지 후회와 죄책감 때문에 고통을 당한다. 비탄에 잠긴 사람은 여러 가지 아픔과 고통, 즉 식욕부진, 불면증 등으로 의사를 찾지만 이러한 징후는 비탄에 잠긴 사람이 겪게 되는 징후일 뿐이다(최순남, 2000).

(2) 사회적 관계

노년기에는 2차 집단과의 유대관계 및 참여 정도는 줄어들고 가족, 친구, 이웃 등과 같은 1차 집단과의 관계가 사회적 관계의 중심이 되며, 그중에서도 가족이나 자녀와의 관계가 핵심적 관계축이 된다(이혜원 외, 2004).

첫째 부부관계로서 노년기에는 평균 수명의 연장과 출산 자녀수의 감소로 자녀양육기간은 줄어들고, 배우자 사망 이후 독신으로 생활하는 기간이 늘어난다. 그러므로 노년기에 있어서 원만한 부부관계의 유지는 삶의 만족도를 유지하는 데 필수적인 요인이 된다. 노년기에 원만한 부부관계를 유지하기 위해서는 건강 및 경제적 자립, 생활범위 조정 등이 이루어져야 한다.

둘째 부모와 자녀관계로서 핵가족화, 소가족화의 영향으로 노인과 자녀와의 연락이나 접촉빈도가 낮아지는 등 정서적 유대관계도 소홀해지는 많은 변화가 일어난다. 노년기에는 자녀에게 일방적으로 의존하기보다는 상호지원 관계를 유지하는 것이 필요한데 이를 위해서는 신체적 건강의 유지, 안정된 소득기반의 조성 그리고 심리적 건강 등을 확보해야 한다.

셋째 조부모와 손자녀관계로서 평균수명의 연장으로 인하여 조부모로서의 역할을 수행하는 기간이 증가하였지만, 이 전처럼 삶의 지혜를 가르쳐주는 역할을 하지 못하고 성인 자녀에게 손 자녀 교육을 위임하고 있는 실정이다.

넷째 친구 및 이웃관계로서 노년기에 있어서 친구관계의 노년기 생활의 적응에 매우 중요하며, 자아지지 기반이 된다. 노년기에 친밀한 친구관계를 유지하기 위해서는 경제적으로 안정되어 있어야 하며, 건강상태가 양호해야 하며, 동일한 지역에서 오래 거주하는 것이 바람직하다. 노년기에는 친구와 이웃이 상당부분 중복되는데 농촌지역 거주 노인이 이웃과 접촉하는 빈도가 높으며 여성노인이 남성노인에 비하여 이웃과 접촉하는 빈도가 더 높은 것이 일방적인 현상이다.

(3) 은퇴

인생의 후반기엔 50대 이후부터 70대 전후까지 누구나 사회적 활동에서 은퇴한다. 은퇴는 개인의 일생 중 중요한 사건으로서, 지금까지 직업을 통해서 자아 정체감과 자아 개념을 확인했던 데 변화를 가져오게 되므로, 새로운 생활과 역할에 적응이 요구된다. 은퇴, 정년퇴직(retirement)은 실직과 같이 직업이 없는 상태이지만, 실업 상태가 아니라 비취업 상태를 말한다(김경희, 2002).

5) 노년기와 사회복지실천

노인의 4가지 고통은 빈곤, 질병, 고독과 소외, 무위로서 소득 보장, 의료 보장, 시설 보호 및 재가 복지 서비스 등 매우 다양한 서비스가 요구된다.

(1) 신체적 발달의 관심영역

신체적 기능의 저하로 인한 만성질환으로 고통을 받을 가능성이 높아지는데 한국보건사회연구원(1994)에 의하면 65세 이상 노인의 86%정도가 만성질환을 앓고 있는 것으로 조사되었다. 따라서 노인에 대한 건강보험 급여항목 확대, 의료비 지원 사업실시, 노인 간호 전문 인력의 집중적 양성 등이 필요하다. 또한 지역사회복지관 등에서는 진료사업, 물리치료 또는 작업치료, 가정봉사원 파견사업, 건강 상담, 건강교육 및 각종 운동 프로그램을 개발하여 양질의 서비스를 제공해야 한다.

(2) 심리적 발달의 관심영역

심리적 발달을 지원하기 위해서는 지금까지 사회복지실천에서 관심을 기울이지 못했던 노년기 상담을 보다 강화할 필요가 있다. 그렇지만 노년기의 주요 심리적 문제 중의 하나인 고독과 소외를 극복하고 효과적인 여가활용을 도모할 수 있는 프로그램을 집중적으로 개발하여 실시할 필요가 있다. 또한 여가활동을 도모할 수 있는 프로그램의 개발과 노인 대학 등의 평생 프로그램, 경로당 및 주간보호, 노래 교실 등의 여가 프로그램, 문화관광 프로그램 등을 확대 보급해야 한다. 특히 치매노인 보호를 위한 치매 예방 프로그램과 치매가 의심되는 노인의 정확한 진단 위한 전문 의료 기관 의뢰 체계, 치매노인 주간보호나 단기보호 사업, 치매노인 부양가족을 지원할 수 있는 각종 상담 및 교육사업, 가정봉사원 파견 사업 등이 요구된다.

(3) 사회적 발달의 관심영역

노년기의 건전한 사회적 발달을 지원하기 위하여 사회복지실천에서는 고용 및 소득보완사업에 역점을 둘 필요가 있다.

첫째 국가적 차원에서는 사회보험체계의 완비와 공적 부조제도의 확충을 통하여 노년기의 안정적 소득기반을 보장할 수 있어야 하며, 정년연장 및 고령

자고용촉진법의 엄격한 시행 등을 통하여 고용기회를 보다 많이 부여하여야 한다.

둘째 사회복지시설에서는 은퇴준비교육프로그램, 노인취업알선, 공동작업장운영, 부업알선 등을 통하여 경제활동에 참여할 수 있는 기회를 부여하여 노년기의 무위의 문제를 해결함과 동시에 안정적 소득기반확충에도 기여할 것이다.

셋째 노인결연사업을 실시하고 국가의 각종 사회복지대책에 대한 정보를 제공하여 노인들의 직・간접적 소득보장에 기여하여야 할 것이다.

제2장 성격이론

제1절 정신역동이론

1. 정신분석이론 (Freud, Anna Freud)

Freud는 정신분석학의 기초를 세운 학자로서 인간행동 연구에 지대한 영향을 주었으며, 성격의 무의식적 역동성을 강조하고 인간의 마음을 투시할 수 있는 능력을 소유한 관찰자로서 모든 이념에 도전적이다. 그는 1900년 꿈의 해석(The interpretation of dreams)과 1910년 정신분석학 등으로 우리에게 널리 알려졌다. 그의 이론은 정신의 세계를 넘어서 널리 사회복지, 예술, 종교, 도덕, 문화의 문제 등에 적용되어 주지주의에의 도전, 권위주의의 부정, 회의론의 조장, 성의 해방 등의 의미를 가지고 비합리주의 사상을 형성시켜 모든 영역에 깊은 영향을 끼쳤다. 프로이드의 이론은 그의 제자인 Adler와 Jung, 그리고 자아의 중요성에 초점을 둔 Erikson으로 연결되는 자아심리학과 Sullivan

의 대인관계 이론까지를 폭넓게 포함한다(최옥채 외, 2004).

1) 생애

(1) 가정환경

Freud는 1856년 5월 지금의 체코슬로바키아(당시 오스트리아)의 한 지역인 프라이버(Pribor)인 모라비아(Moravia) 프라이버그(Freiberg)에서 태어나 1939년 9월 런던에서 83세로 사망하였다. 모피상이었던 아버지는 수입이 줄어들자 프로이드가 4세 때 독일(빈)로 이주하였으며, 어머니는 "어머니의 크나큰 총애를 받은 사람은 생애에 있어서 정복자라고 하는 감정 즉, 성공에의 확신을 갖고 종종 현실의 성공을 초래한다"라는 암시를 유아 때부터 전 생애에 걸쳐 심어 주었고, 언제나 "나의 황금 같은 지기(Sigi)"라고 불렀다. 프로이드의 어머니는 95세라는 고령으로 죽을 때까지 Freud와 함께 살았다.

7세 때 부모의 침실에 몰래 들어가 일부러 소변을 보았는데 이때 아버지로부터 "너 같은 놈은 장래에 쓸 만한 사람이 되지 못할 거야" 하는 질책(모욕)을 받고 마음에 깊이 새겼다. 그 후 Freud는 "봐 이렇게 훌륭하게 성공했잖아"라는 자기 암시가 생겨났고 꿈속에서 그때의 상황과 유사한 광경이 몇 차례 나타났다. 프로이드는 비엔나 종합병원에서 신경계의 기질성 질환(organic diseases of the nervous system)을 연구하면서 의사실습을 마친 후 1881년 같은 대학에서 학위를 받고 1886년 오던 베르냐스(Martha Bernays)와 결혼하여 6명의 자녀를 두었는데, 그 중 막내딸인 안나(Anna) 프로이드는 방어기제와 관련된 지대한 공헌을 했다. 담배를 무척 좋아해서 하루에 20개비 이상의 쿠바 담배를 피웠으며, 1922년 후두암에 걸려 사망할 때까지 17년 동안에 무려 33회의 수술을 받았고, 사망할 때까지 24권의 저서를 남겼으며, 사망할 무렵 『정신분석개론』을 집필하고 있었으나 완성하지 못하고 타계했다.

(2) 국제정세

Freud가 태어난 해는 러시아와 오스만 튀르크, 영국, 프랑스, 프로이센, 사르데냐 연합군 사이에 크림반도와 흑해를 둘러싸고 발생한 크림전쟁이 종전된 해(1853~1856년)이며, 독일에서는 히틀러가 이끄는 나치당이 집권하자 비밀경찰들이 Freud의 저서를 모두 불태웠다. 1938년 오스트리아를 침공해 "국제정신분석출판소"를 몰수하였다. 그 후 Freud는 끊임없는 표적이 되었으며, 압박을 받았다. 미국 루즈벨트 대통령 등 서방세계의 외교노력으로 영국 런던으로 망명하였다.

(3) 과학적 배경

Freud가 태어난 19세기 후반에서 20세기 초반은 과학사에서 가장 창조적이고 활발한 시기였다, 정신분석이 태동하는데 가장 큰 영향을 끼친 과학적 배경으로는 다음과 같다. 첫째, 헬름홀츠(Hirmann Von Himholtz, 1821~1894)의 에너지 보존의 법칙(열역학 제1법칙) 둘째, 다윈(Charles Darwin, 1809~1882)의 진화론(Evolution Theory)으로써 종의 기원(Origin of Species) 셋째, 페이터(Gusta Fechner, 1801~1887)의 정신물리학(Psychophiscs) 넷째, 브뤼케(Ernst Brucke, 1819~1892)의 역학 심리학(Dynamic Psychology) 그밖에도 루이 파스퇴르(Louis Pasteur)와 로베르트 코흐(Robert Koch)의 세균학, 그레고어 멘델(Gregor Mendel)의 완두콩을 사용한 유전학 등이 있다.

(4) 직접적 영향을 받은 학자

비엔나 대학 생리학 연구 소장인 에른스트 브뢰케(Ernst Brucke)는 생명체도 화학과 물리학의 법칙을 적용할 수 있는 역학적 체계라는 사상을 확립시켰으며, 그 후 Freud는 이 이론을 인간의 신체와 마찬가지로 인간의 성격(personality)에도 적용할 수 있다는 사실을 발견하였다. 즉, 인성에 내재된 에너지의 변형과 교류를 연구하는 역학적 심리학(Dynamic psychology)을 정립하게 되었다.

그 후 1881년 비엔나 대학에서 학위를 받은 브로이어(Breuer)의 병원에서 정화법(cathartic method)을 배웠으며, 1885년 히스테리(hysteria)를 연구하기 위하여 프랑스의 장 샤르코(Jean Charcot)로부터 지도를 받았다. 이때 히스테리가 생식기와 관련 있을 것이라는 생각을 갖게 되었고 정신분석의 기초적 근간이 된 범성욕설(pan-sexualism)을 주창하는 계기가 되었다. 그 후 최면술(hypnosis) 치료법을 배우기 위하여 1년간 파리에서 보냈으나 질병의 근원 치료가 불가능함을 깨닫고 40여 년간 "모두 이야기 하시오"라는 식의 자유연상(free association)방법으로 무의식을 탐구하여 환자가 생각나는 대로 말하게 함으로써 꿈과 무의식을 분석하기 시작했다.

2) 주요개념

Freud 이론은 20세기의 인류문명에 광범위하게 영향을 준 이론이라고 볼 수 있다. 그의 이론은 심리학과 정신의학뿐 아니라 문학과 예술, 종교에 이르기까지 관심의 대상이 되었다. 인간조건에 대한 프로이드의 관점은 당시의 지배적이던 견해와는 크게 대립되는 것이었지만 당시 불명확하고 잘 이해될 수 없었던 정신생활을 이해하는 데 적절한 방법을 제시해 주는 것이었다.

이 이론은 후에 신 프로이드학파(Neo-Freudian)라고 불리는 융(C. G. Jung), 아들러(A. Adler), 안나 프로이드(Anna Freud), 에릭 프롬(E. Fromm), 그리고 에릭슨(E. H. Erikson) 등에 의해 더욱 발전되었다.

(1) 정신적 에너지

정신적 에너지는 생물학적 기초를 가지며 늘 어떤 형태로든 이용 가능한 폐쇄체계이므로 체계내의 총 에너지 양은 변하지 않으며, 체계 전반에 걸친 에너지 분배는 생물학적 요구, 개인의 발달단계, 과거의 경험, 현재의 환경 등과 같은 많은 요인들에 의해 좌우된다. Freud는 마음을 양극의 관점으로 보아 인간의 정신적 활동에 작용하는 에너지를 크게 생의 본능과 죽음의 본능으로 나누었다. 생의 본능인 에로스(eros)는 생명을 유지, 발전시키고 사랑을 하게 하는 본능이며 인간은 이것 때문에 자신을 사랑하고 생명을 지속하며, 종족을 보존시킨다는 것이다. 죽음의 본능인 타나토스(thanatos)는 생물체가 무생물체로 환원하려는 본능으로 이것 때문에 생명은 결국 사멸되고 살아있는 동안에도 자신을 파괴하거나 처벌하며, 타인이나 환경을 파괴시키는 공격적 행동을 하게 된다. 생과 죽음의 본능은 서로 영향을 미치거나 혼합된다(Freud, 1938).

(2) 리비도

리비도(libido)는 생물학적인 힘이 아니라 정신적인 힘으로 성적 본능의 에너지를 의미하는데 출생 시부터 나타나고 아동의 행동과 성격을 결정한다. 리비도의 개념은 처음에는 협의의 성적 에너지로 생각되었다가 점차 그 개념이 넓혀져 사랑과 쾌감의 모든 표현이 포함되었다(Freud, 1920).

3) 성격의 구성

Freud는 의식을 인간의 정신생활의 중심이라고 보지 않고 인간의 마음을 빙산에 비유하고 물위에 떠있는 작은 부분이 의식이라면 물속의 훨씬 더 큰 부분을 무의식으로 비유하고 이 거대한 무의식 영역 속에 추진력, 정열, 억압된 관념 및 감정들이 숨어 있다고 보았다. 그리고 이것들은 인간생명의 거대한 하층구조로서, 인간의 의식적 사고와 행동을 전적으로 통제하는 보이지 않는 힘이라고 생각했다.

(1) 의식(consciousness)

의식은 어떤 순간에 우리가 알거나 느낄 수 있는 모든 경험과 감각을 말한다. 프로이드는 정신생활의 극히 일부분만이 의식의 범위 안에 포함된다고 했다.

우리가 어떠한 순간에 경험하는 의식 내용은 외부적 요인에 의해 주로 규제되는 선택적 여과과정의 결과이며, 이 경험은 잠시 동안만 의식될 뿐 시간이 경과하거나 주위를 다른 곳으로 돌리면 그 순간에 전의식이나 무의식 속으로 들어가 잠재하게 된다. 그러므로 의식은 성격의 제한된 적은 부분만을 나타낸 것이다.

(2) 전의식(preconsciousness)

전의식은 흔히 이용 가능한 기억으로 불린다. 즉, 어느 순간에는 의식되지 않으나 조금만 노력하면 곧 의식될 수 있는 경험이나 기억을 말한다. 이 전의식은 의식과 무의식의 영역을 연결해 주는데 예컨대, 어떤 치료기법에 의해서 무의식의 내용이 전의식으로 나타나고 또 그 다음에 의식이 될 수 있다고 Freud는 생각했다. 전의식은 의식과 무의식 사이에 있는 문지기라 할 수 있다.

(3) 무의식(unconsciousness)

Freud는 무의식이 인간정신의 가장 크고 깊은 심층에 잠재해 있으면서 의식적 사고와 행동을 전적으로 통제하는 힘이라고 생각하였다. 전의식과는 달리 무의식은 전혀 의식되지 않지만, 사람들의 행동을 결정하는 주된 원인이 된다. 인간의 모든 생활경험은 잠시 동안만 의식의 세계에 있을 뿐 주위를 다른 곳으로 바꾸거나 시간이 지나면 그 순간에 의식의 경험들은 전의식을 거쳐 깊은 곳으로 들어가 잠재하게 되는데 이를 무의식이라고 보았다. 즉 의식 밖에서 억압되는 어떤 체험이나 생각은 소멸되는 것이 아니라 무의식 속으로 들어가 잠재하여 그 개인의 행동에 강력한 영향력을 행사한다. 억압된 생각이나 체험 혹은 그 밖의 잠재된 경험들은 생물학적 충동이나 어떤 일과 연상되어 나타나면 현실에서 불안을 일으키고 다시 밑으로 밀려나 끝없는 무의식적 갈등이 된다고 했다.

이러한 무의식적 갈등을 분석하여 환자를 치료하는 정신분석학적 방법은 초기에 최면술로 시도되었으나, 후에 자유연상법으로 억압된 무의식을 의식화하였으며 이로써 Freud는 무의식이 추상적인 것이 아니라 증명될 수 있고 제시될 수 있는 현실이라고 주장했다. 그는 40여 년간에 걸쳐 자유연상방법으로 무의식을 탐구했고 최초로 포괄적인 성격이론을 발전시켰다.

4) 성격의 구조

Freud의 초기 성격구조 이론의 중심 개념은 무의식이었다. 그러나 1920년대에 이 같은 정신생활의 개념 모형을 수정하여 세 체계의 기본적 성격구조 이론을 제시하였다.

인성(personality)은 이드(Id), 자아(Ego), 초자아(Superego)로 구성되는데 정신적으로 건강한 사람은 이들 세 체계가 통일되어 조화로운 조직을 형성하고, 협력하여 상호작용하면서 효율적이며 만족스러운 환경에 대처할 수 있도록 한다.

(1) 원초아(Id)

원초아는 성격의 가장 원시적인 체계로서 완전히 무의식적이며, 본능과 충동의 원천으로서 마음의 에너지 창고이다(Freud, 1915). 원초아는 Freud가 처음에 무의식이라고 불렀던 성격의 한 부분으로 유전되며 출생 시에 이미 존재하며 그 속에서 자아와 초자아가 분화되어 나오는 모체라 했다. 원초아는 공격적이고 동물적이며 조직되지 않은 것으로써, 규칙도 따르지 않는 개인에 내재하는 정신적 원동체이며 개인의 생의 기초가 된다. 또한 긴장을 감소시키려는 쾌락의 원리(pleasure principle)를 따르므로 자신을 괴롭히는 모든 억압을 싫어하고 무시한다. 따라서 모든 행동은 자애적인 방법으로 표현되며 언제나 비합리적이면서 충동적으로 행동하고 다른 사람에 대한 영향은 전혀 고려하지 않는다(Greene & Ephross, 1991).

(2) 자아(Ego)

초자아가 "길들여지지 않은 열정"이라면 자아는 "이성과 분별"을 뜻한다. 자아의 구조와 기능은 원초아 아래서 파생되며 생후 6~8개월부터 발생하기 시작하여 2~3세에 형성된다(Brenner, 1987).

자아는 원초아의 충동들을 어떤 방법으로든지 충족시켜 주어야 하지만 그것은 초자아가 침해를 받지 않는 범위 내에서 이루어져야 한다. 이같이 자아는 원초아의 욕구(yes)와 초자아의 거절(no) 사이에서 현실에 맞도록 조정하여 개체를 적절히 유지시키는 기능을 한다.

자아는 원초아의 쾌락적 원리와는 달리 현실의 원리를 따른다. 현실원리(reality principle)의 목적은 욕구충족을 위해서 적당한 대상이나 환경조건이 이루어질 때까지 본능적 만족을 지연시켜 개체를 안전하게 보전시키는데 있다. 다시 말하면 자아의 목적은 자신이나 타인에게 해를 끼치지 않고 원초아의 욕구를 충족시키는 적절한 과정을 발달시키는 데 있다. 즉, 자아는 성격의 조정자이며 집행자이다(Freud, 1933).

그러나 자아는 자신의 에너지가 없으므로 원초아에게서 자신의 에너지를 빌려와야 함으로 위험하고 억압된 욕망이 뚫고 나오려고 위협한다거나, 기본적인 생물학적 욕구를 만족시키기에 무력하게 느낀다거나, 원초아의 충동을 처리할 수 없을 때 신경증적 불안(neurotic anxiety)을 경험하며, 자아가 초자아로부터 처벌을 예견할 때는 도덕적 불안(moral anxiety)을 느낀다. 그리고 자아는 외부세계에 있는 위험에 대해 항상 현실적인 불안에 사로잡혀 있다. 자아는 원초아의 목적을 좌절시키는 것이 아니고 적절히 추진하기 위해 존재하며 자아와 원초아는 분리되어 존재할 수 없으므로 본능적인 요소와 주위 환경의 상태를 적절히 조정하여 개인의 생활을 유지시키는 기능을 한다.

(3) 초자아(Superego)

인간은 바람직한 사회생활을 하기 위해서 그 사회의 질서체계인 가치, 도덕, 윤리체계를 습득해야 한다. 이것들은 사회화과정을 통해 이루어지며, 정신분석학적 용어로는 초자아이다. 초자아는 인간의 마음속에 있는 윤리적, 도덕적, 이상적인 면을 말하며, 유전되는 것이 아니라 성격구조 중 마지막으로 발달되는 체계로써 부모의 양육태도 즉, 부모가 주는 보상과 처벌에 대한 반응으로 발달한다(Freud, 1923). 초자아는 아동이 옳고 그름을, 선과 악을, 그리고 도덕과 비도덕을 분별할 수 있게 될 때 비로소 나타나며, 아동의 생활범주가 점차 확대되면서 그 집단들이 인정하는 적절한 행동규범을 추가하면서 초자아를 형성한다. 아동은 항상 이러한 부모의 기대와 집단의 규범에 알맞게 행동함으로써 갈등과 처벌을 피한다. 프로이드는 초자아를 두 개의 하위체계 즉, 양심(conscience)과 자아이상(ego ideal)으로 나누었다. 양심은 아동이 잘못을 저질렀을 때 부모로부터의 야단이나 처벌을 통해 생기며 이것은 자신에 대한 비판적 평가나 도덕적 억압, 죄의식 등이 포함된다. 한편 자아이상은 아동이 긍정적인 일을 했을 때 부모로부터 받는 보상이나 칭찬으로부터 발달하며 아동이 목표나 포부를 갖게 하고 자존심과 긍지를 느끼게 해준다. 초자아는 오이디푸스 콤플렉스(Oedipus Complex)가 해결되는 기간에 아버지와 동일시함으로써 형성된다. 그러므로 아버지는 도덕적 상징자로서 중요한 역할자가 된다.

5) 심리성적 발달단계

Freud에 의하면, 성격발달은 유아기부터 청소년기까지 다섯 단계에 걸쳐 이루어지는데 초기의 세 단계가 성격형성에 결정적 역할을 하게 된다. 이 시기에 리비도는 신체의 특정 부위에 자리 잡고 이 신체 부위에서 만족을 추구한다(Freud, 1923). 만족을 추구하는 특정 부위는 연령에 따라 변화하며 리비도가 지향해서 충족을 추구하는 대상도 연령에 따라 변화한다.

그러나 심리성적 발달단계가 모두 성공적으로 진행되는 것은 아니다. 한 단계에서 다음 단계로의 진행이 저해되면 특정 단계에 고착될 수 있다. 프로이드는 이 고착이 성인기 성격에 직접적 영향을 미친다고 보고 이를 좌절과 방임이라는 두 가지 요소로 설명하였다. 좌절은 아동의 심리성적 욕구를 양육자가 적절하게 충족시키지 못한 것을 의미하며, 방임은 과잉으로 만족시켜 양육자가 아동에게 내적으로 극복하는 훈련을 제대로 시키지 않아 의존성이 심한 것을 뜻한다. 각 발달 단계를 설명하면 다음과 같다(Crain, 1983; 이영만 외 역, 1999; 김평옥 역, 1994, 이훈구 역, 1993, 홍숙기 역, 1992).

(1) 구순기(oral stage)

출생에서 1세까지로 유아는 입을 통해 쾌락을 얻는다. 생후 1년간은 입이 성적, 공격적 욕구 충족을 하는 신체 부위가 되며, 입, 입술, 혀, 잇몸 등을 자극하는데서 만족을 느끼기 때문에 빨고, 삼키고, 깨물면서 만족을 얻는다.

구순기에는 수동적으로 어머니의 보살핌을 받으며 생활하기 때문에 유아는 의존적이고 다른 사람으로부터 분화되지 않은 상태이다. 구순 전기에는 어머니에게 접근하고 합치되려는 경향이나 후반기에는 애정과 우호적인 태도를 갖는 동시에 적대적이며 파괴적인 태도를 갖게 된다. 이 때 유아는 최초의 양가감정(ambivalence)을 경험하게 된다. 구순기 전반기에 좌절 혹은 방임을 경험하면 구강 수동적 성격이 되며, 이 성격은 낙천적이고 타인에게 의존적이며, 모든 것을 희생해서라도 인정받고 싶어 한다. 구순기 후반기에 고착되는 구강 공격적 혹은 구강 가학적(self punishment) 성격의 특징은 논쟁적이고 비꼬길 잘하며, 타인을 이용하거나 지배하려고 한다.

(2) 항문기(anal stage)

항문기란 대소변을 가리는 훈련이 시작되는 1세 내지 1세 반에서 3세까지로 리비도가 항문에 집중하는 시기를 말한다. 이 시기의 유아는 신경계의 발달로 괄약근을 수의적으로 조절할 수 있다. 괄약근의 발달로 아동은 마음 내키는 대로 배설하거나 보유할 수 있다. 그러나 대소변 훈련이 시작되면서 유아의 본능적 충동은 외부에 의해 즉, 양육자인 어머니에 의해 통제된다. 유아는 자신이 원하는 때에 배변을 하기 원하나 어머니는 사회적 관행을 따르도록 하며 유아는 배변 시기를 조정하기 위해 갈등하며 욕구의 만족을 늦추어야 할 필요성에 의해 자아가 발달한다. 부모는 배변 훈련시 옳고 그름에 대해 말하고 유아는 부모에 동조하며 부모의 의견을 내면화시켜서 이를 따르게 된다. 이것이 초자아 발달의 시초가 되며, 배변 훈련이 성공하면 유아는 사회적 승인을 얻는 쾌감을 경험하게 된다. 부모가 거칠게 혹은 억압적으로 훈련하여 고착된 항문기 강박적 성격은 고집이 세고 인색하며, 복종적이고 시간을 엄수하며, 지나치게 청결한 특징을 가진다. 반대로 지나치게 관대하여 고착된 항문기 폭발적 성격은 잔인하고 파괴적이며, 난폭하고 적개심이 강하며, 불결한 특징을 갖는다.

(3) 성기기(sexual stage)

성기기는 3세에서 6세로 리비도가 아동의 성기로 집중되는 때이며, 아동은 자신의 성기를 만지고 자극하는 데서 쾌감을 느끼는 시기이다. 이 시기부터 원초아, 자아, 초자아는 역동적으로 작용하기 시작한다. 성기기의 가장 중요한 상황은 오이디푸스 콤플렉스로 아동이 이성의 부모에게 성적 관심을 갖고 접근하는 욕망을 가리킨다. 남아는 어머니에 애착을 느껴 아버지를 경쟁자로 생각하고 적대감을 느끼며, 거세불안(castration anxiety)을 느끼게 된다. 그러나 이 불안을 해소하기 위해 어머니가 인정하는 남성다움을 갖기 위해 동성의 부모에게 성적 동일시를 함으로써, 남자아이는 남자답게, 여자아이는 여자답게 행동하려고 애쓴다. 성기기에 고착된 남자는 경솔하고, 과장이 심하며, 야심이 강하고 여자는 경박하고 유혹적이다.

(4) 잠복기(latent stage)

잠복기는 6세에서 12~13세까지로 리비도의 신체적 부위는 특별히 한정된 데가 없고 성적인 힘도 잠재된 시기이다. 이 시기에는 오이디푸스 콤플렉스를 극복하고 난 후의 평온한 때로 성적 욕구가 철저히 억압되어 비교적 자유롭지만 그 감정은 무의식 속에 계속 존재한다. 다시 말하면 원초아는 약해지고 자아와 초자아는 강력해지며 성격에서 이루어지는 주요한 발달은 초자아의 기능이다.

리비도의 지향 대상은 친구 특히 동성의 친구로 향하고 동일시 대상도 주로 친구가 된다. 잠복기 아동의 에너지는 지적인 활동, 운동, 친구와의 우정 등에 집중된다.

잠복기에 고착되면 성인이 되어서도 이성에 대한 정상적인 친밀감을 갖지 못하고 이성과의 관계를 회피하거나 정서적 감정 없이 단지 공격적인 방식으로 성적 행동을 한다.

(5) 생식기(genital stage)

생식기는 사춘기부터 성적으로 성숙되는 성인기 이전까지의 시기로 심한 생리적 변화가 특징이며 격동적 단계로 불린다. 호르몬과 생리적 요인들로 인해 그 동안 억압되었던 성적 감정들이 크게 강화되면서 잠복기 동안 억제되었던 성적, 공격적 충동이 자아와 자아의 방어를 압도할 정도로 강해진다. 따라서 이전의 방어 양식들은 적절치 않게 되고 광범위한 재적응이 요구된다.

사춘기 전기에는 리비도가 다시 유아기의 애정 대상을 지향한다. 원초아가 우세할 때는 지나치게 쾌락 추구에 몰두해 공격성, 야수성, 범죄 행동이 왕성해지며, 반대로 자아가 너무 표면화되면 불안이 심해지고 금욕주의, 지성화의 경향이 강해져서 원초아를 억제하고 자아를 방어하려고 애쓴다.

사춘기에는 성적 성숙이 다 이루어져서 사춘기 전기의 불안은 사라진다. 이 시기에는 부모에 대한 관심이 사라지고 가족 밖에서 연장자와의 친교를 가지며, 이성을 향한 성욕 충족을 추구한다. 이러한 성적 욕구는 독서, 운동, 자원봉사 등 다른 활동을 통해 승화되기도 한다. 이 시기에 성격발달을 위해서는 근면을 배워야 하고 즉각적인 만족을 지연시켜야 하며 책임감이 있어야 한다.

[표 2-1] 프로이드의 심리성적 발달단계

단 계 (연령)	쾌감의 부위 및 원천	인 성 발 달	비 정 상 적 발 달		정상발달
			부 족 시	과 잉 시	
구순기 口脣期 (oral stage) 0~1.5세	◦ 입술 : 젖 빨기, 손가락 빨기, 먹는 것 ◦ 치아 발생 후 : 씹는 것 ◦ 입에 넣는 것 ◦ 깨무는 것(공격적 쾌락) ◦ 집어놓고→붙잡고→물고→뱉고→다문다.	◦ 구강 수동적 성격 ◦ 구강 공격적, 초기 가학적 성격 ◦ 입에 넣는 것=획득 ◦ 붙잡는 것=끈기, 결단력 ◦ 깨무는 것=파괴 ◦ 뱉는 것=배척, 경멸 ◦ 다무는 것=거부, 부정	◦ 염세주의 ◦ 선망과 질투 ◦ 불만, 욕구의 증대 ◦ 일찍 젖을 뗌=집착	◦ 지나친 낙관주의 ◦ 자기애 의존성 ◦ 자기 중신 ◦ 알코올중독증 ◦ 초기 가학적 성격(구순성격 : 의존적. 수동적	◦ 자신감, 관대함 ◦ 자급자족 ◦ 자주성 ◦ 타인신뢰
항문기 肛門期 (anal stage) 1.5~4세	◦ 항문근육 : 대변의 배설과 보유(괄약근)	◦ 항문보육적 성격 ◦ 항문 공격적 성격	(항문보육적) ◦ 강박성, 완벽주의 ◦ 인색함, 완고함 ◦ 고집이 셈, 죄책감 (항문성격) : 인색, 고집, 꼼꼼함, 깔끔함 ◦ 무책임, 무질서, 낭비적	(항문 공격적) ◦ 양가감정 더러움 ◦ 지저분한 반항 ◦ 분노 ◦ 성도착증(가학, 피학, 동성애)	◦ 자주성, 협조성 ◦ 긍지와 자존심 ◦ 자주적 판단 ◦ 관대함. 자선 ◦ 박애정신
성기기 性器期 (sexual stage)	◦ 생식기의 자극 ◦ 자랑스럽게 생각	◦ oedipu complex ◦ electra complex ◦ 자아이상발달 :	◦ 남아의 남근기 (phallic period) -거세불안(castration anxiety)		◦ 성별주체성의 확립 ◦ 자신감 증가,

4~7세	◦ 성호르몬과 상관없음	비난, 벌 ◦ 죄책감 : 금지했던 생각을 할 때	–뻔뻔스러움 ◦ 여아의 음핵기 –히스테리성 –연극적, 과장적, 유혹적 –정서불안 (남근기 성격) : 뻔뻔스럽고 박수 받고 싶은 생각	적당한 야망 ◦ 내부 충동제어 ◦ 건전한 호기심
잠복기 潛伏期 (latent stage) 7~12세	◦ 성적흥미나 관심이 일시적으로 억압됨 ◦ 외계에서 쾌락 추구	◦ 사회성의 발달과 일상생활에 적응하기 위한 지식이나 기능을 습득하는 데 열중	◦ 열등감 ◦ 강박적인 인격 ◦ 성적발달이 정체	◦ 높은 적응력 ◦ 원만한 대인관계에서 오는 자신감 ◦ 자아를 발전시킴 ◦ 건전한 호기심
생식기 生殖期 (genital stage) 12~18세	◦ 생식기관의 성숙 ◦ 성호르몬 생성	◦ 이성적인 관계가 원만 ◦ 책임감 발달 ◦ 이타적인 태도 발달 ◦ 이상적 성격 발달	◦ 과거에 집착하는 성격 ◦ 주체성의 혼동	◦ 성숙한 이성관계 ◦ 주체성 확립 ◦ 자기도취 (narcissism)

6) 자아의 방어기제(defense mechanism)

방어기제는 Freud의 막내딸인 Anna Freud에 의해 체계화 되었다. 자아가 짊어지고 있는 주요한 과제 가운데 하나는 주위를 둘러싸고 있어 불안을 야기시키는 위협과 불안을 처리하는 일이다. 자아는 현실적인 문제해결책을 채택함으로써 위협과 위험을 다스릴 수 있다. 또한 현실을 부정하고 날조하고, 왜곡하며 인성의 발달을 방해하는 방법을 사용함으로 불안을 줄이려고 한다. 이러한 방법을 방어기제라고 하는데, 모든 방어기제가 모두 병적인 것은 아니며 일부 방어기제는 불안을 감소시킬 뿐만 아니라 사회적 결과를 초래하기도 한다(Zastrow, 1995). Anna Freud는 특징적 방어기제들이 특정 발달단계에서 발생한다고 보았다(A. Freud, 1936). 그가 제시한 방어기제의 위계서열을 살펴보면 합리화, 억압, 대치, 동일시, 전환, 지성화, 반동형성, 취소, 내면화, 투사,

부정의 순이다(이인정 외, 2000). 방어기제를 설명하면 다음과 같다(이근홍, 2003).

(1) 합리화

합리화(rationalization) 어떤 행동이 참된 동기나 원인을 그대로 인정하면 자기의 무능과 결함이 분명하게 되므로 다른 핑계 좋은 이유를 달아서 자기의 정서적 안정을 피하려는 방법이다. 즉 이것은 부당하고 비논리적인 행동이나 생각에 대해서 변명하거나 정당화시키려는 것을 말한다(Nye, 1991). 합리화는 대개 죄의식을 느끼게 될 충동적인 행동에 대한 그럴듯한 이유를 만들거나, 자신의 목적을 성취하지 못한 데 대한 변명이나 이유 등으로 사용된다.

(2) 억압

억압(repression)은 가장 기본적인 방어기제로서 불안을 야기하는 충동 및 기억 등을 의식에 떠오르지 못하도록 무의식적으로 막는 것 이다. 즉 이것은 수치스럽다고 느껴지는 생각, 죄의식을 느끼는 기억, 괴로운 경험 및 싫증나는 일들을 의식으로부터 무의식적으로 밀어내는 것을 말한다(Schultz & Schultz, 1994). 하지만, 억압된 욕망이나 생각을 거의 또는 전혀 인식하지 못한다 해도 그것은 우리의 무의식적 경험 차원에 잔류하게 되어 개인의 행위 속에 간접적으로 나타나게 된다. 억압은 원초적 억압과 본래적 억압으로 구분되는데, 원초적 억압(primal repression)은 의식 속에 떠오르지 않은 방어기제(예를 들어 근친상간을 금기하는 것)를 말하며, 본래적 억압(proper repression)은 위험한 기억이나 사고 또는 지각을 의식 밖으로 몰아내고, 그것들이 어떤 형태의 행동으로 나타나지 않도록 하는 기제를 말한다.

(3) 전치

전치(displacement)는 기본적인 성적 · 공격적 욕구를 직접적으로 충족시킬 수 없을 때 현실적으로 용납될 수 있는 대상이나 방법으로 바꾸어 그 욕구를 충족시킴으로써 불안을 회피하려는 기제이다. 즉 이것은 에너지가 하나의 대상에서 다른 대상으로 흘러 들어가는 과정으로서 사람이나 사물, 상황 등에 대한 느낌, 욕망, 노력 등 다른 방향으로 돌려 불안을 제거하는 것을 의미한다(박병석, 1986).

(4) 동일시

동일시(identification)는 어떤 사람이 다른 사람의 제반 성질을 받아들여 그것들을 자신의 성격의 한 부분으로 합쳐버리는 것을 말한다. 즉 이것은 다른 사람의 행동을 따름으로써 긴장을 감소시키게 되는 것으로 자기보다 더 욕구를 만족시키는 것으로 보이는 사람을 본보기로 삼는 것이다. 그래서 아동은 자기 부모와 동일시하게 되는데, 이는 부모가 아동에게는 전능한 존재로 보이기 때문이다. 동일시는 자기도취(narcissistic identification)와 목표 지향적 동일시(goal-oriented identification)가 있는데, 전자는 자신의 집중을 자신과 닮은 타인이나 사물에 투입하는 것을 말하며, 후자는 자기가 이루고 싶은 목표를 이미 이룬 인물을 인성의 모델로 삼는 것을 말한다.

(5) 격리

격리(isolation)는 고통스러운 생각이나 기억을 그에 수반된 감정 상태와 분리시키는 것이다. 즉 이것은 감정의 억압 혹은 정서의 억압으로서, 고통스러운 감정이나 경험을 의식으로부터 떼어내어 억압시키는 과정이다. 격리는 쾌락의 원칙에 따라 작용하며, 정신역학의 측면에서 보면 기억이 과거에 지녔던 감정으로부터 분리되는 기제라 할 수 있다.

(6) 반동형성

반동형성(reaction formation)은 불안을 일으키는 성적 · 공격적 충동, 생각, 감정 등을 억제만 하지 않고 의식의 수준에서 그 반대의 태도로 나타내는 것이다. 즉 이것은 받아들일 수 없는 욕망과 대립되는 과장된 감정이나 행동을 취해서 그러한 욕망을 극복하려는 시도이다. 즉 미움은 사랑으로, 복수심은 애정으로, 성욕은 전혀 문제가 되지 않는 다른 대상에 대한 애착으로 바뀌는 것을 말한다. 반동형성은 두 가지 단계를 거친다. 첫째는 받아들일 수 없는 충동을 억압하는 것이며, 둘째는 그 반대적 행동이 의식적 차원에서 표현되는 것이다(Hjelle & Ziegler, 1994).

(7) 취소

취소(undoing)는 개인이 이전에 받아들일 수 없었던 행동의 결과를 철회하기 위하여 반복적으로 행하는 것으로서, 무의식적으로 상상되는 해악을 반증하거나 무효화시키는 것을 목적으로 작용하는 기제이다. 즉 이것은 자아를 해치게 될 경험을 말살시키거나 제거하려고 하는 무의식적인 기도를 말한다. 대개의 경우 이 기제의 의미는 의식적인 것이 되기 전에 왜곡되고 변형되는 까닭에 그 발견이 용이 하지 않다.

(8) 내면화

내면화(intojection)는 개인이 어떤 사람이나 대상에 대한 감정을 버리고 상상된 형태의 신념과 가치관을 내면적으로 자기 것으로 받아들이는 것이다. 이것은 사회화의 기본이 되는 것으로서 타인의 속성과 특질을 모방하는 동일시도 내면화의 결과이다. 즉 아동이 부모의 속성을 내면화시켰을 때 부모와 동일시했다고 한다.

(9) 투사

투사(projection)는 전치의 한 형태로서 개인이 스스로 받아들일 수 없는 충동, 태도 및 행동을 무의식적으로 타인이나 환경의 탓으로 돌리는 과정을 말한다(Hall, 1990). 이것은 자기의 결점을 어떤 사람이나 사물을 통해 비난한다. 투사는 개인이 자기의 적개심, 이기심, 성적 문란 등의 결점이나 허물에 대한 객관적인 증거가 존재하지 않을 때, 이들을 동료나 타인의 탓으로 돌려 자기 자신이 받아들일 수 없는 충격을 완화하고자 하는 것이다.

투사의 반대 개념으로 내사(introjection)가 있는데 이것은 우리 주위에 있는 우리에게 중요한 사람들의 특성이나 감정, 행동의 일부를 우리의 자아과정에 받아들이는 것을 말한다.

(10) 부정

부정(denial)은 자신에게 불안을 가져다주는 일들을 사실이 아니라고 부정하거나, 불쾌하거나 위협적인 사실을 목격하거나 듣는 것을 거절하는 것이다(Nye, 1991). 부정은 불안과 고통을 제거하는 단순하고 효과적이며 널리 사용되고 있는 기제 중의 하나이다. 때로는 어떤 사실들을 부정하는 것이 심각한 위기에서 긍정적인 효과를 발휘할 때가 있다. 어떤 절망적인 사실에 대하여 이를 부정하고 희망을 갖도록 하는 것은 부정이 지닌 긍정적인 기능이라 할 수 있다.

(11) 강박관념

강박관념(obsession)은 불안을 제거하거나 경감시키기 위하여 행하는 어떤 반복적이고 영속적인 행동, 사고 및 습관을 말한다. 이것은 어떤 특수한 부분의 생각을 잠시 동안 의식하지 않기 위하여 자신의 정상적인 생각으로부터 그것들을 분리하여 고립화시키는 것이다. 즉 불안을 일으키는 부분만을 빈 공간으로 만들어 사고하는 데 연결되지 않도록 하며, 그 부분을 의식하는 것으로부터 불가능하게 방해하는 것이다.

(12) 고착

고착(fixation)은 발달단계의 어느 한 시기에 고정되어 그 이후의 발달이 중지되고 성숙된 독립이 형성되지 않은 상태를 말한다. 즉 이것은 불안정, 실패, 처벌 등이 두려워 다음 단계로 발달하지 못하고 초기의 어느 한 단계에 머물러 있는 상태이다. 이와 같이 고착은 발달되지 않은 상태가 어느 한 단계에서 그대로 계속 유지되어 가는 것이다.

(13) 퇴행

퇴행(regression)은 생의 초기에 성공적으로 사용했던 생각, 감정, 행동에 의지하여 자기 자신의 불안이나 위협을 해소하려는 과정이다. 즉 이것은 실패할 가능성이 있거나 불안한 상황에 대한 해결책으로 생의 초기단계의 행동양식으로 후퇴하는 것이다. 퇴행은 안전하고 즐거웠던 인생의 이전 단계로 후퇴함으로써 불안을 완화시키며, 일시적으로 불안을 감소시키지만 근본적인 원인은 해결하지 못한다.

(14) 승화

승화(sublimation)는 정서적 긴장, 충동, 감정 등을 사회적으로 인정될 수 있는 행동방식으로 표출하는 것이다. 즉 이것은 사회적으로 가치 있는 대상을 통하여 욕구를 충족시키는 기제로서, 창조적이거나 헌신적인 작업에 몰두하는 것을 말한다(Schultz & Schultz, 1994). 승화는 대체로 성적인 에너지가 전환되어 사회적으로 유익한 목적으로 사용되며, 자아가 충동을 억제하지 않고 충동의 목적이나 대상을 변화시켜 문제가 있는 충동을 건전하고 건설적인 방법으로 다루는 전략이다.

(15) 보상

보상(compensation)은 개인의 결함이나 열등감을 극복하기 위한 수단으로서, 어떤 분야에서 탁월하게 인정을 받아 다른 분야에서의 실패나 약점을 보충하여 자존심을 고양시키는 기제이다. 즉 개인의 결함을 다른 것으로 대치시킴으로서 보상을 하는 것을 말한다. 보상은 긍정적인 면과 부정적인 면을 동시에 지니고 있다. 전자는 청각장애인이 유명한 음악가가 되는 것이며, 후자는 소외당한 사람이 다른 사람의 관심을 끌기 위해 반사회적 행동을 하는 것이다(박병석, 1986).

7) Freud 이론의 평가

지금까지 정신분석은 수많은 비난을 받아왔다. 일단의 심리학자들은 물론이고 일부 종교인, 철학자들까지 정신분석을 비난했다. 심리학자들은 주로 자연과학적이지 않은 연구 방법론과 지나치게 성을 강조한 측면을 비난했고, 종교인을 비롯한 일반인들은 정신분석적 접근이 지나치게 비도덕적이고 비윤리적이라고 비난했다. 그러한 흐름 속에서 많은 사람들은 정신분석을 이미 쇠퇴한 사상이라고 취급하면서 정신분석의 가치를 애써 부인하기도 하였다. 그러나 지금 정신분석은 심리학, 정신의학, 문학, 예술 등의 다양한 분야에서 그 가치를 인정받고 있으며, 정신분석의 치료기법을 넘어 하나의 사상으로 발전하였다. 정신분석을 거부하거나 정신분석의 연구 결과를 거부하는 심리학자들은 흔히 정신분석이 자연과학적이지 않고 검증할 수 없는 가정적인 내용을 다루고 있음을 주장하고 있다. 그러나 Freud는 사람들이 얼핏 알고 있는 것과 주먹구구식으로 인간의 정신세계를 연구하지 않았다. 특히 Freud는 신뢰할 수 있고 타당하다는 확신이 설 때까지 어떤 개념이나 가설도 발표하지 않았다. 또한 Freud는 정신분석으로 얻은 결과가 문제가 있다고 판단되면 끊임없이 자신의 이론을 수정하였다.

정신분석이 남긴 업적을 보면 다음과 같다(Hall & Lindzey, 1991). 첫째, 정신분석은 직관적 방법을 통한 관찰과 사례연구를 통해 인간정신의 심층구조를 파악하는 데 기여했다.

둘째, 인간에게 금기시 되어 온 성욕을 공개적으로 논의하면서 성욕이 인간의 심리와 행동에 미치는 영향을 규명하였다.

셋째, 인간의 심리와 행동을 결정하는데 있어 어린 시절의 경험을 강조했다. Freud는 인간의 성격이 5세를 전후해서 결정된다는 입장을 취했다.

넷째, 무의식적인 심리과정과 행동이 인간에게 중요한 영향을 미치고 있다는 사실을 일깨워 주었다.

다섯째, 에너지 보존의 법칙과 자연과학적 개념을 인간의 정신세계에 도입함으로서 인간의 정신세계를 하나의 명료한 모델로 표현하였다.

여섯째, 인간의 성격 발달을 이해하기 위한 발달과정을 제시함으로서 인간을 전 생애 적으로 보도록 계기를 마련했다.

일곱째, 인간의 정신세계를 분석함으로써 신경증을 비롯한 정신병의 치료와 예방에 공헌하였다.

여덟째, 무의식적 충동(성욕, 공격성)을 적절히 해소시켜 주어야 한다는 점을 일깨워 주었다.

반면 Freud의 정신분석은 우리 사회의 많은 영역에 기여했음에도 불구하고 몇 가지 문제점을 나타내고 있다

첫째, 정신분석은 인간의 무의식적 충동인 성욕과 공격성에 의해 지배된다고 보아 인간을 지나치게 부정적으로 보았다. 즉, 정신분석은 부정적인 인간관을 가지고 있다. 인간이 원초적 본능을 가지고 있는 것은 사실이지만 인간은 무의식적 충동을 사회적으로 바람직하게 해소할 수 있는 능력도 가지고 있기 때문이다.

둘째, 정신분석은 인간이 본능적으로 무의식적인 충동을 가지고 있다고 했는데, 결국 인간은 무의식적 충동을 조절할 수 있는 초자아와 양심을 발달시키기 때문에 인류의 미래를 반드시 비관적으로 볼 필요는 없다.

셋째, 정신분석은 인간을 지나치게 결정론적으로 보았다. 행동적 접근은

환경에 의해 인간의 행동이 결정된다는 환경결정론을 취했지만 정신분석은 어린 시절의 유아 성욕적 경험에 의해 이후의 인생이 결정된다는 성욕 결정론을 취했다. 그러나 인간은 어린 시절의 경험만으로 결정되는 것이 아니라 사회와 환경 속에서 끊임없이 상호작용을 하면서 발달한다.

넷째, 성격구조, 무의식의 세계, 리비도와 같이 가설적인 개념을 지나치게 많이 사용했다. 이러한 가설적인 구조를 프로이드는 검증할 수 있다고 주장했지만 검증하지 못하는 가정인 경우도 많다.

다섯째, 정신분석은 양적이고 객관적인 자료가 빈약하다. 정신분석적 접근은 대개 관찰과 사례연구를 통한 질적이고 주관적인 자료들이기 때문에 자연과학적 패러다임을 취하고 있는 심리학자들로부터 비판을 받고 있다.

여섯째, 지나치게 무의식적 충동을 강조했다. 인간은 무의식, 성욕, 공격성 같은 무의식적 충동을 충족시키는 쾌락원리에 지배되기도 하지만 정신적으로 건강한 사람은 그에 못지않게 의식, 도덕원리, 현실원리에 의해서 지배될 수 있기 때문이다.

8) 정신분석이론과 사회복지실천

정신분석은 넓은 의미로 볼 때 하나의 사상 이론으로서 심리학의 전체적인 토대를 이루며, 인간을 이해하려는 철학이며, 좁은 의미는 정신분석의 사상과 이론을 응용하여 복지 수급자(client) 또는 사회에 적응하지 못하는 사람들을 치료하는 기법이라고 할 수 있다.

정신분석은 심리학보다는 정신의학 분야에서 발전했기 때문에 초기에는 심리학자들도 정신분석을 심리학의 흐름에 포함시키지 않았다. 그러나 프로이드를 비롯한 정신 분석가들은 심리학에 대한 기여와 인간이해에 대한 정신분석의 효용성이 증가함에 따라 정신분석은 점차 심리학의 주된 흐름이 되었고 지금은 다양한 분야에서 활용되고 있다. Freud는 아동기 성애, 즉 유아 성욕론에 대한 관심을 불러 일으켰으며, 인간은 의식보다 무의식에 의해 지배된다고 주장함으로써 인간관에 대한 큰 변화를 일으켰다. 또한 그는 인간의 성격을 체계적으로 연구했으며, 그의 그러한 사상과 업적은 정신장애의 치료법으로, 아동발달의 원리로, 문화의 원리에 기여하고 있다.

정신분석의 목표는 문제를 일으키는 무의식속의 정서를 의식 속에서 표현하게 하여 통찰력(insight)을 갖도록 하는 것이다. 이러한 목표를 달성하기 위하여 Freud가 사용한 치료기법을 사회복지실천에 적용하면 다음과 같다(최옥채 외, 2004).

첫째 자유연상(free association)기법으로서 클라이언트의 머릿속에 떠오르는 것들을 편안한 자세에서 아무런 방어 없이 자유롭게 연상하다 보면 무의식속의 고통스런 자료들이 의식으로 떠오르게 되고 분석가는 이렇게 연상된 자료들의 연관성을 해석해 줌으로써 통찰력을 가질 수 있도록 돕는다.

둘째 꿈의 해석(dream analysis)으로서 꿈꾸는 동안 무의식의 자료들이 상징을 통해 의식에서 나타나기 때문에 꿈을 해석하기 위해 꿈의 자료들에 대해 자유연상을 하게하고 꿈꾸는 자의 개인적 정신세계와 연결하여 꿈의 상징을 해석해 준다.

셋째 전이(transference)로서 정신분석에서 분석가는 중립적이고 비간섭적인 태도를 취하여 클라이언트가 분석가에게 자신의 중요한 인물에 대한 감정과 사고를 전이 시키도록 한다. 분석가는 자신에게 전이한 클라이언트의 어린 시절 중요한 인물에 대한 감정과 사고를 깨닫고 이를 클라이언트에게 해석해 주며 스스로 통찰력을 갖도록 한다.

2. 심리사회이론 (Erikson)

심리사회 이론(psychosocial theory)은 사회문화적 환경이 성격발달에 지대한 영향을 미친다고 보았다. 심리사회이론을 체계화한 학자는 Erik H.

Erikson이다. 그는 인간행동의 발달을 생물학적, 행동적, 경험적, 사회적, 문화적 요인간의 상호작용을 중요시하였다. Erikson은 점성원리(epigenetic principle)에 의해 인간의 전생에 걸친 발달과 변화가능성을 강조하였고, 병리적인 것보다는 정상적인 것에 초점을 두었다. 그는 자아정체감 확립의 중요성을 강조하였으며, 성격구조의 설명에서 사회적, 문화적 요인을 강조하였다.

1) 생애

Erikson은 1902년에 독일의 프랑크푸르트에서 덴마크인 이었던 아버지와 유태인인 어머니에게서 태어났다. 그의 부모는 그가 태어나기 전에 이혼하였으며, Erikson은 3세 때에 어머니가 유태인인 소아과 의사와 재혼을 하였다. Erikson은 덴마크인 외모를 가졌기 때문에 친구들에게 이방인이라고 불렸다. 이러한 경험이 이후 그의 이론 자아정체감 확립에 기초가 되었다. Erikson은 고등학교를 졸업하고 집을 떠나 유럽여행을 하였고, 여행에서 돌아온 후에는 잠시 예술학교에 적을 두었다가 이탈리아 전역을 여행하며 시간을 보냈다. 그는 이시기를 자신의 유예기간이라 불렀다. 이처럼 Erikson의 가족배경과 유예기간이 그의 심리사회이론 정립에 영향을 미쳤다고 할 수 있다.

이후 1927년 Erikson은 Anna Freud의 아동연구소에서 정신분석훈련을 받았으며, 1933년 미국으로 이주하여 아동분석가로 활동하였다. 1935년 하버드의대, 1936년부터 3년간 예일대 의대 인간관계연구소에 재직하였다. 그는 문화인류학에 관심을 갖고 그 후 지속적으로 인류학과 역사에 대한 관심을 가지고 상이한 환경에서 성장하는 아동의 생활에 관한 연구를 하였다. 그는 공식적인 학위는 없었지만 아동분석가와 대학교수로 왕성한 활동을 하였으며, 1994년에 미국에서 사망하였다.

2) 인간관

Erikson은 인간을 합리적이고, 창조적인 존재로 보고 있다. 그는 자아가 개인이 직면하는 갈등이나 문제에 대한 합리적인 해결방안을 탐색하고, 현실을 검증하며, 창조적으로 문제를 해결해간다고 하였다. 그러나 실패했을 경우, 새로운 대안을 모색할 수 있는 능력을 지니고 있다고 하였다. 따라서 Erikson은 인간을 내적 통합성, 좋은 판단력, 성공할 수 있는 능력을 지니고 있는 합리적, 이성적, 창조적 존재로 규정하고 있다.

Erikson은 인간을 총체적 존재, 환경속의 존재(person on environment)로 규정하면서, 인간을 제대로 이해하기 위해서는 심리·생리·사회적 총제로 보아야 한다고 하였다(Hjelle & Ziegler, 1976).

Erikson(1975)은 모든 인간이 다음과 같은 질서를 따른다고 보았다. 첫째는 환경과 다른 유기체에 지속적으로 상호작용하는 과정에서 통합성을 유지하려는 신체적 질서(somatic order), 둘째는 개인적 경험과 행동의 내적 세계 및 외적 세계를 통합하는 개인적 질서(personal order), 셋째는 지리적·역사적 환경을 공유하는 개인 유기체가 연합하여 유지시키는 사회적 질서(social order)이다.

3) 주요개념

(1) 자아

Freud는 자아를 원초아와 초자아의 중간에 있다고 보았으나, Erikson은 원초아와 초자아를 어느 정도 무시하고 자아가 자율적인 기능을 하는 것으로 간주하였다(Erikson 1963). 이것은 Freud의 이론처럼 성격이 본능이나, 부모의 영향과, 4~5세경에 형성된다는 믿음보다는 Erikson은 부모, 형제, 다른 사람들을 포함한 외부환경에 영향을 받는다고 보았다. 즉 자아를 일생 동안의 신체 · 심리 · 사회적 발달과정에서 외부환경에 대처하고 적응해가는 과정에서 형성되는 역동적인 힘으로 간주하였다.

(2) 자아정체감

Erikson은 자아정체감을 두 가지 측면에서 바라보았다. 첫째는 내적 측면으로써 시간적 자기 동일성과 자기 연속성의 인식으로 바라보았다(Erikson 1959). 이는 시간이 경과하면서 동일성과 연속성을 가진 자신을 지각하고 수용하는 것이다. 둘째는 외적 측면으로써 나의 환경 속에 있는 문화의 이상과 본질적인 패턴을 인식하면서 동일시하는 것이다. 결과적으로 내적, 외적 측면이 일치되는 결과적 자신감을 가지는 것이다.

Erikson은 자아정체감이 무의 상태에서 유의상태로 이동하는 인간발달을 내적, 외적 갈등의 과정이고 인간이 위기를 극복하면서 통합감, 판단력, 자기 자신과 주위 사람들의 판단기준에 적합한 대처방식을 익히면서 성장하는 과정이라고 하였다(Erikson 1968).

(3) 점성원리

심리사회이론의 자아발달은 점성원리에 기초하고 있다. 점성원리란 성장하는 모든 것은 기초 안을 가지며 이 기초 안으로부터 부분이 발생하고, 각 부분이 특별히 우세해지는 시기가 있다. 이 모든 부분이 발생하여 기능하는 전체를 이루게 된다는 것이다. 인간은 수태되면서 이미 기본적 요소들을 가지나 시간의 경과에 따라 이 요소들이 결합, 재결합하여 새로운 구조를 형성하듯이 심리사회적 성장도 이 원리를 따르는 것이다(Erikson 1968).

4) 프로이트이론과 에릭슨이론의 비교

Erikson은 Freud의 이론에 바탕으로 한 현대 정신분석이론의 중추적인 역할을 하였다. 그의 이론은 내적, 외적 및 사회, 문화, 환경적 요소를 고려하여 정신분석이론의 중요한 틀을 제공하였다. 그러나 그의 이론은 Freud 이론과는 뚜렷한 차이가 있다고 평가되고 있다(Maier, 1965).

첫째는 Erikson은 Freud의 원초아의 강조로부터 자아로 그 강조점을 돌렸다. 이는 Freud는 무의식과 본능이 인간행동에 지배적인 역할을 한다고 보았으나, Erikson은 자아를 성격의 자율적 구조로 간주하고, 인간이 의사결정과 문제해결과정에서 합리적이고 이성적인 존재로 묘사하였다.

둘째는 Freud는 아동의 성격발달에 있어 그의 부모가 지대한 영향을 준다고 하였으나, Erikson은 개인이 성격형성에 있어서 그의 부모와의 관계, 그의 가족이 위치한 역사적 상황에 관한 해석을 새롭게 전개하였다.

셋째는 Freud는 성격형성에 있어서 초기아동의 경험이 중요하다고 강조하는 반면, Erikson은 인간의 전 생애에 걸쳐 있으며, 청년기의 자아정체감 형성기의 중요성을 강조하였다.

넷째는 Freud는 인간의 정신생활의 무의식적 작용과 존재를 해명하고 초기 성장과정에서 경험한 외상이 성인기에 어떻게 정신 병리를 일으키는가를 설명하였다. 이에 반에 Erikson은 인간은 정신사회적 위험을 이겨낼 수 있는 능력과 인간발달단계에서 나타나는 자아에 관심을 가졌다.

다섯째는 만약 인간에게 본능적인 욕구 추구를 하도록 둔다면, Freud는 인류가 멸망할 것이라는 비관론을 주장한 것에 반해, Erikson은 인간의 모든 개인적, 사회적 위기는 외적난관을 극복하고 성장을 유도하는 도전 감을 갖게 되는 낙관적인 견해를 주장한다.

Erikson 과 Freud 의 공통점은 첫째는 Erikson과 Freud 인간의 성격발달단계를 미리 정해져 있고 그 순서가 불변한다고 주장한 점이다. 둘째는 인생초기의 시기가 이후 인간의 성격형성에 기초가 되며, 중요한 시기라고 주장하였다. 셋째는 Erikson과 Freud의 이론은 과학적인 근거에 의한 이론이 아닌 자아분석을 기초로 하여 수립되었다.

5) 심리사회적 발달단계

인간은 심리사회적 발달단계 마다 생리적 성숙을 하면서 동시에 심리적인 위기를 수반한다고 Erikson은 주장하였다. 즉 인간의 생활주기 8단계마다 사회와의 관계에서 해결되어야 할 발달과업이 있는데 이것이 어떤 식으로 해결되는가 하는 방법에 따라 긍정적 혹은 부정적인 방향이 결정된다. Erikson은 각 단계마다 성장과 인간관계의 확장에서 자아기능이 상처받을 가능성이 있다고 말하고 이것을 생애의 전환기 즉 "위기"라고 했다(Erikson, 1968). 그러나 위기는 재양이 아니라 전환점이며, 개인의 적응과 부적응의 근원이다.

다시 말하면, 각 단계의 심리 · 사회적 위기는 긍정적 요소와 부정적 요소가 포함되는데, 만약 성장과정에서 발생하는 갈등이 만족스럽게 해결되면 긍정적 요소는 점차 성장 발달하는 자아 속에 스며들어 보다 건전한 발달이 보장된다. 그러나 반대로 갈등이 계속되거나 불만족스런 양상으로 해결되면 자아발달은 손상을 받고 부정적 요소가 자아 속에 많이 통합된다. 중요한 것은 다음 발달단계에 잘 적응하고 건전한 성장을 진행하려면 각 단계의 위기를 적절하게 해결해 나가야 한다(최순남, 1995).

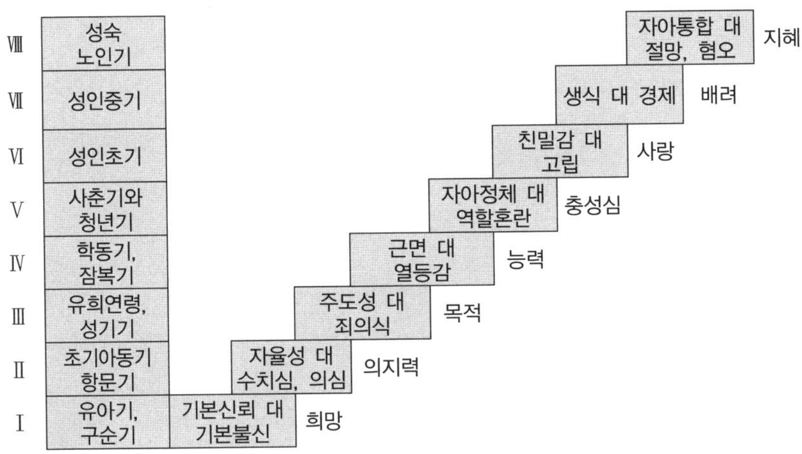

[그림 2-1] Erikson의 심리사회발달 8단계

출처 : Erikson (1963)

(1) 기본신뢰감 대 불신감

Erikson의 심리사회적 발달단계의 첫 번째 단계는 Freud의 구순기에 상응하며 출생에서부터 1년간 유아가 경험하는 심리사회적 위기이다. 신뢰감은 건강한 성격의 초석이 되며, 다른 사람에 대한 믿음과 자신에 대한 믿음을 말한다. 또한 자신감과 같은 특성으로 간주한다. 즉, 유아는 생존, 안전, 애정을 위해 어머니에게 의존하는 시기이며, 최초로 사회적 관계를 맺게 되는 어머니가 유아의 심리사회적 욕구를 민감하게 알아차리고 적절하게 충족시켜야 된다. 어머니로부터 받은 양육의 질을 바탕으로 유아의 신뢰감은 형성된다.

이처럼 신뢰는 다른 사람들을 믿을 수 있고 또 그들의 행동을 예측할 수 있다는 것을 아는 것이다. 그러나 또한 Erikson은 신뢰가 궁극적으로는 그 이상의 것에 의해 좌우된다고 말하고 있다. 그에 따르면 궁극적으로 신뢰는 부모의 자기 확신, 즉 자기가 올바르게 하고 있는 것이 의미가 있고 자녀에게 유익하다는 깊은 신념을 자녀들에게 몸소 보여주어야 한다(최순남, 1995).

하지만 유아에 대한 어머니의 보살핌이 부적절하여, 거부하거나, 유아를 양육하는데 자신감이 부족하여 일관성이 없고 매사에 갈등을 갖는 등의 부모 행동의 모호성이 유아에게는 내면화되어 불신감을 가지고 인생을 시작한다. 이 시기에 유아의 신뢰감은 이후 모든 대인관계의 기초가 된다.

Erikson은 부모와 유아 관계에서 건전한 성장발달은 신뢰감 만 갖고 불신감을 전혀 경험하지 않는 것이 아닌, 신뢰감과 불신감이 적절한 비율이 되어야 한다고 했다. 이것은 무엇을 신뢰해야 하는가도 중요하지만 무엇을 신뢰하지 말아야 하는 것을 아는 것도 중요하다고 할 수 있다. 기본신뢰감 대 불신감의 갈등이 성공적으로 해결되면 심리사회적 능력인 희망을 얻게 된다. 희망은 생존하고 있는 영아에게 가장 최초의 그리고 가장 필수적인 덕이다. 그러나 기본신뢰감 발달에 심한 결함이 있으면 자기비하, 정체감 혼란, 우울증, 편집증 등을 초래할 수 있다.

(2) 자율성 대 수치심과 의심

Erikson의 심리사회적 발달단계의 두 번째 단계는 Freud의 항문기에 상응하며 2세에서부터 3세까지의 아동이 경험하는 심리사회적 위기이다. 이 시기의 아동은 기본신뢰감이 획득되어 자율성과 자기조절획득이 가능해지며, 사회생활양식을 익혀나간다. 아동은 신체 및 인지적 발달이 빠르게 나타난다. 말을 하게 되고, 사회적 생활양식을 알게 되며, 독립적으로 주위 환경을 탐색하려고 한다. 이 시기에는 생리적 성숙으로 인해 배변통제능력, 걷기, 달리기, 기어오르기 등의 운동능력, 식사, 옷 입기 등의 자조 기술 등을 아동이 자기스스로 하려는 자율성이 발달하는 시기이다. 그러나 아동은 이중적 요구가 따른다. 하나는 자기통제에 대한 요구이며, 다른 하나는 주위환경으로부터의 받아들여야 하는 요구이다.

아동이 미성숙한 상태에서 외부 사회의 기대와 압력을 과도하게 의식함으로써 수치와 회의가 생긴다. 수치는 다른 사람의 눈에 자신의 모습이 좋지 않게 보이지 않을까하는 두려움이다. 회의는 아동이 그렇게 강력하지 못하기 때문에 다른 사람이 반드시 자기를 통제할 수 있고, 자기보다 더 나은 행동을 수행할 수 있다고 깨닫는 것에서 나타난다. 이 시기에 아동의 애정과 증오, 협동과 고집, 자기표현의 자유와 억제의 정도가 결정되므로 자존심이 상실 없이 자기통제 감을 가지면 선의와 긍지가 발달하고, 자기통제의 상실과 외부의 과잉통제로 부터는 수치심과 회의가 발달한다.

Erikson은 이 단계의 심리사회적 위기를 어떻게 극복하느냐는 아동의 활동들을 자유롭게 조절하도록 점차적으로 허용하는 부모의 의지에 달려있다고 보았다. 즉, 부모가 생활공간에서 아동의 활동을 자유롭게 조절할 수 있는 상황을 만들어 준다면 자율성이 강화될 것이다. 그러나 너무 엄격하거나 이른 훈련으로 아동의 자유선택으로 배변과 다른 활동을 스스로 통제할 기회를 박탈한다면, 수치심이 강화될 것이다. 아동은 퇴행 혹은 다른 사람의 도움을 거부하게 되는데, 엄지손가락 빨기, 보채기 등의 구순기로 퇴행하고, 공격수단으로 변을 사용하기도 한다. 자율성 대 수치감과 의심 성공적으로 발달하면, 의지력이 생기지만, 심한 결함이 있으면, 강박증과 과도한 수치심을 느낀 아동은 자신을 싫어하고, 다른 사람도 자기를 지배하고 이용하려 한다는 불신감을 갖게 된다.

(3) 주도성 대 죄의식

Erikson의 심리사회적 발달단계의 세 번째 단계는 Freud의 성기기에 상응하며, 4세에서부터 5세까지 아동이 경험하는 심리사회적 위기이다. 이 시기의 아동의 주된 활동은 놀이이다. 이시기의 바람직한 성취는 놀이, 탐구, 시도 및 실패, 장난감을 사용한 연습 등의 결과에 달려있다. 육체적인 놀이와 함께 가상의 세계에서 부모나 다른 성인들의 역할을 가정한 정신적인 놀이도 하게 되는데, 이러한 성인식을 모방함으로서 아동은 성인처럼 되는 것이 어떤 것인가를 어느 정도 알게 된다(최순남, 1995).

이 단계의 행동을 지배하는 특징은 침투적 양식의 세 가지 발달이다. 첫째는 신체적으로 더 자유롭고 더 격렬하게 움직이는 것을 배워 무제한의 목표반경을 수립한다. 둘째는 언어능력이 발달하여 이해의 폭이 넓어지고 많은 것을 질문하게 된다. 셋째는 언어능력과 운동능력이 인지적 활동을 확대시킨다. 언어능력과 신체적 기술이 발달하므로 아동은 사고하고 상상하며 행동할 수 있다(이인정, 최해경, 1995).

아동은 삶의 목표를 세우고, 창조적인 생각을 하기 시작한다. 이런 목표와 인지적, 신체적, 사고 행동의 확대의 발달을 달성하기 위해 노력하는 주도성을 갖게 된다. 이 시기에는 질투와 경쟁심이 최고도에 달하며, 이 과정에서 불가피하게 경험하는 실패가 체념, 죄책감, 불안 등을 낳게 된다. 주도성의 아동의 양심은 타협의 여지가 없는 흑백 논리적이다. 이런 주도성은 부모가 자신의 권위를 절대시 하지 않고, 아동을 격려해주면, 아동이 자기스스로 호기심과 목표를 갖고 행동하게 된다. 즉 주도성이 강화되기 시작하는 것이다.

그러나 부모가 과잉보호를 하거나, 너무나 엄격하고 실수에 대해 과도하게 처벌하게 되면, 아동은 자기 자신의 주도적인 행동에 대해 죄의식을 갖게 된다. 죄의식을 갖게 되는 아동은 자기의심과 자신의 의지력, 주도성을 의심하게 되어 매사 체념하고, 자신에 대한 무가치함을 갖게 된다.

아동이 이 단계에서 주도성을 성공적으로 갖게 되면, 인지적 · 신체적 목표를 갖게 되며, 존경하는 부모나 성인을 동일시하며, 그 같은 사람이 되기를 꿈꾼다. 주도성보다 죄의식이 지배적인 아동은 목적의식과 목표에 대한 자신이 없으며, 성인기의 소극성, 성적 무기력, 불감증, 정신 병리적 행동을 하게 된다.

(4) 근면성 대 열등감

Erikson의 심리사회적 발달단계의 네 번째 단계는 Freud의 잠복기에 상응하며, 6세에서부터 12세까지 아동이 경험하는 심리사회적 위기이다. 전통적 정신 분석가들은 이 시기를 성적 충동이 잠복 또는 승화 되고, 아동이 휴식을 갖는 시기라고 보았다(Corey, 2000). 이에 반해 Erikson(1959)은 이 시기의 중심적 과업은 근면성을 성취하는 것이라고 하였다.

이 단계의 아동은 인지적 · 사회적인 기술을 숙달하는 것이 중요한 과업이다. 무엇을 스스로 알아내며, 성취하는 것을 타인에게 인정을 받고 싶어 하며, 아동의 능력과 가능성을 확인하려는 욕구가 나타난다. 동성 부모에 대한 경쟁의식은 동일시로 승화되며, 배우려는 의욕과 생산적으로 되려는 의욕이 강하게 나타난다. Erikson(1964)은 아동은 학교생활을 통해 그들 문화에 대한 기술을 이해하기 시작할 때 근면성이 발달한다고 본다. 물건이 만들어지고 조작되는 방법과 과정에 대해 몰두하기 시작한다. 이런 흥미와 능력은 가정이나 학교의 주변 사람들이 가르치고 함께 일함으로써 강화되고 촉진된다고 하였다.

그러나 아동이 자신의 능력이나 위치가 동료들과 비교하여 열등하다고 느끼거나, 학습추구에 의지를 잃게 된다거나, 학습에 실패하거나 과제를 수행할 능력이 없을 때 열등감이 생길 수 있다. 열등감은 아동이 자신의 무능력이나 하찮음을 통해 생기지만, 열등감을 조장하는 사회적, 문화적 요소들에 의해서도 발생하며, 근면성 발달에 방해가 된다.

근면성은 과업에 대한 다른 사람들과의 협동, 함께 일하는 것을 의미한다. 이 때문에 사회적으로 가장 결정적인 단계이기도 하다. 이 단계의 근면성 대 열등감의 갈등이 성공적으로 해결되면 개인적, 사회적으로 목표를 추구하며 심리사회적 영향력을 발휘할 수 있는 능력을 갖게 된다.

(5) 자아정체감 대 자아정체감 혼란

Erikson의 심리사회적 발달단계의 다섯 번째 단계는 Freud의 생식기에 상응하며, 13세에서부터 20세까지 청소년기에 경험하는 심리사회적 위기이다. Erikson은 8단계의 발달단계 중에서도 청소년기의 자아정체감 확립을 특히 중요시 하였는데, 그 이유는 이 단계에서의 심리사회적 위기의 해결이 성인기의 성격에 가장 중요한 의미를 지닌다고 보았기 때문이다.

자아정체감을 형성하는데 내적 작용 자는 자아이다. 이 단계의 자아는 재능, 소질, 기술을 선택 통합하는 능력을 가진다. Erikson에 의하면 자아정체감 형성은 세 가지 요소가 포함되어 있다. 첫째는 청소년은 내적 동일감과 일관성을 가진 존재로 자신을 지각해야 한다. 즉, 자신이 과거로부터 현재까지 근본적으로 동일한 존재로 지각해야 한다는 것이다. 둘째는 자기와 같은 사회문화 속에 살고 있는 다른 사람이 나에 대해서 같은 일관성과 동일성을 지각해야 한다. 즉, 청소년기에 갖고 있는 인간성이 다른 사람이 자기를 지각할 때에도 같이 인식될 것이라는 확신감이 필요함을 의미한다. 세 번째는 일관성의 내적 외적에서 일치되는 자신감을 가져야 한다(최순남, 1995).

또한 청소년기를 심리사회적 유예기간이라고도 한다. 유예기간은 사회적, 직업적 역할을 탐색하는 시기이다. 즉 사회적, 문화적 위치와 역할을 발견하게 되며 남성, 여성으로서의 자신을 발견하기 위한 노력과 직업적인 역할에 대해 탐색에 보는 시기이다.

성공적인 청소년기를 위한 기초와 통합된 자아정체감의 발달은 그들이 서로 동일시하는 사회집단에 의해 현저하게 영향을 받게 된다. 또한 급격한 사회적 · 정치적 · 기술적 변화는 자아정체감의 발달을 위태롭게 할 수 있다. 이와 같이 불행한 어린 시절의 경험이나 현재의 사회 환경 때문에 청소년이 정체감 발달에 실패하면 정체감 혼란, 위기를 초래한다. 이것은 직업선택을 못하거나, 추후의 교육을 추구하지 못하는 것으로 나타나며, 무력감, 혼란감, 허무감, 부족감, 비인간화, 소외감 등을 느끼게 하며, 부정적 정체감을 추구하게 한다(이근홍, 2003). 그러나 자아정체감 대 자아정체감 혼란의 단계를 성공적으로 해결하면, 사회적 관습, 윤리, 가치를 지각하고 이를 지키는 충성심을 갖게 된다.

(6) 친밀감 대 고립감

Erikson의 심리사회적 발달단계의 여섯 번째 단계는 21세에서부터 40세까지 성인생활이 시작되는 경험하는 심리사회적 위기이다. 이 단계에서는 주요관계의 범위가 친구나 애인으로까지 확대되며, 사랑은 이 단계에서 나타나는 자아특질이다(Erikson,1968). 이에 반해 배타성은 개인이 친밀성을 성공적으로 형성하지 못하였다는 것을 보여주는 것이다(Newman & Newman, 1987).

Erikson이 말하는 친밀감이란 그 범위와 의미가 매우 다양하다. 그는 친밀감이란 친구, 배우자, 가족과의 친밀한 관계를 형성하는 것으로 보았다. Erikson은 친밀성이 사랑하고 신뢰감을 공유하고 있는 사람과 성적 상호성을 형성하고, 일과 여가의 주기를 지속하고, 자녀출산까지 포함하는 것으로 보는 Freud의 관점을 수용한다. 그러나 Erikson은 친밀성이 성적 친밀감 이상의 것으로서 보고, 타인의 복지에 대한 관심과 지적인 자극을 유발하는 상호작용에 대한 관심까지도 포함된다는 점을 강조하였다(김동배, 권중돈, 2005).

이 단계의 갈등은 자아도취에 빠지거나 친밀감이나 사회적 관계를 맺게 해주는 관계를 피하는 것이다. 즉, 자아정체감을 형성하지 못한 사람은 친밀감을 가질 수 없어 고립에 빠지게 된다. 자기도취에서 헤어나지 못한 사람은 직업의 필요성이 낮아 직업에서의 소외감을 갖기 쉽다. 그러나 친밀감 대 고립감의 단계를 성공적으로 해결하면, 다른 사람에 대한 보호, 존경, 책임을 갖는 사랑이 발생하게 된다.

(7) 생산성 대 침체성

Erikson의 심리사회적 발달단계의 일곱 번째 단계는 41세에서부터 65세까지 성인기이며, 다음 세대의 양육에 큰 비중을 두고 있다. 생산성이란 넓은 의미로서 자녀를 낳고 기르는 것뿐만 아니라 작업을 통하여 물건을 만들고 사상을 전수하는 것 등을 포함한다.

이와 같이 생산성은 다음 세대가 일하며 살아갈 사회의 지침을 확립하는 데 관심을 나타냄으로써 생긴다. 이 단계에서 보호는 타인에 대한 관심이라고 할 수 있는데, 필요한 사람들을 돌봐주고 그들에게 지식과 경험 등을 나누어 주기를 원하는 것이다. 이것은 아동의 양육과 가르침, 시범활동, 지도감독 등을 통해서 성취한다. 이러한 욕망의 결과로 인해 보호와 가르침의 습관, 의식이 한 세대에서 다음세대로 전해지고 있다. 가르친다는 것은 또한 인간에게 성취감을 줄 뿐만 아니라 타인들이 자기를 필요로 하고 있다는 안정감을 줌으로써 자신의 존재 가치를 확인하게 하고 이웃을 위해 일하게 한다(Hall, & Lindzey, 1978).

하지만 개인적 욕구나 안녕이 관심이 되는 자기도취의 상태이고, 개인의 욕구에만 관심이 있고, 누구에게도 무엇에 대해서도 관여하지 않는 등의 사람들은 생산성 대 침체성의 위기를 성공적으로 극복하지 못한 사람이다. 이들은 타인을 충분히 보호하고 그들에게 관심을 주지 않으면 부정적 자아특질인 거부 또는 권위주의가 형성되며, 침체성이 나타난다. 사회의 일원에서 생산성이 결여된 사람들은 자기의 욕구만 충족시키기 위해 살기 때문에 인간관계가 황폐화되고, 중년기의 위기 즉 절망과 인생이 무의미한 느낌을 받는다. 그러나 생산성 대 침체성의 단계의 갈등을 성공적으로 해결하면, 다른 사람에 대한 배려가 생기게 된다.

(8) 자아통합 대 절망감

Erikson의 심리사회적 발달단계의 여덟 번째 단계는 65세 이후 이며, 노년기에는 신체적, 사회적 상실을 겪게 되며, 자신의 자아통합과 성취, 노력에 대해 반성하는 시기이다. 또한 이 단계의 특징은 새로운 심리사회적 위기의 출현하는 것 보다는 자아발달의 전 단계들의 종합, 통합과 반성 및 평가의 성격이다.

자신의 생애를 돌아보면서 보람이 있었으며, 가치가 있었다는 것을 인식하고, 오랜 삶을 통해 노련한 지혜를 획득하게 되면 자아통합성을 획득하게 된다. 즉 자아통합성은 모든 관점에서 자신의 인생을 돌이켜 보고 겸허하고 확고하게 '나는 만족스럽다'라고 확신하는 능력이 생긴다(이근홍, 2003).

그러나 자아통합에 실패했을 때는 자신의 인생은 남은 시간이 없고, 다른 인생을 시작하기에는 너무 늦는다는 생각, 인생을 실패했다고 느끼는 감정 등이 나타난다. 죽음에 대한 공포, 실망, 미련, 분노 때문에 현재의 삶이 불만스러워 진다. 이것이 절망감이다.

자아통합과 절망감의 갈등을 성공적으로 해결하면 지혜를 갖게 된다. 지혜는 생애를 통해 얻은 지식으로 인생에 대해 초연하면서도 적극적인 관심을 갖는다. 갈등을 적절히 극복하지 못하면 노인성 정신병, 우울증, 인생의 무의미를 초래할 수 있다.

6) 에릭슨이론의 평가

Erikson의 심리사회이론은 인간성격의 발달 변화에 대해 사회적 · 문화적 요인을 배경으로 생애주기를 통해 설명하였다. 이 이론은 Frued의 이론을 확대발전시켰다라고 할 수 있으며, 오늘날 인간행동발달을 연구하는 큰 영향을 주었다.

그러나 Erikson의 이론은 몇 가지 비판을 받고 있다(Crain, 1980). 첫째는 Erikson이 자아발달의 여러 측면들을 Freud의 성적 신체부위에 너무 무리하게 연결시키려고 하였다. 즉 Erikson은 각 신체부위마다 자아가 외부세계와 상호작용을 하는 특징적 양식이 있다고 보았지만 그렇지는 않다는 것이다. 둘째는 Erikson의 이론은 개념체계가 명확하지 않고 불분명하다는 것이다. 즉 이론을 구축하는 방법상 애매모호한 개념들이 많이 발견되고, 각 발달의 구분에서도 과학적인 정확한 근거가 제시되지 못하고 있다.

7) 심리사회이론과 사회복지실천

Erikson의 심리사회이론은 Freud의 정신분석이론의 단선론적 의료모델로서 출생 후 5년간의 정신적 외상이 성인기에 영향이 된다는 것에서 성격의 발달은 사회적 · 문화적, 내적 · 외적의 상호작용의 결과물로서 비단선론적인 성격이라고 주장한다. 이것은 비단선론적 요인에 대한 사회복지의 실천의 개입에 정당성을 제공해준다.

심리사회이론에서 신경증 환자와 정신증 환자는 자신의 경험에 대한 통제감이 부족한 혼돈된 정체감의 소유자들이다. 인생의 첫 단계에서 기본적 신뢰감을 형성하지 못하면 심각한 정신병리가 유발되기도 하고 외부 현실과 단절되어 자기세계에 빠질 수 있다(Evans, 1967).

Erikson은 치료자가 자유로운 입장에서 주의를 집중하여 경청하는 것, 부적절한 추론을 억제하고, 클라이언트가 치료적 명확화를 추구할 수 있도록 허용하고, 해석하는 기법을 사용하였다. 그러므로 클라이언트의 자기분석을 통해 성격발달을 재구성 할 수 있다(Erikson, 1964).

3. 개인심리이론 (Adler)

개인심리이론의 Adler는 개인이 자신의 운명을 개척하는 능력과 원시적인 욕구와 통제하기 어려운 환경을 극복하며, 더 완전한 삶을 추구하는 능력,

자아인식을 통해서 자신과 주위환경을 개선하려는 능력을 가지고 있다고 하였다. 인간을 통일되고 자아 일치된 유치체이며, 성장과 팽창, 지속적인 움직임을 하며, 창조적인 힘을 가지고 자기의 삶을 결정한다고 하였다. 여러 사람과 협동하고 상호작용하는 사회관계를 맺을 수 있는 선천적 능력을 가지고 있으며, 자기 자신에 대해 주관적인 판단, 행동을 한다고 하였다.

1) 생애

Adler는 1870년 2월 7일 오스트리아 비엔나 교외 펜지히에서 5남 2녀 중 셋째로 태어났다. Adler는 맏이인 형의 질투심으로 고통스러운 경험을 했기 때문에 불행한 시기를 보냈으며, 동생이 태어나기 전에는 어머니에게 따뜻한 사랑을 독차지하는 응석받이 이었다. 이것이 출생 순위 가설을 만들게 하는 결정적 계기가 된다. Adler는 3세 때는 어린동생의 죽음을 경험하였으며, 5살 때에는 폐렴에 걸려 죽을 고비를 넘겼고, 거리에서 우연한 사고로 두 번이나 죽을 뻔했다. 이런 Adler는 만성적으로 병약하였고, 신체적인 놀이에서 형이나 친구들의 경쟁상대가 안 되었으나, 자신의 노력과 아버지의 격려로 우수한 학교생활을 보냈다.

Adler는 1895년 비엔나 대학에서 의학학위를 취득하여 1902년부터 1911까지 Freud와 같이 정신분석학회 등에서 활동했으며, 이후 이론적 입장의 차이로 Freud를 떠나 자유 정신분석학회를 창설하고 1912년에 학회명칭을 개인심리학회를 변경하게 된다. 1932년부터 1937년까지 롱아일랜드 의과대학에서 교수로 재직하였으며, 1937년 5월 28일 심장마비로 사망했다.

2) 인간관

Adler는 첫째, 인간은 통일되고 자아 일치된 유기체라는 것이다(Adler,

1927). 인간을 유일한, 분해할 수 없는 자아 일치된, 그리고 통합된 실재라고 보고 있다. Adler는 자아 일치된 통합된 성격구조를 개인의 생활양식이라 하였다. 둘째, 인간은 역동적으로 완성을 추구하며, 인생은 성장과 팽창, 지속적인 움직임을 하며, 개인적으로 중요한 인생목표를 향해 전진한다는 것이다(Adler, 1964 a). 셋째, 인간은 유전과 환경의 중요성은 인정하지만, 개인은 두 요인 이상의 산물이며, 창조적인 힘을 가지고 자기 삶을 결정할 수 있다는 것이다(Adler, 1964 a). 넷째, 인간을 통일된 관계체계로 생각하며, 협동하고 상호작용하는 사회관계를 맺을 수 있는 선천적 능력을 타고난다고 보았다(Adler, 1956). 다섯째, 현상학적 전통, 즉 개인의 주관적 경험, 감정, 그리고 세계와 자기 자신에 대한 개인의 견해 및 사적 개념을 중시하였다. 즉, 개인이 자신을 어떻게 주관적으로 지각하느냐에 따라 행동이 결정된다고 보았다(Ansbacher, 1971).

3) 주요개념

(1) 열등감과 보상

Adler(1939)는 열등감은 인간에게는 보편적이라고 믿으며, 우리가 인간이 된다는 것은 열등감 정복을 향해 나아가면서 계속적인 압력을 받아서 열등감을 갖는다고 하였다. 인간은 태어날 때부터 심한 신체적 약점이나 결함을 가지고 있다고 하였으며, Adler는 처음에는 어느 한 부분이 열등하거나 약하기 때문에 병에 걸린다고 보았으나, 그 후 신체적 측면을 포함하여, 심리, 사회적 측면도 열등에 포함된다고 하였다.

한편 Adler는 심한 신체적 약점이나 결함이 있는 사람이 연습이나 훈련을 통해 이를 보상하려는 노력을 하며, 이들 중 일부는 결국 그 약점을 보상하는 것을 주목하였다(Adler, 1931). 이와 관련해 Adler는 인간은 항상 좀 더 나아지고 싶어 하기 때문에 본질적으로 열등감이 발달하게 되어 있다고 주장한다

(Adler, 1956). 보상은 잠재력을 발휘하도록 인간을 자극하는 건전한 반응이다. 열등감은 항상 긴장을 낳기 때문에 우월감을 향해 나아가게 하는 자극이 되기도 한다. 즉, 열등감만으로는 완성과 성공을 이룰 수 없다. 열등감 재능, 용기, 사회적인 관심과 연결되어야만 완성과 성공이 가능하다.

(2) 우월에 대한 추구

Adler는 인간 생활의 궁극적인 목적을 초기에는 방해물을 극복하기 위한 강한 동기인 역동적인 힘. 즉, 공격성이라고 하였으나, 그는 공격성을 포기하고 강력하게 되는 힘에 대한 의지로 생각을 바꾸게 된다. 이 개념에는 유약성은 여성적인 것이고, 강한 힘을 남성적인 것으로 동일시하였으며, 남녀가 부족감과 열등감을 대체하려는 노력으로 갖는 과잉 보상의 한 형태인 남성적 추구라는 개념을 제시하였다. 그러나 Adler는 남성적 추구가 정상인의 동기유발을 적당히 설명 못함을 느끼고 인간생활의 기초이며, 향상의 동기로 마이너스(-)에서 +(플러스)로, 아래에서 위로, 미완성에서 완성으로 나아가는 우월에 대한 추구를 주장하였다.

Adler는 우월에 대한 추구의 본질과 기능에 대해 첫째는 우월에 대한 추구를 분리된 충동들의 결합이라기보다는 기본 동기의 하나로서, 유아기 때 자기가 주위의 사람들보다 무력하고 열등하다는 것을 인식한 것에 근거하여 발달한다. 둘째는 향상의 욕구는 보편적인 것으로서, 정상적인 사람이나 신경증적인 사람 모두가 공통으로 가지고 있다. 셋째는 우월의 목표는 파괴적 경향(부정적 경향)이나 건설적 경향(긍정적 경향)을 모두 취할 수 있다. 넷째는 완성을 위한 노력은 상당한 정력과 노력을 요구한다. 다섯째, 개인과 사회 두 가지 수준 모두에서 일어나므로 개인적 차원에서 완성을 향해 노력함과 아울러 사회의 일원으로서 사회의 문화를 완성하기 위해서도 노력한다(김동배, 권중돈, 2005).

(3) 생활양식

생활양식은 자기의 인생목표 뿐만 아니라 타인에 대한 감정, 세상에 대한 태도를 포함하는 포괄적인 개념이다. 특질, 행동, 습관의 독특한 형태이며, 인생의 목표를 도달하기 위한 노력으로 나타난다. 생활양식은 4~5세경에 형성되며, 그 후에는 거의 변하지 않으나 기본구조의 개정이나 확대는 가능하다. 개인의 기반이 되는 느끼고, 생각하고, 행하는 모든 것, 모든 행동을 구체화하고 실행시키는 것이 생활양식이며, 생활양식이 형성되면, 개인이 외부세계에 대한 전반적인 태도를 결정한다.

생활양식은 Adler의 성격이론의 중심이며, 열등감과 보상의 개념이 생활양식의 근본을 결정한다. 어릴 때 열등감을 경험하면 어떤 방법으로든 보상하게끔 만든다. 예를 들면 허약한 어린이는 폐기관 열등으로 인한 보상으로 체력발달에 노력을 경주한다. 이 경우 개인의 행동은 자기의 신체적 한계점을 의식함으로써 형성된다. 이와 같이 생활양식은 우리의 독특한 열등감을 극복하기 위한 노력을 나타내는 것이다(임은희, 2005).

(4) 사회적 관심

사회적 관심이란 인간을 사회적 동물이라는 사회적 느낌, 공동체 의식, 결속감을 나타내며, 사회 속에서의 소속감, 인류와의 동일시 감정과 인류 각 구성원에 대한 감정이입을 의미한다. 아들러는 사회적 관심이 선천적으로 타고나는 것이기는 하나, 다른 선천적인 것과 마찬가지로 사회적 관심도 의식적인 개발을 위해 적절한 지도와 훈련이 필요하다고 하였다.

일반적으로 사회적 관심은 가족관계 및 다른 아동기의 경험에서 발달하는데, 아동의 협동심, 연대간, 동료의식과 같은 영향을 주는 사람인 어머니에서부터 시작을 한다. 어머니의 남편과 다른 자녀, 그 외의 타인에 대한 갖는 관심이 아동에게는 본보기가 된다. 이런 어머니의 넓은 사회적 관심을 통해 아동은 세상에 다른 중요한 사람이 있다고 배운다. Adler는 아동에게 사회적 관심을 키워주는 능력은 일, 우정, 사랑과 결혼의 3가지 중요한 인생과업을 만족한 사람만이 갖고 있다고 하였다.

Adler는 아버지가 아동의 사회적 관심에 영향을 미치는 두 번째 중요한 인물이라고 하였다. 아버지는 배우자, 직업, 사회에 대해 긍정적인 태도와 자녀와의 관계에서 성숙한 사회적 관심을 보여주어야 한다. Adler는 아내와 동등한 입장에서 협력하며, 아이를 돌보고, 자녀 모두를 동등한 인격체로 대하는 아버지를 이상적인 아버지라 하였으며, 부모의 부부관계가 자녀의 사회적 관심에 중요한 영향을 미친다고 하였다.

(5) 창조적 자아

Adler(1956)는 인간행동을 형성하는 결정 요인으로 환경과 유전의 영향을 부인하지 않았다. 개인은 유전과 경험이라는 재료를 조합하여 성격을 형성하지만, 더 중요한 것은 개인이 무엇을 소유하고 있느냐가 아니고 그것을 어떻게 사용하느냐는 것이다. 따라서 성격형성에 있어서 주어진 재료는 이차적인 것이며, 사람들은 스스로가 자신을 만들어가게 된다. 개인마다 재료를 이용하는 방법이 다르기 때문에 사람들 간에 성격적 차이를 나타나게 되는 것이다.

창조적 자아는 개인심리이론 중에서 잘 정리된 개념이며, 인간 자신이 주체가 되어 이미 형성된 생활양식에 의해서 자기 스스로에게 적합한 환경을 창조한다는 것이다. 즉 개인은 자기 자신의 생활양식을 창조할 자유가 있으며, 행동에 대한 책임을 져야 한다. 인생의 목표와 그 목표를 추구하는 방법을 결정하며, 사회적 관심의 발달에도 공헌한다. 또한 지각, 기억, 상상, 환상, 꿈에도 영향을 주어 자주적 사람이 되게 만든다.

(6) 가상적 목표

Adler는 개인의 궁극적 목적은 현실에서 결코 검증되거나 확인될 수 없는 가상적 목표라고 하였다. 각 개인의 우월성의 추구는 그들이 채택하는 가상의 목표에 의해 결정된다고 했다. 그리고 개인의 가상적 목표는 자기 스스로 결정한 것이므로, 자신의 창조력에 의해 형성되고 각 개인마다 독특한 것이라고 하였다. 그러므로 한 개인의 가상적 목표를 이해하게 되면, 그의 다른 행동이 지니는 의미를 알 수 있으며, 생활양식도 이해할 수 있게 된다(김동배, 권중돈, 2005).

Adler는 개인의 가상적 목표는 현실에 효과적으로 대처하는데 도움이 되며, 일상생활에서 그런 목표가 도움이 되지 못한다면, 목표들은 수정되거나, 포기해야 된다고 하였다. Adler는 인간행동과 성격은 과거의 경험보다는 미래의 기대로부터 영향을 받는다고 하였다. 목표는 미래에 있는 것이 아닌 미래에 대한 현재의 지각에 있는 것이며, 실체가 아님에도 불구하고 성격과 인간행동에 강한 영향을 미친다.

4) 성격발달

Adler는 가족을 포함한 사회문화적 힘이 개인의 성격 형성에 중요한 역할을 한다고 하였다. Adler는 주요개념인 열등감에 대한 보상이 적절하게 이루어 지지 않았을 경우 병적 열등감에 빠지게 되며, 생활양식을 왜곡시키기 쉬운 세 가지 양육환경이 있다고 하였다(Adler, 1956). 첫째는 신체적으로 병약하거나 허약체질인 아동의 양육환경이다. 다른 아동과 성공적으로 경쟁을 할 수가 없다. 둘째는 버릇없거나 또는 응석받이 아동의 양육환경이다. 지나친 사랑은 부적응에 주된 원인이 된다. 이런 아동은 요구하는 것만 배우게 되고, 좌절에 대처하는 방법을 배우지 못하여 어려움에 처하면 다른 사람에게 요구하게 된다. 셋째는 부모에게서 거부당하여 방임된 아동의 양육환경이다.

또한 반대로 과잉보상으로 인해 병적 우월감을 갖는 사람도 있다. 보상은 자신의 열등감을 극복하기 위한 노력이지만, 지나치게 과장할 경우 병적 우월감이 생긴다. 자신의 신체적, 지적, 사회적, 문화적 기술을 과장하는 경향이 있는 사람이다.

Adler(1931, 1964 b)는 성격발달에 영향을 미치는 또 다른 요인을 출생순위라고 주장하였다. 특히 출생순위에서 첫째, 둘째, 막내, 외동자녀에 많은 관심을 가졌다.

맏이는 태어났을 때 혼자라는 위치에서 집중된 관심을 받으면서 일반적으로 버릇이 없어지는데 이점에서 외동자녀와 비슷하다. 그러나 맏이는 외동자녀의 상황을 경험한 후 동생의 출생과 함께 새로운 상황에 적응하도록 요구된다. 어떤 의미에선 쫓겨난 황제에 비유될 수 있다. 한때는 외동아이로서 지나친 사랑과 과잉보호를 받았으나 동생이 생긴 후엔 모든 것을 양보해야 한다. 그러나 부모가 맏이에게 애정을 주고 동생을 맞을 준비가 되어 있다면 그 위기는 더욱 잘 극복 될 수 있다. 맏이는 나이가 들수록 부모의 요구에 동조하는 사람이 되기 쉽고, 부모가 성숙과 책임을 기대하기 때문에 맏이는 윗사람들에게 동조하는 생활양식을 발달시킨다.

둘째아이는 관심의 초점이 되어 본 적이 없기 때문에 동생들에 대해 덜 예민하다. 형이나 누나라는 속도 조정자를 가지게 되므로 그들의 장점을 능가하기 위해 자극과 도전을 받고, 협동 및 타협의 기술을 보다 쉽게 배울 수 있다. 맏이가 경쟁하기에 너무 강하면, 둘째아이는 현실을 도피하게 되며, 게으름, 거짓말, 혹은 도벽으로 신경증, 범죄, 자기파멸로 갈 수가 있다.

막내아이의 상황은 첫째, 동생에게 자리를 빼앗기는 경험을 하지 않으며, 가족으로부터 귀염둥이로 부모나 형제들에 의해 응석받이로 자라게 된다. 둘째, 가정형편이 어려운 경우, 막내아이는 자기 것은 아무것도 없다고 다른 가족에게 물려받아야하는 위치가 될 수 있다. 셋째, 모두가 막내아이보다 크고, 힘이 세고, 특권이 있으므로 독립심이 부족하고, 강한 열등감을 경험하기 쉽다.

외동자녀는 경쟁할 형제가 없는 독특한 위치에 있으므로, 응석받이가 되기 쉽다. 경쟁할 형제가 없고 부모의 보호로 자기중심적으로 되기가 쉽다. 어린 시절부터 계속해서 가족의 근심과 관심의 초점이 되지만 나중에 이미 관심의 주요 대상이 아니라는 것을 어렴풋이 깨닫게 된다.

5) 성격유형

Adler는 개인의 각기 다른 생활양식은 사고하고, 느끼며, 행동하는 모든 것에 기반이 된다고 하였다. 따라서 이런 생활양식에 기초하여 성격구조는 일생동안 일관성을 유지한다고 하였다. Adler는 직업, 우정, 사랑과 결혼의 문제가 모든 사람들이 해결해야 할 중요한 3가지 인생과업이라고 하였다. 이 인생과업이 서로 관련되어 있으며, 그 해결방법이 생활양식에 달려 있음을 강조하였다(Adler, 1956). Adler는 일, 우정, 사랑과 결혼의 인생과업에 대한 태도와 행동에 따라 분류하는 생활양식 태도의 유형으로 성격유형을 제안하였다.

이 유형론은 개인의 감정이입, 즉 개인의 이익보다는 사회발전을 위해 다른 사람과의 협력을 의미하는 사회적 관심과 인생문제를 해결하려는 개인의 움직임을 의미하는 활동수준(흥분, 정력수준)으로 나뉜다. Adler는 성격의 유형을 사회적 관심과 활동수준을 중심으로 개인의 삶에 대한 태도에 따라 지배형, 획득형, 회피형, 사회적으로 유용한 유형으로 나누었다.

지배 형은 독단적, 공격적, 활동적으로 활동수준은 높으나 사회적 인식이나 관심이 거의 없는 사회적 관심이 낮은 유형이다. 이 유형의 사람들은 외부세계를 지배하려고 하고, 인생과업에 공격적, 비사회적인 방법으로 대처해 나간다.

획득 형은 외부세계와 관계를 기생적 방법으로 맺으며, 다른 사람에게 의존하여 자신의 욕구를 충족시킨다. 다른 사람에게 가능한 한 많은 것을 얻어내려고 하는 성향이 있다. 활동수준이 낮아 기생적 방법이 사회적으로 위험 정도는 아니다.

회피 형은 사회적 관심도 적고 활동수준도 낮은 유형이다. 이들의 삶은 성공을 바라기보다는 실패를 두려워하므로 인생과업으로부터 도피하는 무익한 행동을 하게 된다.

사회적으로 유용한 유형은 사회적 관심과 활동수준이 모두 높은 유형으로 심리적으로 건강한 사람의 표본이 된다. 사회적인 관심이 많아서 자신과 타인의 욕구를 동시에 충족시키는 한편, 인생과업을 완수하기 위해 기꺼이 다른 사람들과 협동한다.

6) 개인심리이론과 사회복지실천

Adler는 인간을 통합된 전체로 보고 개인은 보다 큰 가족, 종족, 공동체, 또는 사회·문화적인 것과 관련된 것으로 보고 있다. 이는 사회복지실천의 환경속의 인간이라는 관점에서 인간과 환경의 상호작용을 강조하고 있는 것, 사회복지사가 클라이언트의 사회적 기능의 회복, 유지, 발달을 원조하는 개념과 동일하다고 할 수 있다.

개인심리이론에 입각한 치료과정을 Dinkmeyer(1983)는 4단계로 구분하였다. 첫 번째 단계는 좋은 친화관계를 형성하는 것이다. 사회복지사와 클라이언트간의 관계는 친밀하면서도 동등한 관계가 되어야 한다. 두 번째 단계는 생활양식과 목표 발견이다. 클라이언트의 생활양식을 발견하기 위해 가족구도, 초기회상, 표현된 행동 그리고 꿈 등을 이용한다. 클라이언트의 역동성을 탐색하여 신념, 감정, 동기, 목표 등을 이해해야 하는 단계이다. 세 번째 단계는 치료적 통찰단계이다. 클라이언트의 진술에 대한 해석을 통해 자기이해와 통찰을 촉진시킨다. 네 번째 단계는 재정향의 단계이다. 클라이언트가 새로운 방향을 갖도록 원조해주어야 한다. 사회복지사는 재정향을 통해 클라이언트가 목표를 성취할 수 있는 신념과 행동이 변화되도록 해야 한다.

4. 분석심리이론 (Jung)

Jung의 분석심리이론은 Freud의 정신분석이론과 인간관, 정신에너지, 성격의 변화가능성, 무의식, 정신 병리에 대한 관점에 있어 커다란 차이를 보이고 있다(Schulz & Schulz, 1998).

Jung은 무의식을 인간에게 창조적이고, 긍정적인 측면이 존재하는 것을 강조하였고, Freud는 인간을 무의식에 의해 큰 영향을 받는 수동적 존재, 병리적 존재로 보았다. 리비도(정신에너지)의 역할에 대하여 Jung은 성적 에너지뿐만 아니라 다른 삶의 에너지를 포함한 일반적인 생활에너지라고 하였으나, Freud는 인간의 성적에너지로만 주장하였다. 성격발달과 변화 가능성에 대해서는 Jung은 전 생애에 걸쳐 일어나며 선천적인 정신적 소인은 후천적으로 변할 수 있다고 하였다. 이에 반면 Freud는 5세 이전에 성격이 결정된다고 보았으며, 정신 병리의 원인을 5세 이전의 정신적 외상에 있다고 보고 원인의 발견을 통한 치료를 강조하였다.

Jung의 분석심리이론은 고고학, 연금술, 점성술, 신화, 동서철학, 천문학, 종교에 대한 광범위한 관심을 반영하였으며, 내향성-외향성은 성격을 구체적인 특질로 조명하여 성격에 대한 이해를 확대시켰다(이인정, 최해경, 1995).

1) 생애

Jung은 1875년 7월 26일 스위스 동북부의 작은 마을인 케스빌에서 한 개혁파 목사의 맏아들로 태어났다. 그는 교회를 싫어했고, 종교문제로 인해 아버지와 갈등이 있었다. 부모의 결혼생활의 문제가 있었으며, 어머니는 정서장애와 우울증으로 고생하였다. Jung의 가계에는 아버지, 친사촌 두 명, 외조부와 외삼촌 여섯 명이 목사였으며, 이런 가정배경 때문에 Jung은 종교와 초자연적 현상에 대해 깊은 조예를 가지고 있었다.

Jung은 바젤대학교에서 1900년 의학학위를 받은 후 1903년 취리히 대학병원 정신과에 정신병리학실험실을 만들어 단어연상검사를 사용하여 인간의 정신 병리를 연구하였다. 1907년 Freud와 조우한 Jung은 13시간이 넘는 진지한 대화를 나누었으며, 이후 6년간 교분을 나누었다. Freud는 Jung을 후계자로 정하고 1910년 국제정신분석학회를 창설하였다. 초대회장으로 Jung이 취임하게 되었다. 그러나 Jung은 Freud의 이론의 개인, 직업, 학문의 이론차이로 인해 1913년 결별하였고, 그 후 Jung은 악몽 및 상징적 꿈을 꾸었고, 깨어 있는 동안에는 무서운 환상을 경험하는 정신병적 상태에 이르게 된다. Jung은 무의식에 자신을 맡기고 정신병을 체험하였다. 깊은 심연에 빠져 들어가면서 원형의 상징과 심상을 보았으며, 아득한 옛날로부터 온 악마, 유령, 묘한 형상들과 이야기를 나누었다.

또한 Jung은 연금술, 점성술, 예언, 텔레파시, 투시, 요가, 강신술, 영매, 강령술, 종교적 상징, 환상, 꿈 등에 대한 지대한 관심을 가졌으며, 1961년 스위스의 퀴스나하트에 있는 자택에서 사망하였다.

2) 인간관

Jung은 인간을 전체적인 존재로 보았으며, 생물학적, 심리적, 문화적 존재이다. 즉 인간은 하나의 전체이며, 경험과 학습을 통해 여러 부분이 하나로 모인 것이 아니라, 하나의 전체성은 일생을 통해 분화되고 통합되어가는 존재이다. 또한 인간은 역사적, 미래지향적 존재이며, 그렇다고 인간이 과거에 대한 수동적인 존재 아니다. 즉 과거의 영향을 받으며, 현재의 인간관계를 미래의 욕구와 목적달성을 위해 조절하고 행동하는 존재이다.

Jung은 Freud가 인간을 불변적인 존재로 본 것과 달리 가변적인 존재로 보았다. 인간을 인생 전반에 걸쳐서 정신적 변화가 일어나며, 후천적으로 변화 가능하다고 하였다.

3) 주요개념

(1) 의식

Jung은 의식을 개인이 직접 인식할 수 있는 정신의 부분이라고 하였다. 이런 의식은 사고, 감정, 감각, 직관 등이 심리적 기능이 있으며, 아동은 이 네 가지의 심리적 기능을 통해 성장하게 된다. 또한 의식은 의식이 외적 세계 및 타인에게 향하는 성격 태도인 외향적 성격과, 의식이 자신의 내적, 주관적 세계로 향하는 내향적 사고로 나뉜다.

융은 위의 심리적 기능과 태도를 조합하여 여덟 가지 심리유형을 제시하였고, 현재 많이 쓰이는 MBTI(Myers Briggs Type Indicator)는 이러한 융의 이론에 기초한 것이다. 개인의 의식이 남들로부터 분화되는 과정을 개성화라고 하며 개성화의 목표는 자기의 식, 즉 가능한 자기 자신을 아는 것이며, 의식화의 시작은 개성화의 시작이다. 개성화에서 자아가 발생한다(Jung, 1961).

(2) 자아

자아는 의식적인 지각, 기억, 사고 감정 등으로 이루어져 있으며, 의식의 중심부에 자리 잡고 의식의 주인으로서 의식을 지배한다. 개인이 생활하는 과정에서 관념, 감정, 기억, 사고, 지각 등의 무수히 많은 심리적 현상에 직면하지만, 이들 중의 대부분은 의식에 도달하기 전에 자아에 의해 배제되어 의식적인 것이 되지 못하며 의식에 도달하는 것은 매우적다. 이와 같이 자아가 의식화를 허용하고 허용하지 않는 것은 자아를 우세하게 지배하는 기능에 의해 결정된다(Hall & Nordby, 1973).

(3) 페르소나

페르소나는 사회가 개인에게 요구하는 규범, 사명이나 본분, 윤리를 의미하는 우리말의 체면, 얼굴과 낯에 해당하는 것이다. 페르소나는 희랍연극에서 배우들이 쓰던 가면을 지칭하는 것으로, 인간은 집단 속에서 생활하는 과정에서 여러 개의 가면을 썼다 벗었다 하면서 자기 자신의 성격을 연기할 수 있다. 페르소나는 개인이 공개적으로 보여주는 가면 또는 외관으로서, 한 남자가 기업의 사장으로 보여주는 이미지와 가정에서 아버지로서 보여주는 이미지가 다를 수 있다. 즉, 페르소나는 개인이 사회적 요구들에 대한 반응으로 밖으로 내놓는 공적 얼굴이다(노안영 · 강신영, 2003). 그러므로 페르소나는 개인 자체가 아니라 '타인에게 보이는 개인' 또는 '사회가 그 개인에게 담당하기를 기대하는 배역'이라 할 수 있다. 즉, 페르소나는 진정한 사실은 아니며, 주위의 일반적 기대에 맞추어 만들어낸 자신의 태도이며, 외부와의 적응에서 생긴 기능적 콤플렉스이며, 적응의 원형이라 할 수 있다(Hall & Nordby, 1973).

이런 페르소나는 타인과의 원만한 대인관계를 유지시켜주고, 외부세계에 적응할 수 있는 능력을 주는 이점이 있는 반면, 동시에 자신을 은폐시킬 수 도 있으며, 겉모습의 페르소나와 내면의 자기가 불일치하면 이중적인 성격이 나타나며, 사회적응에 어려움을 겪는다.

(4) 무의식

Jung은 Freud의 무의식에 대한 사고의 영향을 받았다. 그러나 Jung은 Freud가 제시한 무의식보다 넓고 깊은 인간정신의 심층부를 포괄하고 있다. Jung은 무의식을 인간이 가지고 있으면서 아직 모르고 있는 정신의 모든 것 즉, 개인이 의식하고 있는 것 너머의 미지의 정신세계라고 보고 있다. Jung은 의식과 무의식을 구분할 수 있는 분명한 경계는 없으며, 인위적으로 구분한 것이고 편의적으로 구분한 것이라고 하면서, 무의식이 개인무의식과 집단 무의식이라는 두개의 층으로 구성되어 있다고 보았다. 이러한 무의식은 의식의 작용에 구애받지 않고 스스로의 법칙에 따라 자율적으로 가능하며 의식을 구속하기 보다는 의식에게 여러 가지 가능성을 제시하며, 의식에 결여된 부분을 보충하는 역할을 한다(이부영, 1998).

(5) 개인무의식

자아에 의해 의식화되지 못한 개인의 경험은 정신에서 소멸되지 않고, 개인무의식에 저장된다. 개인무의식은 개인의 경험 중에서 별로 중요하지 않고, 강도가 너무 약하기 때문에 의식에 도달할 수 없거나, 의식되긴 하였지만 그 내용이 중요하지 않거나 고통스러운 것이기 때문에 잊어버리거나 억압하여 의식에 머물 수 없게 된 경험들로 채워져 있다. 개인무의식은 의식에 인접해 있는 부분으로 쉽게 의식화될 수 있는 정신영역으로 Freud의 전의식과 유사한 개념이지만 무의식까지를 포함하는 보다 광의의 개념이다(노안영 · 강신영, 2003).

(6) 콤플렉스

개인무의식은 정서적 색채가 강한 관념과 행동적 충동이라고 하는 콤플렉스를 중심으로 모여 있다. Jung은 감정, 기억, 사고, 지각 등의 유사한 내용이 모여 하나의 무리를 형성하고 있는 정서적 색채가 강한 심리적 내용을 콤플렉스라 하였다(Corsini & Wedding, 2000). 콤플렉스는 어떤 핵심적 요소를 중심으로 유사한 정신적 요소들이 무리 지어진 것으로 자석을 중심으로 철분들이 들러붙어 하나의 자장을 형성하는 것과 같다(이부영, 1998)

콤플렉스는 자립적이며, 그 자체의 추진력을 갖고 사고와 행동을 강력하게 지배할 수 있다. 콤플렉스는 전적으로 무의식이므로 자아는 콤플렉스의 지배를 받고 있는지를 깨닫지 못한다. 자아의 저항이 콤플렉스와 관련되어 신경증을 일으키는 정서나 원형을 의식하지 못하게 하므로 콤플렉스는 자율적이다. 콤플렉스는 부정적 요소와 긍정적 요소를 가지므로 성장을 방해 또는 촉진시킨다(Jung, 1907).

(7) 그림자

개인무의식 속에는 자신도 모르는 또 다른 자신이 존재하고 있어 자신의 모습과 전혀 다른 모순된 행동을 하게 만들기도 한다. 즉, '등잔 밑이 어둡다'는 말처럼 등잔이라는 자아의 이면에 자신이 모르는 자신의 분신인 그림자가 존재한다(이부영, 1998). 그림자는 자아가 처음 의식할 때 미숙하고 열등하고 부도덕하다는 등 부정적 인상을 준 것들로서, 자아가 자신의 일부로 받아들이기를 꺼리는 것들이다. 그림자는 대체적으로 인간의 어둡거나 사악한 측면을 나타내는 원형으로서, 사회에서 부정되거나 부도덕하고 악하다고 생각되어지는 것은 그림자 원형과 관련되어 있다. 그러나 개인이 자신을 열등하다고 생각하고 자아의 긍정적 측면을 억압하게 되는 경우에 그림자는 긍정적 속성을 지니기도 한다. 따라서 그림자는 반드시 부정적이라고만 할 수는 없으며 개인의 무의식 속에 버려져 있어서 분화될 기회를 잃어버린 심리적 특징이다(이부영, 1998).

이런 그림자는 자발성, 창의력, 통찰력 등 완전한 인간성에 필수적인 요소의 원천이기도 하다. 따라서 그림자를 완전히 억압하면 창조성과 생명력 같은 본성을 희생시키는 대가를 치르게 된다. 반면 자아와 음영이 조화를 이루게 되면 그 사람은 생기와 활력에 넘치게 된다(이인정 · 최해경, 1995).

(8) 집단무의식

집단무의식은 개인이 한 번도 직접적으로 의식하지 못한 정신세계이며, 이러한 집단무의식은 인류 역사의 산물인 신화, 민속, 예술 등이 지니고 있는 영원한 주제를 통해 간접적으로 관찰될 수 있다. 집단무의식은 조상으로부터 물려받은 본래적인 잠재적 이미지와 소질이므로, 한 개인은 자신의 조상들과 같이 세계를 경험하고 세계에 반응하는 잠재적 소질을 이미 지니고 있다. 인간은 태어나면서부터 특정한 방법으로 생각하고 느끼고 지각하고 감동하게 하는 즉, 개인의 지각, 행동 등을 결정하는 많은 집단무의식을 갖고 있다. 집단무의식은 개인이 어떤 상황에서 행동할 수 있도록 미리 형성되어 있는 행동패턴을 작동시켜 개인의 지각, 행동 등을 결정하게 된다. 그러나 집단무의식이 어느 정도 발달하고 표현되는가는 개인의 경험에 달려 있다. 경험이 풍부할수록 집단무의식이 더욱 발달하고 표현될 수 있으므로, 풍부한 환경과 교육 그리고 학습의 기회가 필요하다(Hall & Nordby, 1973).

(9) 원형

원형은 시간, 공간, 문화나 인종의 차이와 관계없이 모든 인간에게 보편적으로 존재하는 인류의 가장 원초적인 행동유형을 말한다. 모든 인간에게 보편적으로 존재하는 인류의 가장 원초적인 행동유형을 말한다. 인류가 사랑과 증오, 어린이, 부모, 노인, 신과 악마, 탄생과 죽음, 남성과 여성 등에 대해 느끼고, 생각하고, 행동해온 모든 것들이 침전된 것이 바로 원형이다. 이러한 원형은 인간이 갖는 보편적, 집단적, 선험적인 이미지들이다(이부영, 1998).

Jung은 인생의 전형적인 장면과 같은 수만큼 무수히 많은 원형이 있다. 무한한 반복에 의해 이 경험들은 정신적 소질 속에 새겨진다. 그것은 내용이 있는 이미지 형식이 아니라 처음에는 내용이 없는 형식이고 어떤 유형의 지각과 행동의 가능성을 가지고 있을 뿐이다(Jung, 1936).

(10) 아니마와 아니무스

Jung은 양육, 감정, 예술 및 자연과의 일치 등에 대한 역량은 여성적 원리이고 사고, 영웅적 주장, 자연의 정복은 남성적 원리로 간주하였다. 인간이 남성호르몬과 여성호르몬을 모두 분비하므로 생물학적 의미로 양성의 성질을 가지며, 심리적으로도 인간이 양성적 특질을 갖고 있으나 유전적인 성차와 사회화로 인해 남성에게선 여성적 측면이 여성에게선 남성적 측면이 억압되고 약화된다고 보았다. 이 무산된 측면들은 무의식 속에 존재한다고 보았다. 무의식 속에 존재하는 남자의 여성적인 면이 아니마(anima), 여자의 남성적인 면이 아니무스(animus)라고 하였다(Jung, 1961).

(11) 자기(self)

자기는 중심성, 전체성, 의미를 무의식적으로 추구하는 원형이다(Jung, 1961). 의식과 무의식을 포함한 전체 정신의 중심인 자기는 태어날 때부터 존재하는 원형이므로, 의식의 중심인 자아는 의식의 영역 밖에 볼 수 없지만 자기는 모든 것을 볼 수 있고 통합시킬 수 있다. 자아는 의식을 전부라고 여기고 의식의 판단에 따라 행동하므로 무의식과는 단절되어 있다. 그러므로 무의식은 끊임없이 꿈, 사건 등을 통해 자아에 무의식이 존재한다는 것을 알리려고 자극한다. 자아의식이 확대되어 무의식을 깨달을 때 자아는 자기에 가까워진다. Jung은 꿈이 상당히 직접적으로 무의식을 드러낸다고 보았다(Jung, 1933).

자기의 원형은 중년이 될 때까지 거의 드러나지 않는데 이는 자기가 드러나기 위해서는 성격이 개성화를 통해 충분히 발달되어야 하기 때문이다(Jung, 1953).

(12) 정신에너지(리비도)

Jung은 정신이 작용하는 데 사용되는 정신에너지를 리비도(libido)라고 하였다. Jung이 말하는 리비도는 Freud가 말한 성적에너지에 국한하지 않고, 인생 전반에 걸쳐 작동하는 생활에너지라고 보았다. 이러한 리비도는 자연 상태에서는 배고픔, 목마름, 성욕 및 정동(affect)을 포함하는 모든 본능이지만, 의식적인 차원에서는 개인의 지각, 기억, 사고, 감정, 본능, 의지, 기대 및 노력과 같은 심리적 활동을 가능하게 해주는 잠재적인 힘이며, 언제든지 현실적인 힘으로 바뀔 수 있다(Hall & Nordby, 1973).

이러한 정신에너지는 대립(opposition), 등가(equivalence) 그리고 균형(entropy)라는 세 가지 원리에 의해 작동한다고 보았다(노안영 · 강신영, 2003).

대립원리는 반대되는 힘이 대립 혹은 양극성으로 존재하여 갈등을 야기하며, 이러한 갈등이 정신에너지를 생성하는 데 필수적이라고 보고 있다. 등가원리는 물리학의 에너지 보존원리를 적용한 원리로 어떤 조건을 생성하는 데 사용된 에너지는 상실되지 않고 성격의 다른 부분으로 전환되어 성격 내에서 에너지의 지속적인 재분배가 이루어진다고 본다. 균형원리는 물리학에서 에너지가 흐르는 방향을 말하는 엔트로피의 원리를 적용한 것이다(김동배 · 권중돈, 2005). 즉 온도가 다른 두 물체가 접촉하면 열에너지는 두 물체의 온도가 같아질 때까지 뜨거운 물체에서 찬 물체로 흐르는 원리이다.

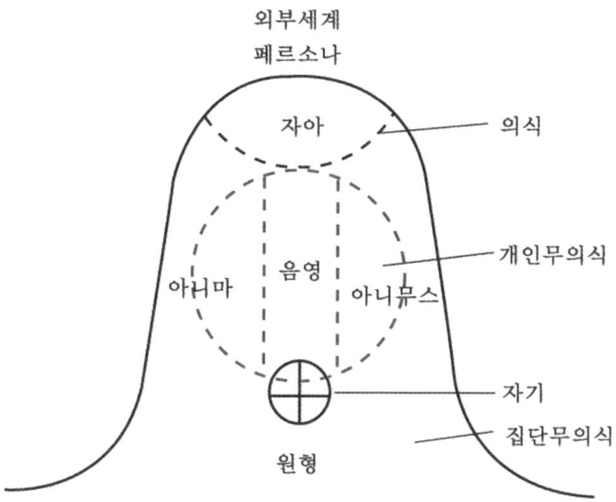

[그림 2-2] Jung 이론의 정신구조

4) 성격발달

Jung은 성격 발달이 일생에 걸친 연속적 과정이라 하며 아동기, 청년기, 중년기, 노년기의 4단계로 나누었다.

아동기는 이 단계는 정신이 본능에 의해 완전히 지배되며, 발달이 미숙하여 부모에게 의존한다. 의식적 자아가 발달되기 전이기 때문에 지각된 것은 조직화되지 못하고, 행동 또한 본능에 지배되므로 심리적 문제는 가지고 있지 않다. 자아는 아동이 다른 사람들과 구별 할 수 있기 시작할 때 형성되기 시작한다.

청년기를 Jung은 정신적 탄생(psychic birth)이라고 불렀다. 사춘기에 일어나는 신체적, 생리적 변화를 시작으로 부모로부터 자아의 의식적 분리가 일어난다. 생리적 변화가 이러한 정신적 탄생을 수반한다. 이 시기의 급격한 변화에 적응할 필요성과 어려움이 본인과 부모 모두에게 나타나게 된다. 청년기는 외양적으로 팽창하는 시기이며, 성숙의 힘에 이끌려 자아가 발달하고 외부세계에 대처하는 능력이 발달한다. 따라서 경력을 쌓고 가정을 이루며 사회적 성공을 얻기 위해 노력한다(이인정 · 최해경, 1995).

중년기는 자기를 실현하는 과정을 시작하는 시기이다. 이때 의식과 무의식을 성공적으로 통합하게 되면 긍정적인 심리학적 건강상태인 개체화(individuation)가 이루어진다. 개체화를 이루기 위해서는 지금까지 해왔던 행동과 가치를 버리고 무의식에 직면해야하며, 꿈과 환상에 관심을 가져야 한다(Schulz & Schulz, 1994). 또한 중년기 위기에서 정신은 인간으로 하여금 내면으로 시선을 돌려 생의 의미를 음미하도록 촉구하여 위기에서 벗어날 측면들이 인식될 것을 요구하는 것이다. 즉, 중년기에는 외부세계를 정복하는 데 쏟았던 에너지를 자신의 내부에 초점을 맞추도록 자극받으며 잠재력에 대해 깊은 관심을 갖게 된다. 이에 따라 남자는 여성적인 측면을 여자는 남성적인 측면을 표현하게 된다. 이는 성격의 태도 면에서 내향적으로 되면서 의식에만 집중하던 경향이 무의식의 세계를 깨달음으로써 바뀌기 때문이다(이인정 · 최해경, 1995).

노년기는 Jung은 사람이 나이가 들어 명상과 회고를 많이 하면 자연적으로 내적 이미지가 이전과 달리 큰 비중을 차지하게 된다. 노인은 죽음 앞에서 생의 본질을 이해하려고 애쓴다(Jung, 1961). Jung은 노인이 내세에 대해 이미지를 갖고 있지 않다면 건전한 죽음을 직면할 수 없다고 하였다. 미래를 향한 목표는 필요하며, 죽음의 불가피성은 죽음 자체가 하나의 목표로 간주되기도 한다. Jung은 사후의 삶도 인생의 연속이라고 하였다. 따라서 노인처럼 죽은 사람도 존재의 의문에 대해 계속 의문을 갖는다고 하였다.

5) Jung 이론의 평가

Jung의 분석심리이론은 현대 심리학과 예술, 문학, 연극, 종교, 문화, 사회적 사고의 영향을 미쳤으며, 발전에도 기여를 하였다. 인간의 전체성을 강조하고, 행동뿐만 아니라 존재의 가치를 강조하고 있다. 이점을 볼 때 과학적 이론이라기보다는 철학으로 보는 것이 타당하다고는 볼 수 도 있다. 이러한 Jung의 이론은 몇 가지 측면에서 비판을 받고 있다.

첫째는 Jung의 이론은 개념이 너무 어려워서 이해하기가 쉽지 않는 점이다. 즉 이것은 개념의 명료성이 다른 정신역동이론에 비해 부족하며, 이론 간의 관련성이 애매하다는 점이다. 또한 Jung의 이론은 체계적으로 구성되어 있지 못하며, 신비로움과 초자연적인 것과 깊이 관련되어 있어서 모호한 점이 많다(Schulz & Schulz, 1994).

둘째는 Jung의 이론은 Freud의 이론과 마찬가지로 환자의 치료과정에서 나타난 경험적 자료를 바탕으로 연구한 것이기 때문에 과학적인 검증이 어렵다. 문화, 종교, 신화, 상징, 연금술, 신비 등과 관련된 자료를 활용하여 연구한 것이기 때문에 실증적인 검증이나 설명이 어렵다(Engler, 1991).

6) 분석심리이론과 사회복지실천

분석심리치료의 과정은 고백(confession), 명료화(elucidation), 교육(education), 변형(tranformation)이라는 네 단계를 거쳐 이루어진다(김동배 · 권중돈, 2005).

고백단계는 개인적 역사와 경험을 자세하게 표현하여 정화하는 단계이다.

이 단계에서 클라이언트는 의식 및 무의식적 비밀과 자신의 제한점을 치료자와 공유하고, 치료자는 무비판적이면서 공감적인 청취자가 된다. 클라이언트가 고백을 하는 과정에서 치료자는 수용적 태도를 보임으로써 클라이언트를 오랫동안 볼모로 붙잡고 있던 감정을 방출하며 죄책감과 같은 부정적 정서를 정화시킬 수 있게 도와야 한다. 이러한 고백과 정화과정을 통해 클라이언트는 치료자에 대한 신뢰를 형성하며, 전이감정을 일으키게 된다.

명료화단계에서 치료자는 전이관계를 관심을 두고, 현재의 상태를 어린 시절까지 연결시키기 위해 클라이언트의 꿈과 환상과 같은 상징에 관심을 기울인다. 전이를 이해하는 과정에서 클라이언트는 치료자가 명료화하는 무의식적인 내용을 표면으로 끌어올릴 수 있게 되고, 문제의 기원에 대해 알게 되고, 감정적 수준과 지적 수준에서 통찰을 얻게 된다.

교육단계는 클라이언트가 사회적 환경에 적응할 수 있도록 페르소나와 자아와 관련된 개입을 한다. 이 단계에서 치료자는 클라이언트의 매일의 생활에서 적극적이며 건강을 증진시키는 역할을 하도록 격려하고, 클라이언트 스스로 책임 있는 행동을 하도록 교육한다.

변형단계는 클라이언트와 치료자간의 역동적인 상호작용을 통해 단순히 사회에 대한 적응을 넘어 자기실현으로 변화를 도모하는 단계이다. 대부분의 클라이언트는 교육단계를 마치게 되면 치료를 종결하지만, 어떤 클라이언트의 경우에는 더 많은 지식과 통찰을 얻기를 원하기도 한다.

Jung의 치료기법으로는 실용적 자세로 인해 주요개념들을 응용한 다양한 신체동작치료, 미술치료, 모래상자치료, 연극치료 등이 있으며, 널리 활용화 되었다. 자주 활용한 기법으로는 자극단어를 불러주고 단어의 반응시간과 반응하는 단어 확인, 공유하는 시간을 사용하는 단어연상검사, 생애를 재구성하는 생애사 재구성기법, 클라이언트가 치료자에게 투사하는 전이감정을 분석하는 전이분석, 꿈의 분석 등이 있다.

제2절 행동주의 이론

1. 고전적 조건형성이론 (Pavlov)

Pavlov는 러시아의 1904년 소화계통에 관한 연구로 노벨 생물학상 수상자로서 개의 소화액 분비에 관한 실험을 하였다. 개에게 음식을 주는 시간을 알리기 위하여 종을 쳤는데, 개가 종소리만 들어도 침을 흘리는 현상을 발견하였다. 전에 반응을 일으키지 않았던 자극이 조건형성을 통해 반응을 일으킨다는 사실을 발견을 바탕으로 고전적 조건형성의 기틀을 마련하였다.

이런 개의 타액분비 연구에서의 고전적 조건형성은 타액을 흘리게 하는 음식물을 무조건자극(unconditioned stimulus)이며, 개가 음식물을 보고 타액을 분비하는 것을 흘리는 행동을 무조건 반응(unconditiononed reponse)이라고 불렀다. 종소리는 타액의 분비와 관련이 없는 중성자극(natural stimulus)이지만, 개는 종소리만 듣고 음식물을 보지도 않고서 타액을 분비하게 되는데 이러한 종소리를 조건자극(conditioned stimulus)이 되며, 타액을 분비하는 것을 조건반응(conditioned reponse)이 된다. 이러한 조건반응은 조건자극과 무조건자극이 연합이 지속될 경우에 더욱 강화되며, 이 같은 일련의 조건형성과정을 고전적 조건형성이라고 한다.

2. 조작적 조건형성이론 (Skinner)

Skinner의 조작적 조건형성이론은 보상과 처벌에 의해 유지되며, 인간은 기계적 존재이다. 대부분의 인간행동이 내적 충동보다 외적 자극에 의해 동기화된다고 하였다. 인간행동은 법칙적이며, 결정되며, 예측이 가능하고, 통제될 수 있다고 하였다. 조작적 조건형성이론은 인간의 행동의 결과에 의해 변화되며, 환경을 조작하여 그러한 행동의 반응비율에 영향을 미칠 수 있다는 이론이다.

1) 생애

Skinner는 1904년 3월 2일 미국 펜실베이니아의 스키하나지역에서 태어나 화목하고 안정된 가정에서 성장했다. 이런 가정환경에서 보상과 벌이 적절한 훈육을 통해 받았으며 썰매, 마차, 뗏목, 그네, 연, 롤러스케이트, 스쿠터와 같은 움직이는 기계를 디자인하고 만들어 보는 데 열중하면서 Skinner는 학습을 중시하게 되었다.

Skinner는 고등학교 졸업 후 해밀턴 대학 영문학을 전공한 후 작가가 되려고 했으나 실패하고 하버드 대학 심리학과 대학원에서 동물행동을 전공하였다. 이후 1931년 박사학위를 받았으며, 여러 대학에서 교수와 연구자로 탁월한 업적을 남겼다. Skinner는 심리학적 원칙을 통한 행동조적을 기초로 하여 소형의 유토피아적사회의 창조를 묘사한 『월덴 투』(1948) 대표적인 저서이다. 이외 『유기체의 행동』(1938), 『과학과 인간행동』(1957), 『강화의 조건부』(1969), 『행동주의에 관하여』(1974) 등이 있다.

2) 인간관

Skinner는 인간의 인지적 기능을 전혀 고려하지 않았으며, 무의식, 자아, 내면적 동기 등으로 인간행동을 설명하는 것을 거부해 행동에 대한 과학적 분석을 위해서는 자율적 인간의 성격, 심리상태, 느낌, 성격의 특징, 계획, 목적, 의도 같은 경험적 실증이 불가능한 것을 연구할 필요가 없다고 주장하였다(Skinner, 1990).

또한 어떤 행동의 양상이 유전적 소질에 의한 것이라 해도 이것이 행동의 예측에는 유용하나 조작이 불가능하므로 실험적 분석이나 통제에는 무가치하기 때문에 유전적 설명이 쓸모없다고 주장하였다(Skinner, 1974).

Skinner는 인간행동을 객관적인 자극-반응의 관계에서만 설명할 수 있다고 하였으며 인간본성에 대한 강한 객관적 관점을 갖고 있다. 또한 강화 속성을 변화시킴으로써 인간행동을 얼마든지 변화시킬 수 있다고 하였다.

3) 주요개념

(1) 반응행동

Skinner는 행동을 반응행동과 조작행동으로 나누었으며, 반응행동이란 구체적 자극에 의해 유발되는 구체적인 행동을 말한다. 즉, 이것은 구체적인 자극에 의해 자동적으로 유발하는 정서적 반응이며, 자극은 행동에 선행하게 나타난다. 고전적 조건형성은 이러한 반응행동에 관련된 것이다. 이런 조건행동이 조건 형성될 수 있다는 점이다.

Skinner는 선행하는 조건자극이 조건반응을 유발한다는 고전적 조건형성을 인정했다. 그러나 그는 가장 중요하면서도 복잡한 행동은 단순히 특정 자극에 대해 조건화된 반사적 반응은 아니라고 생각했다. 오히려 인간에게 있어서 중요한 행동은 방출되어 어떤 결과를 가져오는 반응이라고 믿었다. 그는 고전적 조건형성에서 강조하는 수동적인 유기체보다는 능동적이고 적극적인 유기체에 더 많은 관심을 가지고 있었다(Nye, 1981).

(2) 조작적 행동

조작적 행동은 조작적 조건화를 토대로 습득이 되며, 환경을 조작해서 어떤 결과를 낳는 행동이다. 이것은 하나의 행동에 어떤 결과가 뒤따르게 되며, 그 결과에 따라 유기체가 그러한 행동을 되풀이하는 습득된 행동을 말하는 것이다.

조작적 행동은 자극에 의해 유발되는 것이 아니고 스스로에 의해 방출되는 것이며, 이것은 능동적인 유기체의 특성이다. 즉 반응행동은 그에 앞서 일어나는 사건들에 의해 직접적인 통제를 받지만, 조작행동은 처음부터 쉽게 확인할 수 있는 유발자극이 없이 유기체가 보이게 되는 행동이며 그 결과에 의해 통제된다. 우리가 일상생활에서 하고 있는 중요한 행동들의 대부분은 조작행동이다(Schulz & Schulz, 1994).

(3) 조작적 조건형성

인간의 행동은 그 행동의 결과에 의해 변화된다. 행동의 결과가 유익하다면 조작행동이 미래에 출현될 가능성은 증가한다. 이러한 것을 행동이 강화되었다고 하며, 어떤 행동이 강화 받으면 그 행동은 반복되는 경향이 있고 더욱 강렬해 진다. 즉, 장차 그와 유사한 상황에서 그런 유형의 행동이 다시 나타날 가능성이 증가된다. 강화에 의해 영향을 받은 조작행동은 조건형성 되며, 그 행동은 반응비율이 증가하게 되고 그 사람의 행동목록에서 일상적인 반응으로 자리를 잡게 된다. 이러한 반응들이 조건화된 행동이다. 조작적 조건형성은 반응의 결과에 따른 변화가 반응이 발생하는 비율에 영향을 미치도록 한 절차이다. 즉 이것은 행동이 그 결과에 의해 변화된다고 보고, 그러한 행동의 반응비율에 영향을 미칠 수 있도록 임의로 조건을 제시하는 과정인 것이다(이근홍, 2003).

Skinner는 위의 이론을 증명하기 위해 'Skinner Box'를 만들었다. 이 상자는 한쪽 구석에는 지렛대를 설치해놓고, 이것을 누르면 전원과 연결되어 자동으로 먹이와 물이 나오도록 되어있다. 실험에서 굶주린 쥐를 넣으면 처음에는 쥐는 새로운 환경을 탐색하기 위해 이리저리 돌아다니면서 여러 가지 행동을 한다. 쥐는 여러 행동을 하다가 우연히 지렛대를 누르게 된다. 그러면 쥐는 시간이 흐름에 따라 지렛대를 더욱 자주 누르게 된다.

이처럼 조작적 조건형성은 행동보다 제시되는 조건에 초점을 두는 것이라면, 조작적 조건형성은 행동이 일어난 후의 결과에 초점을 둔다. 이런 행동의 결과가 어떻게 제시됨에 따라 조작행동은 강화되거나 소거될 수 있는 것이다.

(4) 강화

강화(reinforcement)란 보상을 제공하여 행동에 대한 반응을 강력하게 하는 것이다. 즉 이것은 행동에 대한 반응의 가능성을 증진하기 위한 어떤 활동인 것이다(Engler, 1991). Skinner는 강화를 조작적 조건형성에서 중요한 개념이라고 했으며, 조작행동의 발생 가능성과 깊은 관계가 있다. 강화에는 반응의 비율을 높이기 위해서 자극을 제공하는 정적강화(positive reinforcement)와 불쾌하거나 혐오스런 자극을 제거함으로써 반응의 가능성을 증대시키는 부적강화(negative reinforcement)가 있다.

정적강화는 행동이 일어날 가능성을 증가시키는 것이다. 음식, 미소와 같은 것들은 존재할 때 반응을 증가시키므로 정적강화의 예이다. 부적 강화는 앞으로 일어날 바람직스럽지 못한 반응의 발생 가능성을 감소시키는 역할을 한다. 전기 충격과 같은 것은 그것이 없을 때 반응률을 증가시키므로 부정적 강화물이라 불린다(이인정 · 최해경, 1995).

(5) 처벌

처벌(punishment)은 바람직하지 않은 행동에 제시하는 혐오자극이다. 처벌에도 두 가지의 종류가 있다. 하나는 혐오자극을 제시하는 것이며, 다른 한 가지는 유쾌한 자극을 철회하는 것이다. 이러한 혐오자극과 관련된 처벌의 예를 들면 적색 신호등에 정지하지 않은 사람에게 범칙금을 부과하여 교통위반 빈도를 줄이는 것이다. 유쾌한 자극의 철회와 관련된 예를 들면 다른 아이들이 바깥에서 신나게 놀고 있을 때 교실에 남아 있게 하면, 수업시간에 소란스러운 행동을 멈춘다는 것이다. 처벌을 사용했을 때와 강화를 사용했을 때, 그에 따르는 결과는 매우 다르다(Martin & Pear, 1983).

(6) 소거

소거(extinction)는 더 이상 강화되지 않아서 반응이 약화되거나 사라지는 경향이다. 예를 들면, 학급에서 선생님의 주의 끌기 위해서 떠드는 학생이 있을 때, 이러한 행동에 관심을 기울이지 않고 계속 내버려 둔다면 이러한 행동은 약화되거나 사라지게 되는 것이다.

(7) 일반화

일반화(generalization)는 특정한 상황에서만 반응을 보이던 것이 그와 비슷한 다른 상황에서도 반응을 보이는 것을 말한다. 즉 이것은 강화된 행위가 다양한 관련 상황으로 확장되는 경향이다. 이것은 자극일반화(stimulus generalization)와 반응일반화(response generalization)로 구분할 수 있다. 자극일반화는 하나의 반응이 단 하나의 자극에만 조건형성이 될지라도 그러한 특정한 자극에만 반응을 하는 것이 아니라 그와 비슷한 다른 자극들에 대해서도 반응을 보이는 것을 말한다. 반응일반화는 어떤 특정한 반응이 강화되면 그와 비슷한 다른 상황에서도 반응을 보이는 것을 말한다(이근홍, 2003).

(8) 변별자극

Skinner는 변별자극(discriminative stimulus)을 어떤 반응이 보상될 것이라는 단서 혹은 신호로 작용하는 자극이다(Skinner, 1953). 조작적 행동도 특정자극의 영향을 받을 수 있다. 이것은 자극일반화 이후에 분화과정을 통해 나타나는 것이며, 어떤 자극에 반응하는 행동은 강화해주고 다른 자극에 반응하는 행동은 강화하지 않음으로써 학습된다.

한편 사회적응에 있어서 반응을 일반화하는 능력도 중요하지만, 각기 다른 상황에서 변별을 잘하는 능력도 중요하다. 인간의 지적인 행동은 변별할 수 있는 능력에 의존하는 경우가 많다. Skinner는 건강한 성격은 일반화와 변별의 능력을 혼합한 결과로 발달한다고 주장하였다(Hjelle & Ziegler, 1981).

(9) 행동조성

행동조성(behavior shaping)은 인간행동의 대부분이 순식간에 발달하는 것이 아닌 점진적으로 행동을 형성해 가는 과정이다. 이러한 행동조성은 복잡한 행동이나 기술을 습득하는 데 매우 유용하며, 원하는 행동에 접근할 때마다 강화를 함으로써 행동이 점진적으로 되어 가는 것이다.

조작적 조건형성 과정에서 원하는 행동이 일어났을 때 강화를 제공함으로써 학습이 이루어지지만, 학습시키기를 원하는 행동이 자발적으로 일어날 가능성이 적은 경우가 많다. 이러한 문제를 해결하기 위해서는 조건 형성하고자 하는 행동에 가까운 행동부터 점진적으로 접근하여 강화하는 방법인 행동조성이 필요하다. 인간의 많은 행동은 행동조성을 통해서 점진적으로 학습된다(이근홍, 2003).

(10) 행동수정

행동수정(behavior modification)은 조작적 조건형성원리를 이용하여 행동을 수정하는 기술이다. 즉 학습, 강화, 유지, 약화, 제거 등의 초점을 두고 있으며, 정적강화, 부적강화, 소거, 변별자극의 원리를 이용하기도 한다. 또한 기타 불안을 일으키는 최하위 자극부터 시작하여 점차 높은 서열의 자극을 제시하여 불안이 발생하지 않도록 하는 체계적 둔감화(systematic desensitization)와 개인이 적절한 행동을 했을 때, 토큰을 주고, 토큰이 일정양이 모였을 때는 강화물과 바꿀 수 있는 토큰경제(token economy) 등의 기법이 있다.

(11) 강화계획

결국 조작적 행동이 학습되고 유지되는 비율은 강화계획(reinforcement schedule)이 좌우한다(Skinner, 1953). 연속적 강화는 반응의 횟수나 시간에 상관없이 유기체가 반응할 때마다 매번 강화를 주는 것이다. 연속적 강화는 실험실에서는 가능하지만 일상생활에서는 드물다. 연속적 강화는 초기 단계에서 어떤 행동을 시작하게 하고 강화시키기에 좋은 방법이지만 소거의 영향을 받기 쉬워 행동은 유지시키는 데는 좋지 않다. 간헐적 강화는 일상생활 속에서 연속적 강화보다 훨씬 더 흔하다.

간헐적 강화는 그 종류에 따라 행동에 각기 다른 효과를 미치며 종류는 네 가지로 나눌 수 있다. 첫 번째, 고정간격계획은 반응에 대해 정해진 시간간격이 지난 후 강화를 준다. 고정간격계획은 일당이나 주급, 정기적 시험 등을 생각해 볼 수 있다. 이 강화계획에 따른 반응률은 시간이 지나면서 증대되나 강화를 얻은 바로 직후에는 반응률이 낮다.

두 번째, 고정비율계획은 규칙적으로 보상을 주기 위해 정해진 수의 반응이 일어난 후 강화를 준다. 많은 직장에서 근로자는 생산하거나 판매한 단위 수에 따라 부분임금 혹은 전체임금은 받는데 고정비율계획은 높은 수준의 조작적 반응을 야기시킨다.

세 번째, 가변간격계획은 강화 시행간의 시간간격이 다른데, 평균적으로 확인할 수 있는 시간간격이 지난 후 강화를 준다. 가변간격계획의 반응률은 간격이 짧은 경우는 높게, 간격이 길면 낮게 나온다. 따라서 유기체는 언제 다음 강화가 있을지 예측할 수 없기 때문에 가변간격 강화 하에서는 완만한 반응률을 나타내고 천천히 소거된다.

네 번째, 가변비율계획은 평균적으로 어떤 정해진 수의 반응이 일어난 후에 강화를 준다. 가변비율계획은 유기체가 다음 강화가 언제 일어날지 예측할 수 없으므로 높고 지속적인 반응률이 나타난다. 바람직한 행동이 습관화되어 고정이 된 후에는 간헐적 강화가 연속적 강화보다 행동을 소멸시키지 않고 유지시킨다(Bijou & Baer, 1961). 반응률이 높은 강화계획은 가변비율, 고정비율, 가변간격, 고정간격 스케줄 순이다.

4) Skinner 이론의 평가

Skinner는 인간행동이 환경과의 상호작용에서 개인적인 특성이 촉진되거나 선택되는 선택과정에 의해 형성된다고 하였다. Skinner의 조작적 조건형성 이론의 특히 강화 부분은 약물산업을 포함한 산업계에 큰 영향을 미치었다. 또한 강화계획은 통제, 수정, 조성하는데 효과적으로 활용이 가능하며, 임상현장과 산업현장을 비롯한 다양한 분야에서 폭 넓게 활용하고 있다. 그러나 Skinner 이론은 몇 가지 비판을 받고 있다.

첫 번째, Skinner의 이론은 인간행동을 연구함에 있어 환경 결정력과 미시적인 측면에서 연구하여 내재적, 정신적 특성을 배재하였다. 이에 인간행동의 환경으로만 설명할 수 없는 인간 내면의 의지, 동기, 욕구, 갈등, 사고, 자발성, 창조성 등을 고려하지 못하였다.

두 번째, Skinner의 이론은 윤리적인 측면에서의 문제이다. 동물실험을 통한 결과를 인간행동으로 적용함에 있어서 인간의 기본적인 자유와 존엄성을 배제하였다. 그리하여 인본주의 입장에서는 비인간적이라는 비판을 받고 있다.

세 번째, Skinner의 이론은 인간행동에 대해 조작을 통해서 변화가 가능하다고 보았기 때문에 단순화, 객관화, 과학화, 예측화를 하였다. 그러나 인간행동은 개인의 차와 예측하지 못하는 상황으로 인한 복잡성을 설명하기가 어렵다.

5) 조작적 조건형성이론과 사회복지실천

조작적 조건형성이론은 사회복지사에게 구체적인 인간행동의 개념, 사정과 행동수정기법 및 실천에서 과정적 지침을 제공했으며, 효과적이고 효율적으로 클라이언트를 원조하게 하였다(Thomas, 1970). 첫 번째는 사회복지사가 관찰 가능한 행동에 초점을 둘 수 있게 해주고, 두 번째는 행동의 기초적 분류인 조작적 행동과 반응적 행동으로 분류할 수 있게 해준다. 조작적 행동은 환경내의 결과에 의해 통제되는 반면 반응적 행동은 반응에 앞서는 자극을 끄집어냄으로써 대부분 통제된다. 사회복지실천에서 불안과 성적충동과 같은 반응적 행동들을 사회복지사가 효과적으로 원조할 수 있게 하였다. 세 번째는 사회복지사가 특정의 구체적 문제행동, 즉 특정 행동의 학습, 강화, 유지, 약화, 제거 등에 초점을 두게 하였다. 네 번째는 사회복지사들이 관찰, 측정, 경험적 지식 그리고 단일 사례조사연구를 중시하게 하였다.

3. 사회학습이론 (Bandura)

사회학습이론이란 명칭은 행동 또는 성격의 결정요인으로서 사회적 요소를 중요시하기 때문에 붙여진다. Bandura의 사회적 학습개념은 대부분의 학습이 다른 사람의 행동을 관찰하고 모방한 결과 일어난다는 인식에서 비롯되었다(Bandura & Walters, 1963). 이처럼 인간은 종종 다른 사람을 보고 배운다. 그런데 인간은 자신이 어떤 행동을 했을 때 그 결과가 어떠할지 생각을 하고 행동할지 여부를 결정한다. Bandura는 외부자극이 대부분의 인간행동을 통제한다는 Skinner의 가정을 비판하면서 Skinner의 행동주의 이론이 스스로 계기를 만들고 자기강화를 가능하게 하는 인간의 능력인 인지능력을 고려하지 않는 점에 반론을 제기하였다. 인간의 상징적 회상능력이 예측을 가능하게 하기 때문에 인간은 자신의 경험을 토대로 생각하고, 계획하며, 예상할 수 있다. 또한 인간은 결과를 상징적으로 경험할 수 있는 인지능력이 있어, 이에 의해 미래의 결과가 잠재적 결과로서 행동에 영향을 미치는 동기가 될 수 있다. 다시 말해 강화가 많은 인간행동을 통제하기는 하나 절대적으로 통제하지는 못하며 강화의 효과는 행동과 그 결과 간의 관계에 대한 인간의 의식에 의해 좌우된다는 것이다.

사회학습이론은 사회복지실천에 많은 기여를 하였다. 예컨대, 사회복지사가 클라이언트를 비롯해 다른 사람들의 행동을 명확하게 인지하고 이 행동들이 서로 어떻게 연관되는지 파악하는 것을 가능하게 하였다. 또한 사회학습이론은 어떤 행동이 있을 때와 없을 때 어떻게 다른지 관찰하는 평가(assessment)

의 중요성을 강조하고 있다. 모델링을 통한 관찰과 모방이 클라이언트의 문제 행동을 제거하는 데 유용하다는 것이 임상적으로 입증되었으므로 사회학습 이론은 치료적 측면에도 중요한 공헌을 하였다.

1) 생애

Bandura는 1925년 12월 4일 캐나다 앨버타 주의 먼다에서 폴란드계 농부의 아들로 태어났다. 캐나다의 브리티시 콜롬비아대학을 심리학과를 졸업한 후 미국으로 이주해 아이오아대학에서 석사와 박사학위를 받았다. 1953년 스탠퍼드 대학 심리학과 교수로 재직하였다. 반두라에 의하면 복잡한 행동의 패턴은 분화적으로 강화에 의해 서서히 학습되는 것이 아니고 오히려 전체적으로 학습된다. 1972년 미국심리학회에서 우수과학자상을 받았으며, 1973년에는 미국심리학회 회장이 되었다.

Bandura는 개인 중심적 성격이론이 지배적 상황에서 인간이 환경과의 접촉을 통해 행동유형을 어떻게 발달시켜 나가는지를 보여주는 선구적 연구들을 하였다. Bandura는 임상가로 훈련을 받은 사람이어서 기본 성격기능에 대한 이론을 개발하는 데 초점을 두었지만 부적응 기능을 이해하고 치료변화를 위한 절차를 구성하는 데에도 관심이 높았다(정영숙 · 안현의 · 유순화 공역, 2005).

2) 주요개념

(1) 모방

모방(modeling)은 다른 사람이 행동하는 것을 보고 들으면서 그 행동을 따라서 하는 것이다(Bandura, 1969). 흔히 공격적 행동, 이타적 행동, 불쾌감을 주는 행동이 관찰을 통해 학습된다. Bandura의 실험적 연구에 따르면 아동은 첫 번째는 위대하다고 생각하는 사람의 행동을 위대하다고 생각하지 않는 사람의 행동보다 더 잘 모방하고, 두 번째는 자기와 동성인 모델의 행동을 이성인 모델의 행동보다 더 잘 모방하며, 세 번째는 돈, 명성, 높은 사회경계적 지위 등을 지닌 모델을 더 잘 모방하고, 네 번째는 벌을 받은 모델을 거의 모방하지 않으며, 다섯 번째는 연령이나 지위에서 자기와 비슷한 모델을 상이한 모델보다 더 잘 모방 한다(Bandura & Walters, 1963).

Bandura는 모델을 통해 얻어지는 효과로는 첫 번째는 모델로부터 관찰자에게 모방적인 반응 패턴이 전달되며, 두 번째는 접촉하는 빈도에 따라서 이전에 학습된 반응이 강화되거나 약화되고, 세 번째는 모델을 관찰함으로써 이전에 획득한 반응이 더욱 촉발되는 경우이다.

(2) 인지

사회학습은 인지적 활동이며, 인간행동의 상징적인 표현은 언어적 정보와 모델에 관한 관찰을 통해 발달한다. Bandura & Walters(1963)는 인간은 심상, 사고, 계획 등을 할 수 있는 생각하고 인식하는 존재이므로 장래를 계획하고, 내적 표준에 근거해 자신의 행동을 조정하며, 자기 행동의 결과를 예측할 수 있다. 학습된 반응을 수행할 의지는 인지적 통제 하에 있다. 고전적 조건화, 조작적 조건화, 관찰학습을 통해 인간은 장래의 학습과 수행에 영향을 미치는 인지적 구조를 획득한다.

(3) 자기규제

자기규제(self-regulation)는 세 가지 요소, 즉 수행과정, 판단과정, 자기반응과정으로 이루어진다(Bandura, 1977a). 수행된 행동은 여러 보조적 과정들을 포함하는 판단과정을 통해 자기반응을 낳는다. 자기규제는 성과를 평가하는 개인적 기준에 따라 좌우되며 또한 자기 평가적 반응에 관계된다. 어떤 행동이 보상을 받을지 처벌을 받을지는 개인적 기준에 의해 평가된다. 적절성에 대한 절대적 기준이 있을 수 없는 활동은 다른 사람들의 활동과 비교해 상대적으로 평가된다. 또한 자기조절의 판단요소 중 하나는 활동의 가치이다. 사람들은 높은 가치를 두지 않는 활동에 대해서는 어떻게 하든지 큰 관심이 없다. 내적 표준은 자기의 행동에 대해 중요한 타인들이 부과한 보상 및 처벌을 통해 학습된다. 타인들로부터 습득된 이 표준이 자기조절체계의 토대가 된다.

Bandura는 내적 표준이 대리로도 습득될 수 있다고 보았다. 예를 들면, 낮은 내적 표준을 가진 모델의 행동을 관찰하는 아동은 후에 수행이 요구될 때 자신의 행동에 대해 낮은 내적 표준을 부과한다(Bandura & Kupers, 1965). 결국 인간행동은 외부환경의 보상 및 처벌에 의해서뿐만 아니라 스스로 정한 내적 표준에 의해 조절되므로 인간의 행동 및 인지가 일관성이 있는 것이다. 인간이 외적 강화에 의해 완전히 좌우된다면 이러한 일관성이 존재하지 않을 것이다.

사람들은 자신의 행동이 자기의 기대나 기준에 얼마나 잘 맞는가에 따라 자신을 비판하거나 만족하는 반응을 보인다. 기대 혹은 기준과 불일치가 되면 불일치를 줄이거나 더 낮은 수준으로 기대 혹은 기준을 재설정하도록 동기화된다. Bandura는 바라는 결과를 얻은 후에 사람들이 사용하는 자기보상 혹은 자기칭찬이 자기조절의 핵심적 측면이라고 주장하였다(Bandura, 1986).

(4) 자기강화

자기강화(self-reinforcement)는 자신이 통제할 수 있는 보상을 자기 스스로에게 주어서 자신의 행동을 유지하거나 변화시키는 과정을 의미한다(Bandura, 1977b). 자기강화는 수행 또는 성취와 관련된 내적 기준에 근거해 보상 여부가 결정된다. 예를 들어, 음악 감상이 취미인 중학생이 중간고사 시험공부를 열심히 한 보상으로 시험 종료 후에 학생이 좋아하는 음악 CD를 보상해주는 것이다.

(5) 자기효능감

자기효능감(self-efficacy)은 내적 표준과 자기강화에 의해 형성되며, 어떤 행동을 성공적으로 수행할 수 있다는 신념이다(Bandura, 1982). 자기효능감은 총체적 자기개념을 지칭하는 것이 아니라 구체적 상황이나 과제와 관련된다. 따라서 자기효능감의 개념은 사람들이 새로운 역할이나 새로운 상황에 들어갈 때 어떻게 적응하는지를 설명해 준다. 자기효능감에 관한 지각은 개인이 추구하거나 피하려고 선택하는 활동에 영향을 미쳐서 결과적으로 누가 누구인지, 그가 무엇이 될 것인지를 결정한다. 자기효능감은 어떤 상황에서 어떤 행동을 해야 할지, 어느 정도 노력해야 할지, 얼마나 오래 계속해야 할지, 그리고 상황을 예측하거나 몰입할 때의 정서반응에 영향을 미친다. 이와 같이 자기효능감의 개념은 특정 상황에 대처하는 지각된 능력과 관련된다.

(6) 대리강화

Bandura는 학습이 직접강화보다 대리경험을 통해 이루어진다고 보았다. 대리학습에는 강화에 대한 기대라는 인지적 요소가 작용한다. 아동의 모델 모방여부를 결정하는 조건을 규명하려는 많은 연구들에서(Bandura, 1971, 1977, 1986b; Bandura, Ross & Ross, 1961), 아동은 공격적, 이타적, 원조적인 모델을 모방하기 쉽다고 밝혀졌다. 아동은 존경받고, 자원을 통제할 위치에 있는, 또는 보상받는 모델들을 가장 모방하기 쉽다는 것이다. 그 관찰자에게도 강화로 작용한다. 예를 들면, 친구가 심부름을 하고 선생님의 칭찬을 듣는 것을 한 아동이 보았다면 그 아동은 대리로 보상을 체험하게 된다. 벌도 마찬가지이다. 친구가 학교규칙을 위반해 벌을 서는 것을 목격하면, 친구의 처벌을 대리로 경험할 수 있으므로 그 아동은 학교규칙을 준수하게 된다. 새로운 동일시는 생의 어느 단계에서나 일어날 수 있고 모방과정을 통한 새로운 학습은 항상 가능하다.

(7) 대리조건화

인간은 공감하는 능력이 있으므로 대리조건화도 발생한다. 어떤 사람에게 벨소리에 이어 고통스러운 전기충격을 주는 고전적 조건화를 통해 벨소리를 무서워하는 반응을 학습시킬 수 있는데, 관찰자도 이 모델을 관찰하는 동안 대리적인 고전적 조건화가 되어 벨소리에 대해 공포반응을 보이게 된다(Bandura & Rosenthal, 1966).

(8) 상호결정론

상호결정론은 환경으로부터의 자극이 인간행동에 영향을 주지만 신념, 기대와 같은 인지 요인 또한 인간행동에 영향을 미친다는 가정이다(Bandura, 1986a). 이 가정에 따르면 인간은 단순히 환경 속에서의 사건에 반응하는 것이 아니라 적극적으로 자신이 환경을 창조하고 변화시키기 위해 행동한다. 인지 요인은 환경 사건의 지각과 그 사건이 어떻게 해석되고, 조직화되며, 다루어질 것인지에 영향을 미친다. 행동으로부터의 피드백도 인지 요인 환경을 변화시키려고 행동하는 방식에 영향을 미친다.

3) 관찰학습 과정

관찰학습이란 직접적인 강화가 주어지지 않은 상태에서 타인의 행동을 관찰함으로써 행동을 습득하는 것이다. 일반적으로 사람들은 다른 사람이 하는 행동을 관찰함으로써 어떤 행동을 학습하게 된다. 이때 행동을 보여주는 대상을 모델이라고 한다. 즉, 대부분의 사람들의 행동은 다른 사람들의 행동을 관찰하고, 그 관찰한 사람을 본보기로 삼아 행동을 수행함으로써 학습된다고 말한다. 이러한 행동은 기계적으로 타인들의 행동을 모방하는 것이 아니라 여러 모델이나 사례들을 선택하여 그것들을 종합해서 새로운 행동결과를 만든다(Bandura, 1974). 이런 관찰학습은 주의 집중과정, 보존과정, 운동재생과정, 동기과정으로 나뉜다.

(1) 주의집중과정

주의집중과정(attention process)은 모델의 행동과 모델의 학습을 주의 깊게 집중하며, 모델을 정확하게 집중하는 과정이다. 우선 관찰에 의해 학습하려면 어떤 모델에 주의 깊게 집중해야 한다. 모방할 행동의 중요한 특징들에 주의하고 정확하게 지각하지 않는다면 관찰로부터 많은 것을 학습할 수가 없다. 어떤 모델은 다른 모델들보다 더 주의를 기울여야만 한다. 모델의 행동에 주의하고, 중요한 측면들을 재확인하며, 뚜렷한 특징들을 변별해야만 관찰을 통하여 학습이 가능하다. 주의과정에서 노출된 무수한 관찰대상 가운데 무엇을 선택적으로 관찰할 것인지를 결정한다. 관찰자의 특성, 모방될 행동의 특성, 상호작용시 구조상 배치 등이 관찰경험이 양과 유형을 결정한다. 반두라에 따르면 어린 아동이 사회적 모델로 선택할 가능성이 가장 높은 대상은 다정하고 보살펴주는 사람 또는 유능하고 강력한 힘을 가진 사람이다.

(2) 보존과정

보존과정(petention process)은 모델을 통해서 주의 깊게 관찰한 행동을 장기간 기억하는 것 즉 모델을 파지하는 과정이다. 모델의 행동을 재현하려면 그것을 기억해야 하는데 이는 반응패턴을 상징적 형태로 기억 속에 표상시키는 것이다. 기억은 시간이 지나면 희미해지거나 없어진다. 따라서 모델의 행동특징을 회상할 수 있는 능력이 결정적이다. 반두라는 보존과정이 두 가지 방식으로 진행된다고 제시하였다. 첫째로 심상의 표상체계가 복원할 수 있는 지각의 심상을 형성한다. 즉, 심상을 형성해 이 심상이 모델에 관한 정보를 지속적이면서 쉽게 꺼낼 수 있는 출처가 되는 것이다. 심상은 언어적으로 부호화하기 어려운 행동패턴을 배울 때나 언어적 기술이 미숙한 연령에서의 관찰학습에 특히 중요한 역할을 한다. 둘째로 언어적 표상체계이다. 모델의 행동들이 언어로 부호화되면 이 언어적 단서들이 후에 필요할 때 상기하는 데 도움이 된다.

(3) 운동재생과정

운동재생과정(motor reprodution process)은 모델을 모방하기 위해서 모델 행동의 심상적, 언어적 표상체계를 적절한 행동으로 전환시키는 과정이다. 심상과 언어적 단서들이 운동적 재생으로 옮겨지는 행동의 재현은 모방될 패턴에 따라 공간적, 시각적으로 반응들을 조직화하여 이루어진다. 분석목적을 위해 행동수행은 반응의 인지적 조직화, 개시, 조정, 피드백에 근거한 정교화로 나눌 수 있다. 필요한 기술을 소지한 학습자는 연습 없이도 실수하지 않고 모방할 수 있으나 한두 가지 반응만 결핍되어도 관찰자는 행동을 재현하기가 어렵다.

운동재생과정은 네 가지 단계를 포함한다. 행동을 수행하기 위해서 사람들은 인지적 수준에서 반응행동을 선택하고 조직화하는 인지적 조작단계와 행동이 수행되는 방법에 관한 인식을 기초로 하여 행동을 시작하는 행동의 개시단계, 행동수행능력은 행동을 구성하는 데 필요한 기술에 의존하므로 행동 개시 이후에 이러한 기술을 바탕으로 행동을 점검하는 행동의 점검단계, 행동수행과 관련된 각각의 부분들을 모방하고 연습하며 조정함으로써 행동이 구성되는 행동의 정제단계이다(Engler, 1991).

(4) 동기과정

동기과정(motivational process)에서는 모델행동에 주의를 집중하고, 그것을 기억한다고 하고, 그것을 운동 재생할 능력을 가지고 있을 지라도 강화와 동기가 없이는 행동을 수행하지 않을 것이다. 관찰학습은 강화가 없어도 가능하다. 다시 말해 관찰만으로도 학습은 가능하며 관찰한 것을 재현할 수 있고, 그렇다고 동기과정이 중요하지 않다는 것이 아니다. 관찰로 배우는 것과 이 반응들을 수행할 의지를 구분하는 것은 중요하다. Bandura의 연구결과는 강화가 관찰학습을 위해 필수적이지는 않으나 학습된 행동을 수행할 가능성을 증가시키는 것을 입증하고 있다. 강화는 행동이 학습된 후 그 행동의 수행 여부를 결정하는 데 중요한 것이다. 행동은 실제로 주어지는 강화에 의해서만 결정되는 것이 아니라 예상된 강화에 의해서도 결정된다.

Bandura는 행동의 결과가 자동적으로 강화물이 되어 반응이 강도를 증가시키는 것이 아니라 정보 혹은 동기를 부여한다고 주장한다. 즉, 행동의 결과를 정보로 제공하고 그 결과를 얻기 위해 어떤 방식을 취하도록 동기유발을 시킴으로써 행동을 통제한다는 것이다. 사실상 이미 모델들에 주의를 기울이는 단계에서 이러한 동기의 영향을 받는다.

관찰한 것을 재현할지 말지도 동기의 영향을 받는다. 동기가 없다면 주의, 보존, 재생과정이 잘 진행되지 않는 반면 동기가 결합되면 복잡한 사회적 행동의 학습 및 수행이 원활하다. Bandura는 직접적 강화와 대리강화가 학습된 행동의 수행을 결정한다고 결론지었다. 이 과정을 보면 관찰학습은 기계적인 모방이라기보다는 능동적으로 판단하고 구성하는 과정이라고 할 수 있다.

5) Bandura이론의 평가

Bandura의 사회학습이론은 사회 환경이 우리 인간에게 얼마나 중요한 가를 다시 한 번 깨닫게 해주었으며, 인간을 이롭게 하는 현장에서 매우 유용하게 활용되고 있다. 인간을 낙관적으로 보고, 과거보다는 현재, 미래에 대한 강조를 하고 있다는 것이 장점이다. Skinner와는 달리 관찰학습을 통해 영향을 줄 수 있는 인지적 요소 즉 자기효능감, 자기 강화 등의 중요성을 강조하였다.

이런 학문적인 공헌에도 불구하고 Bandura의 비판점에 대해 알아보면 첫 번째는 인간의 외부적 환경의 중요성을 강조하면서 내적이고 자발적인 측면을 배제하였다는 것이다. 즉 인간의 행동은 외부적 환경요소가 중요한 역할을 하지만, 관찰학습이 없더라도 지적 홍미에 의해 행동을 학습할 수 있다. 두 번째는 단순한 행동문제만 다룰 수 있다는 문제이다. 인간행동은 다양하고 복잡한 기능의 해석이 필요로 한다. 이런 설명으로는 불충분하다. 즉 인간행동의 발달을 연령별로 다르게 나타나는 학습을 고려하고 있지 않다. 세 번째는 정신역동이론에 비교하여 인간행동을 잘 예견하지 못한다는 비판도 받고 있다.

6) 사회학습이론과 사회복지실천

사회학습이론은 사회복지실천을 위한 개입에 있어서 중요한 접근법으로 급속하게 성장하고 있으며, 다른 이론보다 치료적인 면에서나 임상적으로 더욱 효과적이라는 연구보고들이 있다(Fischer & Gochros, 1975 : Sheldon, 1995).

사회학습이론은 부적응 행동을 기능장애적 학습의 결과로 직접경험에 의한 학습이거나 바람직하지 못한 모델에 의한 학습이라고 하였다. 즉 행동은 관찰학습을 통해 학습된다고 할 수 있다. 그러므로 사회복지사는 클라이언트를 대상으로 모델링을 체계적으로 사용할 필요가 있다. 여기서 사회복지사는 교육자의 역할을 수행할 수 있을 것이다. 공격적 아동을 협조적 아동으로 교육시키며, 자폐아에게 언어기술을 가르치고, 반사회적 클라이언트를 의사소통의 기술을 가르칠 수 있다. 또한 자아효능감이 낮은 이상행동을 하는 클라이언트에게 개인의 능력과 개인의 특성을 나타낼 수 있는 원조를 해주어야 할 것이다.

제3절 인지발달이론

1. 인지발달이론 (Piaget)

Piaget의 인지발달이론은 사고의 획득과 기능에 초점을 두는 이론으로서 한 개인이 무엇을 어떻게 알고 생각하게 되는지 그리고 무엇을 느끼고, 행동하는지에 초점을 두기 때문에 인간의 잠재력과 행동을 이해하고 이를 변화시키는 데 있어서 불가결한 이론적 기반이 된다(김동배 · 권중돈, 2005).

인지는 일반적으로 사고의 능력을 의미하는데 광의의 개념으로는 사고 외에 지각, 기억, 언어, 지능 등을 포함하는 정신과정을 일컫는다. 이와 같이 인지는 지식, 의식, 사고, 상상, 추론, 문제해결, 개념화, 분류, 상징, 지각, 학습 등 정신적 과정을 포괄하므로 인간의 심리과정을 이해하는 데 인지이론은 매우 중요하다. Piaget의 인지발달 이론은 사회복지실천에서 아동 대상의 프로그램 계획 및 실행시 교육적 측면의 이론적 토대가 될 수 있다. Piaget의 인지발달에 관한 이론은 성격의 한 측면에서 간주될 수 있는 인지기능의 다양한 발달수준을 개념적으로 설명하여 인지적 측면의 인간행동과 인간발달에 관한 사회복지사의 이해를 넓히는 데 기여한 바가 크다.

1) 생애

Piaget는 1896년 스위스의 뉴사텔에서 태어났다. 그의 아버지는 역사학자였고, 어머니는 매우 지적이고 감성적인 여성으로 정서적으로 불안정한 여성이었다. Piaget는 매우 엄격한 가정교육을 받았으며, 그는 어릴 때부터 과학자로서 자질을 보였다. 10세 때 공원에서 본 알비노스페우라는 새에 관한 논문을 써 학술지에 게재하였다. 이후 연체동물을 연구하는 뉴사텔 박물관장의 연구를 도와 15세의 나이로 스위스의 유명한 동물 학술지에 '연체동물에 관한 연구'를 발표하여 외국의 여러 학자들로부터 초청을 받기도 하였다. 1918년 21세에 자연과학 분야에서 박사학위를 받았지만 이후 그는 아동심리에 관한 연구로 일생을 보내게 되었다. 1920년 비넷(Binet) 실험실에서 아동용 지능검사를 만들면서 그는 아동의 틀린 답에 주목하여 아동들의 사고가 나름대로 독특한 특성을 가지고 있으며 어른에 비해 우둔한 것이 아니라 전혀 다른 방식으로 사고한다고 생각하게 되었다. 1925년 Piaget의 첫 아이인 재클린의 출생을 계기로 아동의 인지적 발달에 관한 중요한 연구를 시작하였으며, 1940년 초부터는 연구의 초점을 전환하여 수학적 · 과학적 개념에 대한 아동의 이해에 관한 연구를 시작하였다. 1950년대에 그는 인식론의 철학적 문제들로 관심을 전환하였지만, 아동의 인지발달에 관한 연구는 계속하였다. Piaget는 1980년 84세에 사망했다.

Piaget의 저서로는 『아동의 언어와 사고』(1923), 『아동의 판단과 추론』(1924), 『아동의 세상개념』(1926), 『아동의 물리적 인과성개념』(1927), 『아동의 도덕 판단』(1932), 『시간에 대한 아동의 이해』(1946), 『운동과 속도에 대한 아동의 이해』(1946), 『수에 대한 아동의 이해』(1952) 등이 있다.

2) 인간관

인지발달이론에서는 인간을 매우 주관적인 존재로 규정하고 있다. 인지이론에서는 이 세상에는 객관적 현실이란 존재하지 않으며, 각 개인이 나름대로 의미를 부여한 주관적 현실만이 존재한다고 본다. 객관적인 외적 현실은 개인의 독특한 방식에 따라 구성되기 때문에 모든 사람에게 획일적이고 표준화된 영향을 미치지는 못한다. 이와 같이 인지이론에서는 각 개인의 정서, 행동, 사고는 개인이 현실을 창조해내는 방식, 즉 현실세계를 구성하는 방식에 따라 달라진다고 본다(Beck, 1976 ; kelly, 1955).

인지발달이론의 인간관은 무의식을 강조한 정신분석 이론에 비해 긍정적 적이고 환경에 인간이 능동적으로 적응한다는 측면에서 인간의 성장 가능성을 시사하고 있다. 무의식에 초점을 두고 인간을 다분히 충동적 존재로 보는 정신역동 이론과 달리 인지 이론에서는 인간의 의식에 초점을 두고 인간을 사고하는 합리적인 존재로 인식한다. 또한 정신역동 이론에서는 인간과 환경과의 관계를 무의식 속성을 가진 인간이 환경에 어떻게 대처해 나아가는가를 중시하지만 인지이론에서는 환경적 원인들이 인간에 의해서 어떻게 지각되고 인식되느냐에 더 크게 중점을 두고 있다(전병재. 1991).

3) 주요개념

(1) 인지와 인지과정

인지란 일정한 자극을 조직하여 지식을 얻는 심리적 과정이다. 협의의 정의는 생각하기에 따라 행동은 달라질 수 있다고 하여, 인지를 사고라는 좁은 의미로 상용하고 있다. 하지만 최근에는 인지를 지식, 의식, 지능, 사고, 상상, 계획과 전략의 개발, 합리화, 추론, 문제해결, 개념화, 분류 및 유목화, 상징, 환상 그리고 꿈과 같은 소위 높은 수준의 정신적 과정을 모두 포함하는 개념으로 받아들이고 있다.

개인이 활용 가능한 정보를 지각하고, 조직하고, 평가하는 정신과정이 인지적 과정이다. 이것은 개인이 어떻게 생각하느냐? 라는 점과 관련된 것으로, 탐색, 재생 그리고 저장과정이 기억의 기본과정이다. 실행과정은 문제해결에 기여한다. 이러한 과정은 문제와 상황의 명확화, 문제해결에 필요한 것에 대한 인식, 인지적 규칙과 전략의 활성화, 융통성, 불안과 혼란의 통제가 포함된다. 추론과 유목화와 같은 과정은 정보나 사건에 의미를 부여한다.

(2) 인지구조

① 도식, 개념 및 명제

기본적인 인지의 기본단위로는 도식(schema), 개념(concept), 명제(proposition)가 있다(Kagan, 1984). 도식은 사건이나 자극의 특징에 대한 추상적 표상이다. 즉, 사건이나 자극을 인식하고 그것에 대응하는 데 사용되는 기본적인 이해의 틀이다. 개념은 다양한 경험에서 나온 정보들이 공유하고 있는 특성을 통합하여 계층 또는 범주로 조직화한 것이다. 즉, 개념은 어떤 현상이나 사상의 의미를 머릿속에 그려보는 관념적 구성물이다. 명제는 두 가지 이상의 개념들 사이의 관련성을 토대로 하여 규칙, 신념, 그리고 가설을 설정한 것이다.

잠재력을 가지고 태어난 아동의 도식은 성장함에 따라 조금씩 확대되고 분화되어 어른의 인지적 도식에 도달하게 된다. 즉 어른의 인지적 도식은 아동의 감각 운동적 도식에 비롯된 것이며 이러한 변화를 조정하는 과정이 동화와 조절이다.

② 적응

적응(adaptation)은 환경에 대한 개인의 조정이라 할 수 있다. 적응은 동화(assimilation)와 조절(accommodation) 이라는 두 가지의 보완적 과정으로 나뉜다. 동화(assimilation)는 자극 혹은 입력되는 정보자료를 이전부터 존재하는 구조의 활동에 의해 처리하는 것이다. 즉, 이미 경험이나 학습으로 형성된 개념인 기존 도식에 맞게 새로운 자극을 이해하는 것이다.

조절(accommodation)은 정보에 적응하기 위한 구조 자체의 능동적 변경을 일컫는다. 환경은 유기체에게 도식의 변화를 요구할 수 있는데 이러한 기존의 도식에 대한 변화가 조절이다. 즉, 조절은 대상의 새로운 차원 또는 감추어진 사건을 설명하기 위해 기존의 도식을 수정하는 과정이다.

조절을 통해 도식의 형태에 질적 변화가 발생하므로, 조절은 새로운 도식이 형성되는 과정이라고 할 수 있다. 도시에서 자란 아동이 부모와 함께 시골에 갔을 때, 벼를 보고 쌀 나무라고 했고 부모는 쌀 나무가 아니고 벼라고 가르친다. 이 아동은 열매가 달린 것은 나무라는 자기 나름의 도식을 갖고 있어 이 기존 도식으로 새로운 사물인 벼를 이해하려 하였고 이것이 동화이다. 그러나 쌀 나무가 아니라 벼라는 설명을 듣고 이 아동은 기존 도식과 새로운 사물 간의 차이를 인식하면서 기존 도식을 변경시킨다. 쌀이 달려 있어도 나무는 아니라는 것을 인식하면서 도식을 변경하는데 이것이 조절이다.

Piaget는 적응(adaptation)을 자기 조정적 구조로 정의하고 이 구조는 동화와 조절의 평형화 과정에 의해 발달한다고 보았다(Piaget, 1963). 동화와 조절의 경험이 인지구조의 발달을 초래한다.

③ 평형

평형(equilibration)이란 동화와 조절의 균형을 의미한다. 운동기관이든 감각기관이든 혹은 인지적 기관이든 막론하고 평형상태는 조직화된 구조들의 균형을 의미하는데, 이 구조들은 평형상태에 있어야 환경과 효과적인 상호작용을 한다. 따라서 유기체 혹은 환경에서의 변화가 기본적 구조의 변경을 요구할 때면 유기체는 불균형에 휩쓸리게 되면서 평형상태를 재 성취하려고 노력한다.

Piaget는 인간의 인지발달이 동화와 조절이라는 적응과정을 통하여 내면적인 평형이 이루어지면서 가능하다는 것이다. 이러한 평형은 새로운 사태에 접할 때 균형이 깨지게 되며, 따라서 평형상태를 다시 회복하기 위해 적응과정이 되풀이됨으로써 보다 높은 수준의 인지발달이 이루어지게 된다고 하였다. 한편 동화와 조절이 이루어지는 과정은 모든 연령과 인지발달 단계에서 동일하며 평형은 모든 연령단계에서의 인지발달을 설명해 줄 수 있는 보편적인 원리가 된다(이근홍, 2006).

④ 구성

Kelly(1955)는 인간은 자신이 만들어낸 모형이나 틀을 통해서 세계를 바라보며, 세상을 구성하고 있는 실체들을 그것에 끼워 맞추려는 속성이 있다고 하였다. 이러한 개인이 지니고 있는 틀을 바로 개인적 구성이라고 한다. 즉, 구성이란 개인이 자신의 개인적 경험세계를 해석하고 이해하는 사고의 범주를 말하며, 개인이 현실의 어떤 특징을 유사성이나 대비성과 같은 견지에서 이해하는 지속적인 방법을 의미한다. 개인적 구성의 예를 들면 흥분 대 침착, 세련 대 저속, 지적인 것 대 어리석은 것, 아름다움 대 추함, 선 대 악 등이다. 이러한 구성은 개인이 일상생활에서 직면하는 경험을 개인적으로 해석하고 이해하는 데 사용된다.

⑤ 귀인

귀인(attribution)은 수행에 영향을 미치는 행동의 원인에 대한 신념이다. 개인이 원인과 결과의 관계를 어떻게 지각하느냐에 따라 환경에 대한 반응뿐만 아니라 환경 속의 사건에 부여하는 정서적 의미가 달라진다. 귀인이론에 대한 Fleming(1981)은 사회복지실천과 특별히 관련성이 있는 귀인의 세 가지 영역으로 통제의 중심, 오귀인, 자기귀인을 제시하였다. 통제의 중심(locus of control)은 클라이언트가 현재 문제가 자신의 영향력 또는 통제범위 내에 있다고 보고 있는가 하는 것과 관련된 것이다. 오귀인(misattribution)은 클라이언트가 사건의 연쇄과정을 잘못 지각하거나 결과를 일으킨 원인을 잘못 파악하고 있지 않는가 하는 것과 관련된 것이다. 자기귀인(self-attribution)은 클라이언트가 과도하게 자기를 비난하거나, 사회적으로 부정적인 진단명을 내면화하거나, 자신을 희망이 없는 존재로 보고 있지 않는가 하는 것과 관련된 것이다.

⑥ 자아개념과 자아효율성

자아개념(self-concept)은 사회적 기능을 이해하는 데 있어서, 특히 중요한 인지구조의 한 예이다. 자아개념은 인지기능을 이해하는 데 필수적인 인지구조간의 역동적인 상호작용, 상호관련성 그리고 유형화를 보여준다. 자아의 다양한 도식은 타인과의 상호작용, 물리적 세계에 대한 경험, 지식, 반영과 통찰을 통하여 발달하며, 유목화되고 계층화된 도식은 자아개념을 형성한다.

개인의 조직화된 자아평가의 명제는 자신에 대한 신념체계로 간주할 수 있다. 이와 같은 자기 평가에 근거한 신념체계인 자아효율성(self-efficacy)은 특정한 목적을 성취하는 데 필요한 행동노선을 조직화하고 실행에 옮기는 능력에 대한 개인적 판단으로, 개인이 가지고 있는 기술이 아니라 소유하고 있는 어떤 기술을 활용할 수 있는 정도에 대한 개인적 판단을 말한다. 이러한 자아효율성은 행동의 선택, 노력의 정도나 일관성, 과업에 대한 정서적 반응 그리고 사고의 조직화에 영향을 미치며, 자아효율성 정도에 따라 개인의 대처능력과 문제해결능력이 증진되거나 방해를 받을 수도 있다(김동배 · 권중돈, 2005).

⑦ 자아중심성

자아중심성은 자신과 대상을 서로 구분하지 못하는 것으로 정의된다. 단계별로 이러한 분화의 결핍상태는 각기 다르다. 예를 들면, 유아기 초기에는 자신과 주변의 대상들을 구별하지 못하며, 청소년기에는 현실과 구별하지 못한다. 그런데 어느 단계의 자아중심성이든 공통된 점은 조절보다 동화를 주축으로 하는데, 이는 자기 자신의 사고와 감정에 초점을 맞추고 조작의 근거로 자신의 지식을 이용하기 때문이다(Flavell, 1963). 특히 어린 아동은 다른 사람의 관점을 받아들이지 못한다. 아동은 모든 것을 자신과 관련지어 생각하며, 일반적 세계에서 얻은 경험을 자신의 제한된 세계로부터 발전한 도식에 동화시킨다(Beard, 1969).

4) 인지발달단계

Piaget는 아동발달에 관한 연구를 증진시키는데 중요한 기여를 하였다. Piaget가 아동의 사고에 대해 연구함으로써, 아동의 현실에 대한 기본적 이해가 이루어지게 되었다. 즉, 어떤 사건은 아동의 인지적 구조의 여과를 거쳐서 아동에게 영향을 미친다고 보게 되었다.

Piaget의 이론에서는 출생부터 청소년기에 이르기까지의 인지발달단계를 제시하고 있다. 각각의 발달단계에서는 새로운 기능과 능력이 성숙해짐에 따라 심리적인 재구조화가 이루어진다. 아동이 발달하면서 세계를 알게 됨으로써 나타나는 기본적 구조와 과정의 발달과 변화를 통하여 사고가 변형되고, 다음 인지발달단계로 옮아가게 된다. 한 단계에서 다음단계로의 진보는 생물학적 성숙과 아동의 환경 속에서의 경험과 활동에 의해 이루어진다. 인지발달, 정서발달 그리고 사회적 발달은 분리될 수 없으며, 병행하여 발달하며, 각 단계에서의 인지적 발달은 개인내적 사고뿐만 아니라 대인관계에도 영향을 미친다(Piaget & Inhelder, 1969).

(1) 감각운동기

감각운동기(sensory motor period)는 상징적 사고와 언어의 사용이 불가능하기 때문에 환경에 적응하기 위하여 신체적 감각 및 운동발달에 의지해야 하는 시기이다. 영아는 자기의 신체나 주위의 물체를 잘 알지 못하나 빨기 반사, 파악반사 등을 통하여 환경에 적응하게 된다. 좀 더 성장한 영아는 자신과 물체를 알게 되고, 응시하고, 목표물을 향해 움직이고, 다른 사람의 행동을 모방하면서 적응한다(이옥형, 2002). 감각운동기를 아동의 지적 행동이 복잡한 형태로 진화해 가는 6단계로 구분하였으며, 이 단계에서는 독립적이지만 상호 관련이 있다고 하였다.

① 제1단계 : 반사기(0~1개월)

신생아는 태어나서 환경에서 주어진 자극에 그대로 반응하는 것이 아니라 자극을 받아들여 그에 적응할 수 있는 반응을 창출하는 내적 체계를 형성한다. 이 시기의 영아의 활동은 주로 빨기, 울기, 미발달된 운동 등과 같은 반사활동으로 이루어진다.

반사활동 단계에서 이루어지는 발달변화는 극히 적으며, 영아는 단순히 환경의 자극에 대한 반응으로서 사물을 보고, 잡고, 빠는 반사활동을 반복한다. 그러나 여러 감각활동들은 앞으로 영아가 자신의 세계에서 여러 대상을 이해하는 중요한 초석이 된다(송명자, 1996).

② 제2단계 : 1차 순환반응(1~4개월)

순환반응이란 우연히 새로운 경험을 하고 그러한 경험을 하기 위해 행동을 반복하는 것이다. 즉, 우연히 손가락을 빨게 된 경험을 반복하기 위해 손가락을 입에 집어넣으려고 한다. 처음에는 잘 되지 않아 손가락을 코나 눈으로 가져가지만 결국 시행착오를 거친 뒤 성공하게 되어 자연스럽게 '잡아당기기'와 '빨기'를 연합하게 된다. 영아의 홍미를 끄는 행동은 영아의 신체를 중심으로 반복해서 일어나는 단순한 것이다. 자신의 신체를 제외한 외부적인 사건들은 이때에 일어나지 않는다. 이 시기에는 재미있는 일이 반복되어 새로운 상황에서도 행동하는 능력을 갖게 된다는 점에서 중요하다. 즉, 일차순환반응은 환경이 주어지는 대로 학습하거나 획득하는 것이 아니라, 영아 스스로 발견한 자신의 신체에 대한 탐구과정이며 이해과정인 것이다(조복희 · 정옥분 · 유가효, 1997).

③ 제3단계 : 2차 순환반응(4~8개월)

이차적이란 용어가 암시하듯 이 단계의 영아는 이제 외부의 사건과 대상에 열중한다. 영아는 마치 새로운 것을 발견하여 반복해서 그것을 연습하는 것처럼 보인다. 그러나 아직 재생적 동화가 주가 된다. Piaget는 그 예로 유모차에 누워 있는 아이가 머리 위에 매달려 있는 인형을 반복해서 발로 차서 인형을 흔드는 것을 보았다(Piaget, 1936). 영아는 덜 자기중심적으로 되며 외부세계에 대한 정보를 자기 자신보다 다른 사물들에 더 의존해서 파악한다. 이 시기에 영아는 외부세계의 어떤 사건들이 영아 자신의 행동으로 발생한다는 것을 이해하기 시작한다. 그러나 행동과 그 행동의 결과 간에 의식적 결합은 아직 불가능하다.

1차 순환반응의 관심이 자기 내부에서 일어나는 것이라면 이 단계에서는 자신이 아닌 외부에서 흥미로운 사건을 발견하여 반복하게 된다. 예를 들면, 우연히 손으로 유모차 옆에 붙어 있는 막대기를 건드려 움직이는 것을 보고 재미를 느끼면 그것을 계속 반복하면서 매우 즐거워하는 것이다. 영아의 반복적 행동은 자신의 행동을 통해 환경 내에서 어떤 결과를 얻게 될 수 있다고 인식한 다소 의도적이고 목적을 지닌 행위라 할 수 있다. 그러나 이러한 의도적인 행위는 우연한 것이며, 행동 이전에 목표를 갖고 계획되지는 못한다. 이 시기에는 스스로 어떤 반응을 새롭게 만들어 내는 능력을 갖게 되며, 대상영속성의 개념이 서서히 나타나기 시작한다(이근홍, 2006).

④ 제4단계 : 2차 도식의 협응(8~12개월)

이 시기에 영아는 행동은 좀 더 분화되며 분리된 도식을 협응하게 된다. Piaget는 예로 장애물에 대한 유아의 행동을 들었다(Piaget, 1936). Piaget는 어느 날 그의 아들이 인형을 잡으려는 것을 막았으나 계속된 그의 행동에 아이는 손을 치우고 인형을 잡는 데 성공하였다. 즉 치우기와 잡기라는 분리된 도식을 협응시킨 것이다. 3단계에서 보기와 만지기 두 도식 간에 협응, 발달시켜 사건을 지연시키고, 4단계에서 문제해결에 필요한 도식을 협응시킬 수 있다. 이 시기의 영아는 어떤 결과를 얻기 위해 둘로 분리된 도식을 협응하여 의도적이며 수단-목적적인 행동을 수행한다. 즉, 어떤 목적을 이루기 위한 수단으로서 다른 도식을 활용한다.

이 시기 영아의 인지발달에는 두 가지 획기적 사건이 일어난다. 첫째, 새로운 사건들을 접하면 이미 학습된 행동양식과 도식을 사용하기 시작한다. 영아의 행동은 의도적이며 기존의 도식들을 목표성취를 위해 협응시킨다. 둘째, 주위에 있는 대상들이 자신과는 분리되어 있으며, 각자가 별개의 성질을 갖고 있다는 것을 깨닫는 대상영속성이 발달한다. 지각적 영역에서 사라진 대상이 실제로 부재하는 것이 아니라는 대상개념을 갖게 되는 것이다. 대상영속성을 획득한 영아는 원인과 결과의 관계를 이해해서 어떤 행위의 결과를 예측할 수 있으므로 그 결과를 얻기 위한 의도적 행동을 할 수 있다.

⑤ 제5단계 : 3차 순환반응(12~18개월)

활동성이 증가하면서 영아는 새로운 경험을 할 기회가 많아지는데 이에 따라 영아는 점점 환경을 통제하고 실험을 하기 시작한다. 이 시기의 영아는 전 단계들처럼 단순한 반복을 위해서 활동을 반복하지 않는다. 영아는 실험을 통해서 사건들 간의 인과관계를 검토하는 모색적 조절을 한다. 즉, 영아는 실험적 사고에 열중하여 원인과 궁극적 결과 간의 관계에 관한 새로운 가설을 설정해 보는 3차 순환반응을 한다. 다시 말해 새로운 목적을 성취하기 위해 익숙한 방식으로 시도해 보다가 이것이 안 된다는 것을 알게 되면 상황에 맞게 변형시킨다. 예를 들면, 로렌은 새 식탁에 흥미를 보이면서 식탁을 주먹으로 치는데 자기 행동이 만들어내는 각기 다른 소리를 듣기 위해 때로는 약하게 쳤다. Piaget는 새로운 반응을 시도하는 시행착오의 학습과정을 인간의 선천적인 호기심으로 보았고 이 반응을 1차, 2차 순환반응과 구분하기 위해 3차라고 하였다(이인정 · 최해경, 1995). 이 개념은 Piaget가 아들 로렌이 탁자를 여기저기, 세게 혹은 약하게 치는 것에 따라 소리가 달라지는 것을 즐기기 위해 행동을 반복하는 것을 관찰하여 나온 것이다. 이 단계가 3단계와 구별되는 것은 3단계에서는 같은 결과를 얻기 위해 한 가지 행동을 수행하였는데, 5단계에서는 다른 결과를 관찰하기 위해 다른 행동을 시도하는 것이다.

⑥ 제6단계 : 사고의 시작(18~24개월)

출생 후 약 18개월~24개월까지 영아는 좀 더 내면적으로 사고한 후에 행동을 하게 된다. 영아는 문제를 해결하기 위해 실재의 물체뿐만 아니라 상징이나 이미지를 인지적으로 조합하고 조정하기도 한다. 즉, 상징을 통해 새로운 인지구조를 생각하기도 하며, 이러한 인지구조들을 결합시켜 새로운 수단을 알아내는 사고를 시작한다. 이 시기에는 시행착오 과정을 통해 다른 행동을 취하는 것이 아니라, 머릿속으로 생각을 한 후 행동한다(조복희 · 정옥분 · 유가효, 1997). 예를 들면, 이 단계의 영아는 컵을 들고 가다가 문이 있으면 문을 열어야 한다는 상황판단으로 손에 든 컵을 들고 가다가 문이 있으면 문을 열어야 한다는 상황판단으로 손에 든 컵을 내려놓는다. 이것은 손의 컵이 문을 여는데 방해가 된다는 것을 알기 때문이다. 컵을 손에 들고 문을 열려다 실패하는 시행착오 과정을 거치지 않고도 머릿속에서 생각을 한 후 행동을 하는 것이다.

(2) 전조작기

전조작기에 해당하는 2~7세의 아동들은 언어를 사용하게 되면서 사물이나 사건을 기억하고 표현하는 능력이 가능해지지만, 조작능력에는 한계가 있어 변형된 경험을 논리적으로 환원시키지 못하고, 지각에 의한 직접적 경험으로 사물이나 사건을 이해한다.

전조작기 아동은 상징을 사용하여 보이지 않는 대상이나 상황을 표현하고 과업수행을 배우게 된다. 지각적 경험에만 의존하지는 않으나 논리보다는 지각에 아직 더 의존한다. 이 단계에서 가장 중요한 것은 언어를 사용하기 시작하고 언어능력이 발달하는 것이다. 언어습득을 통해 개념적 사고를 하는 것이다. 이와 같이 언어의 습득으로 사물이나 사건을 내재화할 수 있는 능력이 생기고 보이지 않는 것을 기억하는 표상이 가능하나 직접적으로 지각적 경험을 하지 않는 사건이나 대상을 조작하는 능력은 제한되어 있다.

① 보존개념

전조작기 아동의 보존개념은 명확히 발달되지 못하고, 구체적 조작기에서 그 능력이 발휘된다. 예를 들어 컵에 같은 양의 우유를 부어 보여준 뒤, 한 컵의 우유를 다른 긴 컵에 부으면 그 양이 달라져 긴 컵의 우유가 많다고 대답한다. 즉, 동일성, 보상, 역조작의 개념이 아직 이루어지지 않은 상태이다. 또한 수의 개념에서도 계란과 컵을 나란히 놓은 뒤 어느 것이 더 많으냐 하면 같다고 한다. 그러나 오른쪽 그림처럼 둘 중에 하나를 모아놓으면 긴 컵 쪽이 더 많다거나 아니면 더 오밀조밀한 계란 쪽이 더 많다고 한다. 뿐만 아니라 같은 양의 진흙으로 만든 두 개의 공을 보여준 뒤 아동 앞에서 하나를 핫도그처럼 길게 만들면 어느새 양이 달라졌다고 생각한다.

② 유목화

전조작기의 아동은 유목화가 되지 않아 18개의 갈색구슬과 2개의 흰 구슬이 모두 나무구슬이라 한 뒤, "갈색구슬이 많으니 나무구슬이 많으니?"라고 물으면 아동은 갈색구슬이 더 많다고 대답한다. 즉 갈색구슬이 나무구슬의 하위 유목임을 인지하지 못한다. 따라서 이때는 동물과 식물이 생물의 하위 유목임을 교육하기 힘들다.

③ 자아중심성

이 시기의 자아중심성은 아동이 자신의 관점과 상이한 다른 사람의 관점이 존재한다는 사실을 알지 못하기 때문에 모든 사람이 자신이 보는 것과 같이 세상을 보고 있다고 생각하는 것을 말한다. 즉, 아동이 타인의 생각, 감정, 지각, 관점 등이 자신과 동일하다고 생각하는 것이다. 이 시기에는 외부세계에 대하여 자신이 생각하는 것이 전부이고 유일하며 그것만이 가능한 것으로 생각하기 때문에 모든 사람들이 다 자신과 똑같은 방식으로 사물을 보고 있다고 생각한다는 것이다(이근홍, 2006). 예를 들어 아동과 전화통화하면, 자신이 가지고 있는 장난감에 대해 "이거 왜 이래?"하면서 묻는다. 즉, 자신이 보고 있는 장난감이 전화하는 상대방에게도 보일 것이라 생각한다. 또한 자아중심성으로 인해 엄마의 생일선물로 자신이 좋아하는 모형 자동차를 산다거나 자신이 배가 고프면 인형도 배가 고플 것이라고 생각한다.

④ 상징적 사고

전조작기 아동의 놀이에는 비언어적 상징행동이 많이 나타난다. 예를 들면 아동은 베개를 아기라고 재우는 흉내를 내며 볼펜을 가지고 담배라고 담배 피우는 흉내를 낸다. 이러한 상징적 사고는 언어의 발달과 함께 급속히 발달하며 아동의 연령에 따라 놀이의 형태도 변화한다(이종복 · 전남련, 2007).

그림은 아동의 내적 표상이 표출되는 중요한 상징적 수단이다. 예를 들면 아동이 해를 그릴 때 눈, 코, 입을 그려 넣거나, 버스에 타고 있는 사람들의 다리까지 그려 넣은 것은 그들이 눈에 보이는 것을 그리는 것이 아니라 자신의 머릿속에 있는 심상을 그리고 있음을 보여주는 것이다. 또한 언어는 아동이 내적 표상을 표현하는 상징적 수단이다. 언어는 아동의 시야를 넓혀주며, 언어를 통해서 아동은 과거를 다시 체험할 수 있고 미래를 예기할 수 있으며, 사건을 다른 사람에게 전달할 수 있다.

⑤ 물활론적 사고

물활론(animism)은 사물은 모두 살아 있고 각자의 의지에 따라 움직인다고 생각하는 것이다. 즉, 아동은 생명이 없는 대상에게 생명과 감정을 부여하며 4~6세가 되면 활동하는 것은 모두 살아 있는 것으로 여긴다. 예를 들면 아동은 태양을 그릴 때도 그 안에 눈과 코를 그려 넣거나 산은 아무것도 하지 않으므로 죽어 있다고 본다. 6~8세가 되면 움직이는 것들에 한해 생명을 부여하여 꽃은 움직이지 않아 죽은 것이고 구름은 움직이므로 살아 있다고 한다. 8세가 지나서야 비로소 스스로 움직이는 것에 한해서 생명을 부여하며, 그 이후가 되어야 생명이 있는 것을 식물과 동물에 한정시킨다(Crain, 1980).

⑥ 타율적 도덕성

타율적 도덕성(heteronomous morality)은 아동이 성인들에 의해 부여된 규칙에 맹목적으로 복종하는 것을 뜻한다. 아동은 그들이 항상 따라야 하는 하나의 강력한 규칙이 있으며, 규칙은 고정되어 있어서 변화될 수 없다고 생각한다. 이러한 타율적 도덕성은 구체적 조작기에 들어가 10세까지도 대부분 지속되다가 점차 자율적 도덕관을 받아들이게 된다.

⑦ 꿈의 실재론

꿈의 실재론(realism)은 아동이 자신이 꿈꾼 것이 실제라고 생각하는 것이다. 즉, 아동은 꿈이 현실로 존재한다는 것을 전적으로 믿고 있다는 것이다. 예를 들면 아동은 꿈이 현실로 존재한다는 것을 전적으로 믿고 있다는 것이다. 자기의 꿈이 다른 사람에게도 보이며, 밤이나 하늘로부터 또는 바깥의 빛으로부터 창문을 통해 들어오는 것이라고 생각한다.

아동은 점차적으로 꿈이 실재적인 것이 아닐 뿐만 아니라 그 내적 근원과 소재도 알 수 없다는 것을 알게 되며, 성인들이 가르쳐 주는 꿈의 다른 특성들도 알게 된다. 6~7세경이 되어서야 비로소 그들은 꿈의 성질을 완전히 이해하게 된다(Crain, 1980).

(3) 구체적 조작기

구체적 조작기(concrete operational period)는 7~11세경의 아동에게 해당하는 시기로서 사고가 안정되고 일괄성이 있으며, 조작적이면서 논리적 추리력을 갖게 되는 단계이다. 이 시기는 논리적 사고가 현저하게 발달하는 시기이지만 아동의 사고가 현실에 존재하며 관찰이 가능한 구체적 사건이나 사물에만 한정되어 있기 때문에 이 시기를 구체적 조작기라고 한다. 과거 경험의 도움 없이 순전히 언어적 지시만으로는 조작이 수행될 수 없으므로 이 시기의 아동은 여전히 지각의 한계를 벗어날 수 없으며, 실제적이고 구체적인 대상과 사상들에 한정된 논리만이 가능하고 이 논리를 가설적 문제에는 적용하지 못한다.

① 보존개념

보존개념(conservation)은 어떤 대상의 외적 형태가 변화 되어도 그 양적 속성이나 실체가 바뀌지 않는다는 사실을 이해하는 것을 의미한다. 이 시기에 아동은 아무것도 보태거나 빼지 않았을 때는 본래의 양이 동일하다는 동일성(identity) 및 어떤 변화상태란 그 변화과정을 역으로 거쳐 가면 본래의 상태로 되돌아 갈 수 있다는 가역성(reversibility)을 이해할 수 있다. 또한 아동은 어떤 차원에서의 변형에 의한 양의 손실은 다른 차원에서 얻어진다는 보상(compensation)을 이해할 수 있다.

② 탈 중심화

탈 중심화(decenter)는 사물의 어떤 두드러진 특성이나 측면에만 얽매이지 않고 여러 가지 특성이나 측면을 고려하는 다면적 사고를 할 수 있다는 것을 의미한다. 이러한 탈 중심화는 언어의 발달로 의사소통이 이루어지면서 더 활발해진다.

③ 서열화

서열화(seriation)는 어떤 특성의 속성이나 특징을 기준으로 하여 서로간의 양립이 불가능한 유목으로 나누면서 동시에 상호관계에 따라 사물을 잘 어울리게 배열하는 것이다. 즉, 이것은 여러 사물이나 현상들을 특정 속성에 따라 순서대로 배열하는 것을 말한다.

④ 분류화

분류화(classification)는 여러 사물과 현상들을 그 속성의 유사성에 따라 분류하여 이들의 공통적인 범주를 찾아내는 것을 말한다. 구체적 조작기에 아동은 사물의 분류에서 전체와 부분과의 관계를 이해할 수 있으며, 사물을 일정한 속성에 따라 분류할 할 수 있다.

⑤ 자율적 도덕성

자율적 도덕성(autonomous morality)은 규칙이 상호 합의에 의해서 제정되며, 서로가 동의하면 언제든지 자율적으로 변화될 수 있다는 것을 의미한다. 즉 구체적 조작기에 아동은 사회적 규칙이 사람들의 동의에 의해 만들어진 것이며, 그들의 동의에 의해 변경될 수 있다고 생각한다(최윤미 외, 1998).

(4) 형식적 조작기

형식적 조작기(formal operational period)는 11세부터 15세까지 지속되는 단계로서 아동은 자신의 지각이나 경험보다는 논리적 원리의 지배를 받으며, 추상적 사고가 가응하기 때문에 경험하지 못한 사건에 대한 가설적이고 추상적인 합리화를 통하여 과학적 사고를 할 수 있게 된다.

① 추상적 사고

추상적 사고(abstract thinking)는 실제적 · 구체적으로 경험할 수 없는 사물이나 사건을 머릿속으로 생각하는 것이다. 형식적 조작기에는 삶의 의미를 음미하고, 사회적인 규범과 가치관을 이해하며, 예술작품이 상징하는 것을 안다.

② 가설 연역적 추리

가설 연역적 추리(hypothetical-deductive reasoning)는 제시된 문제에 내포된 정보로부터 하나의 가설을 설정하여 일반적인 원리를 바탕으로 특수한 원리를 논리적으로 이끌어내는 것을 말한다. 구체적 조작기의 아동은 시행착오적 방법으로 문제해결을 도모하므로 시간 소모가 많은 반면 형식적 조작기의 아동은 문제해결을 위해 가능한 모든 방법을 생각하여 그 결과를 가정하여 가장 가능성 있는 것을 시도해 본다.

③ 조합적 사고

조합적 사고(combination thinking)는 하나의 문제를 해결하기 위해 여러 가지 가능한 해결책을 논리적으로 구성하여 문제해결에 이를 수 있는 사고이다. 구체적 조작기 아동처럼 시행착오적 접근방법이 아닌 체계적으로 가능한 조합을 차례로 시도하는 것이다.

5) Piaget 이론의 평가

Piaget의 이론이 아동의 인지발달연구에 크게 공헌했다는 사실은 아무도 부정하지 않는다. 그는 인지구조의 발생과 그 발달과정을 처음으로 포괄적이고 일반적으로 기술하여 지적성장이론을 수립했다. 이러한 기여에도 불구하고 Piaget 이론에 대한 몇 가지 비판이 있다.

첫 번째는 아동을 능동적인 학습자로 규정했다는 것에 대한 비판을 받는다. 이는 성인의 가르침 없이도 아동 스스로 인지구조를 발달시킨다는 것인데 이에 대해 학습론자들은 훈련의 효과를 제시하며 교사와 부모의 교육의 중요성을 강조하였다.

두 번째는 Piaget는 최종적인 인지발달이 청소년기가 되면 이루어진다고 보았는데 일부학자들은 성인기에도 인지발달이 계속된다고 주장하였다. 또한 청소년기에 도달한다는 형식적 조작기에 상당수의 성인이 도달하지 못한다고 반박하였다.

세 번째는 물활론이나 도덕 판단, 자아중심성 등에서 정교하지 않은 부분이 있다는 주장이다. 예를 들면, 4세경의 아동들은 보존개념을 파악하지 못하고 자아 중심적이지만 언제나 물활론 적이거나 자아중심적인 것은 아니다.

6) 인지발달이론과 사회복지실천

인지발달이론은 투사법을 활용한 정신역동 이론과 달리 직접적인 관찰과 면접 등을 활용하여 과학적인 발달이론을 제시하였다. 이러한 인지발달이론은 인간의 사고를 합리적으로 보며 인간과 환경의 적응을 강조하였다. 인지발달이론이 사회복지실천에 미친 영향을 정리하면 다음과 같다(최옥채 외, 2003).

첫 번째는 Piaget 이론은 아동의 사고과정 습득과 아동이 세계에서 경험한 것을 어떻게 생각하는지에 대한 사회복지사의 이해 증진에 도움을 줄 수 있다. 인지발달이론은 발달과정에서 개인의 능동적인 역할을 강조하고 심리적 구조에서 일어나는 변화들이 행동의 외형적 변화에 반영된다고 주장하고 있다. 그러므로 사회복지사들은 클라이언트의 현재 발달 단계 내에서 발달을 촉진시키기 위하여 주위 환경을 탐색하며 클라이언트의 인지발달을 돕도록 해야 할 것이다.

두 번째는 인간은 환경을 주관으로 이해하고 개인적 인지를 구성하는데 이것이 그 개인에게 있어 '현실'이 된다. 사회복지사들은 클라이언트의 문제를 클라이언트가 구성한 현실에서 개입해야 한다. 즉, 인지이론은 사회복지실천영역에서 클라이언트가 지각한 현실이 얼마나 중요한지를 시사해주는 근거가 된다.

세 번째는 매우 위축되고 박탈된 집단이 모든 문제를 자신의 탓으로 돌리며 사회적 영향을 전혀 고려하지 못할 경우, '자신들이 부족하고 잘못되어 문제가 일어난다'는 인지와 신념을 변화시키는 권한부여(empowerment) 접근의 근거가 되었다는 점에서 사회복지실천에 중요한 함의를 갖는다.

2. 도덕성발달이론 (Kohlberg)

Kohlberg는 Piaget 이론의 관심에서부터 출발하여 도덕적 사고에 관심을 두고 연구하였다. Piaget 이론을 확장시킨 Kohlberg는 도덕적 딜레마 즉 도덕적 갈등상황을 제시하고 연령별로 개인이 어떻게 판단추론하고, 어떻게 행동할 것인가를 분석 연구하였다. Kohlberg는 도덕성발달이 인지발달 수준에 따라 단계가 결정된다고 하였으며, 개인의 도덕적 판단능력에 따라 도덕성 발달을 3수준 6단계로 구분하였다.

1) 생애

Kohlberg는 1927년 뉴욕 주의 브론실에서 태어나 미국 명문사립고등학교를 졸업하였다. 그는 고등학교 졸업 후 대학에 진학하지 않고 이스라엘 건국운동을 도우러 갔다. 이후 1948년 시카고대학교 심리학과 입학하였으며, 동대학교 대학원에서 박사학위를 취득하였다.

Kohlberg는 박사과정 중 Piaget의 이론에 관심을 갖고, 그는 도덕적 딜레마를 응답자에게 제시하고 그것에 대해 도덕적 추리를 하게 한 후 왜 그렇게 판단하였는가에 대한 이유를 연구하였다. 그의 박사학위논문은 20년 동안의 추적을 통한 도덕성발달의 종단적 연구를 하였다.

1962년부터 1968년까지 시카고 대학교에서 교수로 재직하였으며, 1968년에는 하버드대학교 교수로 자리를 옮기어 학문적 연구와 후학양성을 하였다. 1987년에 사망하였다. 그의 대표저서는 『도덕성발달의 의미와 측정』(1979), 『도덕성발달의 철학』(1981) 등이 있다.

2) 이론의 특성

Kohlberg는 Piaget 이론에 관심을 갖고 아동과 청소년의 도덕적 사고에 대한 연구를 하였으며, Piaget 이론의 각 단계를 세분화하였으며, 체계적으로 독자적인 이론을 구축하였다. 또한 '하인츠 이야기'와 같은 가상적 도덕적 딜레마 상황을 제시하고 연령별로 응답자의 판단과 행동에 대해 묻는 방법으로 연구하였다.

하인츠 이야기의 내용은 다음과 같다. 하인츠는 죽어가는 아내를 살리기 위해 필요한 약을 구하고자 한다. 그 약을 발견한 약제사는 그 약으로 돈을 벌고자 한다. 약의 원료는 200달러밖에 되지 않으나 이 약제사는 한 알에 2,000달러를 달라고 한다. 하인츠가 구한 돈은 1,000달러밖에 되지 않는다. 약제사에게 찾아가 사정하며 나중에 돈을 갚겠다고 해보았지만 약제사는 이 약으로 돈을 벌어야 하므로 안 된다고 거절한다. 결국 하인츠는 약방 문을 부수고 들어가 약을 훔쳤다.

Kohlberg는 문화나 사회마다 도덕적 신념이나 가치의 내용이 다양하기 때문에 도덕성의 내용보다는 도덕적 사고구조에 중심을 두었다. 그는 도덕적 딜레마를 해결함에 있어서 옳고 그른 내용보다는 도덕적 판단을 내리게 된 사고의 틀이나 그 추리양상에 따라 도덕성 발달단계가 결정지어질 수 있다고 보았다. 그의 이론의 가장 큰 특징은 도덕성발달은 인지발달 수준에 따라 그 단계가 결정된다는 것이다. 도덕성발달도 인지발달처럼 낮은 수준의 발달이 이루어져야 순차적으로 다음 단계의 발달로 이어질 수 있다는 것이다(이혜경 · 김혜수, 2002). 또한 도덕성발달은 남성이 여성에 비해 높은 수준의 도덕성발달단계에 이를 수 있다하여 성별로 차이가 있다고 주장하였다.

3) 도덕성 발달단계

Kohlberg는 Piaget와 마찬가지로 도덕성발달은 불변의 순서가 있다고 하였으며, 최고의 수준까지는 아니지만 순서대로 진행된다고 하였다. 또한 도덕성발달이 사회화의 산물이 아니라 아동의 자발적인 행동의 결과라고 하였으며, 아동의 자발적인 호기심이 전재되어 있어 한다고 하였다.

Kohlberg는 도덕적 딜레마 상황에서 각 연령층의 아동이 어떻게 판단하는 가에 따라 3수준 6단계로 나누었다. 그는 전 인습적 수준을 4~10세, 인습적 수준을 10~13세, 후 인습적 수준을 13세 이상으로 나누고 각 수준에 2단계씩 총 6단계를 거쳐 발달한다고 하였다.

(1) 전 인습적 수준

전 인습적 수준(preconventional level)에서는 규칙이 개인에게 내재화되어 있는 것이라기보다는 외부의 영향에 의해 이루어지는 것으로 본다. 이 수준에서 아동은 행동의 결과가 가져다주는 보상이나 처벌에 의해 옳고 그름을 판단하거나, 규칙을 정하는 사람들의 물리적인 권위에 따라 도덕성을 고려하여 판단한다(이근홍, 2006).

① 1단계 : 처벌과 복종지향

처벌과 복종지향 단계에서는 처벌을 피하기 위해서 규칙과 권위에 복종해야하는 고정불변의 규칙이 있다고 판단한다. 선과 악을 판단하는데 있어서 행동의 내용보다는 결과에 의해 판단하게 된다. 따라서 하인츠의 행동은 나쁘다고 판단하게 된다. 하인츠의 행동 결과상에 처벌을 받게 되므로 나쁜 행동으로 판단한다. 아동은 처벌을 피할 수 있거나 강한 권위 있는 사람에게 복종하는 것이 도덕적으로 가장 가치 있는 것이라고 본다.

② 2단계 : 상대적 쾌락주의

상대적 쾌락주의 단계에서는 도덕적 행위가 더 이상 고정적이거나 절대적으로 복종해야하는 것이 아닌 자신과 타인을 만족시켜 주는 수단이라 생각하며, 문제는 한가지의 고정적 측면이 아닌 다측면을 가지고 있다고 본다. 처벌과 복종지향 단계에서는 처벌을 피하려고 하는 단계이지만 상대적 쾌락주의 단계는 보상을 추구하는 단계이다. 따라서 하인츠의 행동은 아내를 구하기 위해 약을 훔친 것은 정당할 수 있으나, 약제사의 입장에서는 약을 훔친 것은 나쁘다고 판단할 수 있다. 이처럼 어느 입장이냐에 따라 결과가 달라질 수 있으며, 자신의 욕구와 쾌락에 따라 도덕적 가치를 판단한다.

(2) 인습적 수준

인습적 수준(conventional level)에서는 자신이 속한 가족, 사회, 국가의 기대에 맞는 행동을 하고자 노력한다. 이 수준에서는 힘이 있거나 권위적인 타인의 칭찬을 획득하고 사회질서를 유지하기 위해서 사회적 규칙이나 기준에 따른다. 또한 타인의 관점을 인식하면서 이를 고려할 수 있으며, 집단이나 집단성원에 대해 동일시한다(이근홍, 2006).

③ 3단계 : 착한 소년소녀지향

착한 소년소녀지향 단계에서는 동기와 감정이 정의로운가에 비추어 생각하며, 사회적 규제를 염두에 둔 타인과 좋은 관계를 유지하고, 타인과의 관계에서 칭찬받는 것과 기쁘게 해주거나, 도움을 줄 수 있는 행동을 도덕적이라고 판단한다. 따라서 하인츠의 행동은 아내를 사랑하고, 생명을 살리려는 의도가 착하고 약제사의 돈을 벌려는 마음과 생명에 무관심한 것을 판단하여 약제사의 행동이 옳지 않다고 판단한다. 즉, 의도에 의해 행동의 선과 악을 판단하며, 사회적 규제를 수용한다.

④ 4단계 : 법과 사회질서

법과 사회질서 단계에서는 사회질서에 대해 보다 광범위하게 사고하게 되며, 사회질서가 유지되기 위해서는 법에 복종해야 된다고 본다. 따라서 하인츠의 행동은 불가피한 의도에 의해 약을 훔쳤지만, 그에 따라 처벌도 받아야 한다고 판단한다. 법과 사회질서의 단계가 1단계 처벌과 복종지향 단계와 유사하지만 훔치는 것은 나쁘다는 단순한 논리가 아니라 사법과 사회질서의 측면을 강조하게 된다. 즉, 도덕적 판단의 근거가 타인 중심에서 사회질서로 전화되며, 사회질서를 위한 법의 기능을 개념화 하고 있다.

(3) 후인습적 수준

후인습적 수준(postconventional level)에서는 집단의 권위나 권리를 행사하는 사람들과는 무관하게 도덕적 가치와 원리를 규정하려는 노력을 보인다. 즉, 보편적으로 타당한 원리로서의 정의에 의해 옳고 그름을 판단하여, 도덕적으로 옳은 것과 적법한 것이 항상 일치하거나 같은 것이 아님을 깨닫게 된다(이근홍, 2006).

⑤ 5단계 : 민주적 법률

민주적 법률단계에서는 사람들이 화목하게 살아가기 위해 공동체가 동의한 장치를 법이라고 한다. 위의 목적으로 만들어진 법이 잘 지켜져야 하는 사회적 계약이지만, 개인의 권리나 존엄성을 위협한다면 불공정하고 충족시키지 못하면 상호동의나 민주적인 절차를 통해 변경시킬 수 있다. 따라서 하인츠 아내의 살 권리가 중요하지만 약을 훔친 것은 옳다고 할 수 없어 옳고 그름을 분명히 판단할 수 없다고 한다.

⑥ 6단계 : 보편적 원리

보편적 원리단계에서는 가장 높은 도덕적 단계로써 옳고 그름을 개인의 양심과 자신이 선택한 윤리적 원칙에 비추어 판단한다. 이러한 양심의 원리는 구체적인 규칙이 아니고 법을 초월하는 인간의 존엄성, 포괄성, 보편성, 공정성, 정당성 같은 보편적 정의의 원리이다. 따라서 하인츠가 도둑질을 할 법적 권리는 없지만 보다 상위의 도덕적 권리를 갖고 있다고 응답한다. 보편적 원리 단계는 이르는 사람은 많지 않으며, 위대한 철학자, 종교적 지도자 등만이 도달하였다고 보고 있다.

3) Kohlberg 이론의 평가

Kohlberg의 이론은 연령과 도덕적 사고에 대한 새로운 입장과 상관관계를 입증하는 중요한 역할을 했으며, 세계의 도덕교육의 방향과 내용을 설정하는 데 이론적 근거가 되었음에도 불구하고, 몇 가지 측면에서 비판 받고 있다.

첫 번째는 Kohlberg는 도덕성발달단계가 불변적인 순서로 전개된다고 보았으나, 어느 한 단계를 거치지 않거나 단계가 생략될 수 없는가와 관련된 문제가 제기되고 있다. 또한 그는 단계의 순서에서 퇴행이란 있을 수 없다고 하였으나, 일시적으로 퇴행을 보일 수 있다는 문제가 제기되고 있다(Crain, 1980).

두 번째는 Kohlberg는 한 단계에는 다음 단계로 이행되는 것이 자발적 행동의 결과라고 하였으나, 도덕적 태도는 사회화의 산물이며 문화적 교육의 결과일 수 있다. 따라서 그의 이론은 도덕성 발달에서 교육과 사회화를 무시하고 있다는 비판을 받고 있다. 또한 서로 다른 다양한 문화권에서 성장한 사람을 대상으로 연구하였기 때문에 그의 이론이 모든 문화에 보편적으로 적용된다고 하였으나, 인간은 환경의 산물이므로 그의 이론이 모든 문화권에 보편적으로 적용될 수 있는가 하는 의문이 제기된다(이근홍, 2006).

세 번째는 Kohlberg의 이론은 남성위주의 연구의 결과이므로 여성의 특성을 전혀 고려하지 않았다. 이런 남성이 여성보다 높은 도덕성발달을 보인다는 비판과 보편적 원리의 6단계가 실제로는 거의 존재하지 않는 이론적 개념에 불가하다는 비판을 받고 있다.

제4절 인본주의이론

1. 현상학이론 (Rogers)

Rogers는 인본주의이론의 발달에 기여한 주요한 인물이다. 그는 인간의 문제를 과거 역사보다는 현재의 강조와 인간은 통합된 유기체로서 행동을 하기 때문에 통합적 존재로 보는 현상학이론을 주장하였다. 인간의 의식과 자기인식이 성격을 설명한다고 하였으며, 자기(self)를 중요시 하였다. 또한 인간행동은 개인이 세계를 지각하고 해석한 사건의 결과라고 하며, 이것은 무의식적인 어떤 힘에 의해 야기되는 것이 아니라고 하였다.

Rogers는 인간은 근본적으로 자유로우며, 자신의 행동에 책임을 지고, 자발적, 합목적적, 전진적, 건설적, 미래지향적이며, 신뢰할 수 있다고 하였다. 그는 성공적 치료에 필요한 조건설정으로, 예를 들어 사회복지사는 치료적 관계에서 진실해야 하고, 일관성이 있어야 하며, 클라이언트에 대한 무조건적인 긍정적 관심을 가져야하고, 클라이언트의 세계관에 공감해야 한다는 것을 강조했다(최순남, 1995).

1) 생애

Rogers는 1902년 미국 일리노이 주의 오크파크에서 태어났다. 그는 경제적으로 안정되고 화목한 애정이 깊은 집안에서 성장했으나, 부모님께서 종교적으로 엄격했으며, 고교시절까지는 가족 외에는 가깝게 지내는 친구도 없이 독서와 사색으로 보냈다. 1919년 위스콘신 대학에 진학하였으며, 세계기독학생연합회에서 활동을 하였다. 1924년 사학과를 졸업하였으며, 콜롬비아대학에서 1928년 석사학위를 받았으며, 1931년 임상심리학으로 박사학위를 받았다.

Rogers는 1940년 오하이오주립대학교의 심리학과 교수가 되었으며, 1945년 시카고대학교 심리학과 교수, 1957년 위스콘신대학교 심리학과 교수를 하였다. 1964년 교수직을 사임하고 캘리포니아 주에 있는 서부행동과학연구소와 인간연구소에서 연구 활동을 하였으며, 1987년 85세에 사망하기 전까지 인종간의 긴장완화와 세계평화를 위한 노력에 열정을 바쳤다.

Rogers의 저서로는 『상담과 심리치료』(1942), 『클라이언트중심치료』(1951), 『심리요법과 성격변화』(1954), 『심리학 : 과학의 연구』(1959), 『인간형성에 관하여』(1961), 『존재방식』(1980) 등이 있다.

2) 인간관

Rogers의 인간관은 자유, 합리성, 그리고 자아실현의 경향이 서로 연결되어 있다. 인간의 삶은 자신이 통제할 수 없는 어떤 힘에 의해 조종당하는 피동적 삶이 아니라 각 개인의 자유로운 능동적 선택의 결과라고 보았다. 모든 인간은 자신의 과거와 현재 생활 상태를 정확히 인식할 수 있기 때문에 자신의 삶과 미래를 능동적으로 선택할 수 있다. 즉, 인간은 선천적으로 타고난 성장가능성을 실현하는 과정에서 자신의 인생목표와 행동방향을 스스로 결정하고 이러한 결정에 따르는 책임을 수용하는 자유로운 존재로 규정하고 있다(Frick, 1971).

Rogers는 인간은 합리적인 존재라고 규정하고, 살인, 강간, 이상적충동, 반사회적 행동 등은 인간의 내적 본성과 화합하지 못한 결과라고 하였다. 이러한 합리적인 측면은 자아실현의 경향이 강해지고 인간이 더욱 자유로워질 때

강하게 표출된다. Rogers(1959)는 모든 인간이 자신의 내부에 자기이해, 자기개념과 기본적 태도의 변화 및 자기 지향적 행동을 위한 거대한 자원을 갖고 있다고 하였다. 이러한 선천적 능력의 표현이 바로 자아실현경향이다라고 하였다. Rogers(1961)는 이러한 자아실현의 경향을 성취하기 위하여 인간은 항상 노력하고 도전하고 어려움을 극복함으로써 진정한 한 개인이 되어간다고 하였다.

Rogers(1961)는 인간을 통합적 존재로 보고 있으며, 인간에 대한 전체주의적 관점은 그의 자아개념에 잘 반영되어 있다. 자아는 항상 더 원대한 전체성으로 이동해 간다고 하였다. 즉, 인간의 발달은 유아의 미분화된 현상학적 장에서 출발하여, 자아개념의 발달로 그 장(field)이 자아와 환경으로 분화되고, 각 개인이 자아일치성을 계속 추구하는 데서 발달의 최정점에 이를 수 있다. 인간을 항상 전체성과 통합성을 발전해가는 존재로 보고 있다.

3) 주요개념

① 현상학적 장

현상학적 장이란 경험적 세계(experiential world) 또는 주관적 경험으로도 불리는 개념으로 특정 순간에 개인이 지각하고 경험하는 모든 것을 의미한다. Rogers는 동일한 현상이라도 개인에 따라 다르게 지각하고 경험하기 때문에 이 세상에는 개인적 현실 즉, 현상학적 장만이 존재한다고 보고 있다. 특히 Freud가 과거 경험이 인간의 행동을 결정하는 요인이라고 본 점에 대항하여, Rogers는 현재 행동을 결정하는 것은 과거 그 자체가 아니라 과거에 대한 각 개인의 현재의 해석이라고 할 정도로 현재의 현상학적 장을 중시하였다(김동배 · 권중돈, 2005).

② 자기(self)

Rogers(1959)는 자기 또는 자기개념을 개인의 현상학적 장이 분화된 부분이며, 'I', 'me'에 대한 의식적 지각과 가치를 포함하는 것으로 보았다. 자기개념은 현재 자신이 어떤 존재인가에 대한 개인의 개념으로, 자기 자신에 대한 자기상이다. 이러한 자기개념은 현재 자신의 모습에 대한 인식, 즉 현실자기와 앞으로 자신이 어떤 존재가 되어야 하며, 어떤 존재가 되기를 원하고 있는지에 대한 인식, 즉 이상적 자기로 구성되어 있다고 하였다.

자기는 인생 초기에는 존재하지 않지만, 분화과정을 통해서 나를 제외한 나머지 세계와 자신을 구분하기 시작하면서 출현한다. 자기의 구조는 환경과의 상호작용을 통해서 형성되고 발전하며, 특히 부모, 형제, 친척, 친구 등과 같은 중요한 타자들을 통해 가장 큰 영향을 받는다. 인간의 자기개념은 사회적 상호작용의 산물로서 인간이 인지적 · 지각적인 능력이 성숙해감에 따라 점차적으로 분화되고 복잡해진다(이근홍, 2006).

③ 자기실현경향

Rogers(1951)는 인간에게는 많은 욕구와 동기가 있지만 그것들은 단지 하나의 기본적 욕구의 일부분에 지나지 않는다고 하였다. 그 기본적 욕구가 바로 자기를 유지하고, 증진시키며 실현하려는 욕구이다. Rogers는 이러한 욕구를 하나의 용어로 규정할 수는 없다는 점을 지적하면서, 자기유지(self-maintenance), 자기경향(self-enhancement), 자기실현(self-actualization)이 모두 포함되는 것으로 이해해야 한다고 보았다. 그러나 자기실현이라는 용어가 이러한 욕구를 표현하는 데는 한계가 있긴 하지만, 심리학적으로 가장 널리 사용되는 용어라는 점을 인정하고 있기 때문에 이러한 인간의 기본욕구를 자기실현경향이라고 한다.

④ 자기개념의 중요한 요소

이러한 자기개념 발달의 중요한 요소는 긍정적 관심과 가치의 조건, 무조건 긍정적 관심으로 나뉘게 된다. 긍정적 관심(positive regard)은 자기개념이 나타남에 따라 발달하며, 인간이 보편적이며 영속적으로 갖게 되는 욕구이다. 이것은 부모를 비롯한 다른 사람들로부터 받게 되는 수용, 사랑, 승인, 존중 등을 포함하는 개념이다(Schulz & Schulz, 1994). 아동은 긍정적 대우에 대한 욕구를 만족시키기 위해서라면 아무 일이나 하려는 경향이 있다. 따라서 아동의 행동은 자기개념을 보존시키고 증진시키기 위해 행동하는 것이 아니라 긍정적 대우를 받는 방향으로 나타난다.

가치의 조건(condition of worth)은 다른 사람들로부터 거절당할 행동이나 태도를 삼가고 바람직한 행동과 태도를 표현할 때 인정하고 수용할 가치가 있다는 믿음이다(Schulz & Schulz, 1994). 아동은 긍정적 관심과 사랑을 받으며 자기를 유지시키거나 향상시키는 것으로 지각되는 경험들은 더욱 추구되고 긍정적으로 평가되어 자기실현의 기틀이 되지만, 거부와 불인정을 받는 아동은 자기의 행동에 대한 지침을 자신이 아닌 타인의 기대에서 찾는다.

무조건 긍정적 관심(unconditional positive regard)은 아동에 대한 부모의 사랑처럼 어느 개인의 행위에 부여된 가치와는 무관하게 긍정적인 관심을 주거나 받는 것을 말한다. 인간이 자신의 모든 자기경험이 중요한 타자들로부터 긍정적 관심을 갖는 것으로 지각될 때에 받아들여진다. 즉 무조건 긍정적 관심은 다른 사람을 수용하거나 존중하는 것을 포함하며, 타인의 모든 자기경험이 동등한 것으로 가치가 부여될 때 주어진다(이근홍, 2006).

⑤ 완전히 기능하는 사람

Rogers(1961)는 훌륭한 삶이란 만족이나 행동한 상태가 아니다. 훌륭한 삶이란 하나의 과정이며 목적지가 아닌 방향이다라고 하며, 그것은 유기체가 어떠한 방향으로든 자유롭게 움직일 수 있는 내적 자유가 있을 때 그가 선택하는 방향으로 움직이는 과정이다. 이러한 방향이 갖는 일반적 자질은 그것이 일정한 보편성을 갖는 것이다. 심리적으로 자유로운 사람은 좀 더 완전히 기능하는 방향으로 움직인다고 보았다. 이러한 완전히 기능하는 사람은 다섯 가지 중요한 특성을 가지고 있다.

첫 번째는 경험에 대한 개방성이다. 완전히 기능하는 사람은 자신의 본성에 대해 모든 것을 알고 있으며, 성격의 어떤 면도 차단하지 않는다. 그래서 성격은 생활이 주는 경험을 잘 받아들일 뿐만 아니라 지각과 표현의 새로운 길을 열기 위해 그 경험들을 활용하는 데에도 융통성이 있다. 그들은 긍정적·부정적 정서들을 더욱 폭 넓게 받아들이며, 그들을 더욱 강렬하게 느낀다는 점에서 정서적이다(Schultz & Schultz, 1994).

두 번째는 실존적인 삶이다. 완전히 기능하는 사람은 고정된 자아를 갖지 않으며, 경험을 다스리거나 조정할 필요도 없기 때문에 경험에 자유롭게 참여할 수 있다. 즉 그들은 자아구조가 새로운 경험에 언제나 개방되어 있기 때문에 융통성이 있고, 성격에는 어떤 경직성이나 예언할 수 있는 능력도 없다. 그들은 순간에 일어나는 모든 것을 쉽게 받아들이며, 각각의 경험 속에서 다음에 올 경험을 받아들일 수 있도록 쉽게 변화할 수 있다(Schultz, 1977).

세 번째는 자신의 유기체에 대한 신뢰이다. 완전히 기능하는 사람은 결정을 내려야 하는 상황에서 유용한 모든 정보에 접근할 수 있으며, 유기체 전체로 하여금 한 상황의 모든 측면을 고려할 수 있게 한다. 즉 그들은 모든 관련된 요소들이 신중하게 고려되고 조화가 이루어져 그 상황의 모든 측면을 가장 잘 만족시키는 결정에 도달할 수 있다. 그들은 결정에 도달하는 데 사용된 자료가 왜곡되지 않고 정확하므로 그들 스스로를 신뢰하듯 그들의 결정도 신뢰한다. 완전히 기능하는 사람은 경험을 결정을 내리는 데 필요한 가장 중요한 정보의 출처로 간주한다(Hjelle & Ziegler, 1981).

네 번째는 완전히 기능하는 사람은 이러한 자유감과 지배감 때문에 인생에서 매우 많은 선택을 하며, 그가 하고자 하는 것은 뭐든지 할 수 있다고 느낀다. 그러나 방어적인 사람은 삶에 대한 지배감을 갖지 못하고 무한한 가능성을 느끼지 못하며, 선택이 제한되어 있고, 미래에 대한 시야도 좁다. 완전히 기능하는 사람은 자기 자신이나 타인에 의해서 단지 한 방향으로 행동하도록 강요

당하지 않으며, 자유롭고 다양하게 행동한다(Schultz & Schultz, 1994).

다섯 번째는 창조성이다. 창의적인 사람은 사회적 · 문화적인 제약에 순응하거나 수동적인 적응을 한다고 볼 수 없다. 그들은 방어성이 없기 때문에 순응하거나 수동적인 적응을 한다고 볼 수 없다. 그들은 방어성이 없기 때문에 그들이 하는 행동에 대하여 다른 사람들로부터 인정을 받는 일에 관심이 없다. 한편 완전히 기능하는 사람은 주변 환경의 급작스런 변화에 보다 더 잘 적응하며, 살아남을 가능성이 더 많다고 믿는다. 그들은 전쟁이나 자연적인 재앙과 같은 충격적인 변화에까지도 대처할 수 있는 창의성과 자발성을 갖고 있다(Schultz, 1977).

4) Rogers이론의 평가

Rogers의 이론은 정서적 장애를 가진 사람들을 위한 심리치료와 상담영역에서 상당한 공헌을 하였으며 인간의 본성을 긍정적인 측면에서 바라보았다. 또한 자기개념을 중요시 한 것에 대한 많은 공감을 받고 있으나, Rogers의 이론은 몇 가지 측면에서 비판을 받고 있다.

첫 번째는 Rogers는 Freud의 인간의 본성은 충동적이고 악한 본성을 갖고 있다는 주장에 반해 본질적으로 선하고 존경받을 만하고, 충동적이고 악한 본성은 인간의 내적이 아닌 환경으로부터 발생한다고 하였다. 그러나 이러한 본성은 단지 환경뿐만 아니라 다양한 관련 요소들을 통해 설명되어야 한다.

두 번째는 Rogers는 클라이언트의 말을 여과 없이 받아들이기 때문에 클라이언트의 자료에 대한 신뢰성과 타당성이 의문시 된다.

세 번째는 Rogers는 인간의 무의식적 과정에 별다른 관심을 보이지 않고 있다. 무조건적인 긍정적 관심, 공감적 이해, 진실성이 존재한다면 개인도 상징화된 경험들을 인식하게 될 수 있다는 것이다. 그러나 인간의 무의식은 이러한 것으로는 인식할 수 없다(Enger, 1991).

네 번째는 Rogers의 이론의 자기개념, 자기실현경향, 완전히 기능 등의 개념은 모호하고 너무 포괄적인 경향을 가지고 있어 이해하는 데 어려움이 있다.

5) 현상학이론과 사회복지실천

Rogers는 치료의 중요한 변이 치료적 환경이라고 믿으며, 치료의 기법의 사용을 최대한 억제하며, 치료자의 인간성과 신념, 그리고 태도, 관계를 중요시해야 한다고 하였다. 이런 Rogers의 현상학이론의 사회복지실천의 실례로 클라이언트 중심치료와 인카운터 그룹에 대해 알아보겠다.

① 클라이언트 중심치료

클라이언트 중심치료의 치료자가 갖추어야 할 태도에는 일치성, 무조건 긍정적 관심, 공감적 이해가 필요하다. 일치성은 치료자가 진실하다는 의미로, 치료기간 동안에 치료자는 거짓된 태도를 보여서는 안 되며, 자신의 내적 경험과 외적 표현이 일치되어야 하며, 클라이언트와의 관계에서 일어나는 감정을 솔직하게 표현해야 한다. 무조건 긍정적 관심은 비소유적 온화함이라 할 수 있으며, 치료자는 클라이언트를 하나의 인격체로서 온화하고 진실하게 보호하여야한다. 보호한다는 것은 클라이언트의 감정이나 생각, 행동의 좋고 나쁨에 대한 판단에 의해 영향을 받지 않는다는 점에서 무조건적이다. 공감적 이해는 감정이입적 이해라 할 수 있다. 치료자는 실제 상황에 처해 일치감을 느껴야 하며, 자신의 클라이언트를 무조건 수용하고 존중한다는 것을 느껴야 하고, 공감한다는 것을 느껴야 한다. 또한 이러한 이해의 감정을 의사소통할 수 있는 능력이다.

② 인카운터 그룹

인카운터 그룹(encounter group)은 친밀한 상호작용을 통해 각 사람으로 하여금 자기 자신과 타인과의 관계를 맺는 방법에 관해 더 많은 것을 발견하게 끔 하는 소집단이다. 이것은 치료과정에서 사람들이 융통성, 자발성, 개방성 등을 개발하거나 회복하도록 하는 집단이다(Schulz & Schulz,1994). Rogers는 개인을 보다 완전하게 기능하도록 도와주는 이러한 집단의 잠재력에 큰 흥미를 가졌다. 인카운터 그룹이 치료적 가치를 가진다고 하더라도, 이것은 일반적인 집단치료와는 구분된다. 집단치료는 상당히 심각한 문제를 가지고 있거나, 즉각적인 도움을 필요로 하는 사람을 도와주기 위한 것이다. 그러나 인카운터 그룹은 이미 정상적으로 잘 기능하는 사람들의 능력을 증진시키기 위해서 계획된 것이다.

Rogers는 인카운터 그룹이 내적 경험에 대한 자각을 증가시키며, 보다 만족스런 대인관계의 개선에 도움을 줄 수 있다고 믿었다. 그는 또한 인카운터 그룹이 정부, 회사, 학교, 교회, 가정과 같은 여러 다른 환경에서 개인들간의 그리고 집단 간의 갈등을 줄이는 것과 같은 다양한 목적을 위해 사용될 수 있다고 보았다(Nye, 1981).

2. 욕구단계이론 (Maslow)

Maslow의 이론은 욕구단계이론, 인본주의이론, 자아실현이론이라고 불린다. Maslow(1970)는 욕구단계이론의 기본적 전제를 세 가지로 정리하였다. 첫 번째는 각 개인은 통합된 전체로 간주되어야한다. 두 번째는 인간의 본성은 본질적으로 선하며, 인간의 악하고 파괴적인 요소는 나쁜 환경에서 비롯된 것이다. 세 번째는 창조성이 인간의 잠재적 본성이다.

Maslow(1968,1970)는 행동주의와 정신분석을 부정하는 입장으로써 행동주의는 인간을 관찰 가능한 단순한 행동체계로만 취급할 뿐 가치관, 감정, 장래 희망, 행동의 선택, 창조성 등의 인간적 측면을 간과하고 있다고 하였다. 정신분석은 문제행동을 병리적으로 강조한 결과 건강한 성격의 발달을 다루지 못했다고 보았다. 행동주의와 정신분석에 대한 반대의 입장에서 Maslow는 탁월한 자기실현자들을 연구한 결과 내적으로 잠재력을 완전히 실현한, 즉 자유롭고 건강하며 두려움 없는 삶이 사회에서 완전히 기능한다는 것을 발견하였다. 성장, 자기실현, 건강에 대한 열망, 정체감과 자율성의 추구, 향상을 향한 노력이 보편적 인간의 성향으로 간주하였다.

Maslow는 유전적 토대 위에서 자아실현은 환경에 의해 결정된다고 보고 유전이 성격발달에 중요한 역할을 수행하며, 유전구조 속에 잠재적인 재능이나 흥미가 결정되어 있다고 인정하였다. 이런 Maslow의 욕구단계이론은 사회복지사가 클라이언트의 욕구를 평가하는 데 유용하게 활용되고 있다.

1) 생애

Maslow는 러시아에서 이민 온 유태인 부모의 칠남매 중 장남으로 1908년에 뉴욕의 브룩클린에서 태어났다. 청소년기의 지역 내의 반유태인 감정과 친구가 없던 Maslow는 도서관에서 책을 읽으며 성장하였다. 집안의 압력으로 대학에서 법학을 전공하였으나, 뉴욕시립대학에서 코넬대학, 다시 위스콘신대학으로 전학하여 심리학을 전공하였다. 1930년에는 학사학위, 1934년에는 행동주의를 토대로 한 원숭이의 성적특성과 지배 특성에 관한 관찰 연구 주제로 박사학위를 취득했다. 그러나 Maslow는 첫 딸에게 나타나는 아이의 복잡한 행동은 그로 하여금 행동주의 심리학이란 사람보다는 동물을 이해하는데 더 적절하다는 것을 일깨우게 해 주었다. 2차 세계대전으로 인간의 편견, 증오 등을 경험하면서 Maslow는 인본주의, 욕구단계이론으로 결정적인 전환을 하게 되었다. 1951년부터 1969년까지 브랜다이스 대학의 심리학과 교수로 재직했으며, 이후 캘리포니아의 에살렌연구소와 1967년에는 미국심리학회 회장, 1969년에는 초월심리학회를 발족 시켰다. Maslow는 1970년 62세의 나이로 심장마비로 사망하였다.

Maslow의 저서로는 『인간심리학을 향해서』(1962), 『종교, 가치관 및 절정경험』(1964), 『과학심리학 : 정찰대』(1966), 『동기와 성격』(1970), 『인간본성의 깊은 이해』(1971) 등이 있다.

2) 주요개념

① 내적본성

Maslow(1968)는 내적 본성에는 몇 가지 기본적 가정이 있다고 하였다. 내적 본성의 일부는 모든 인간에게 보편적이지만 일부는 개인마다 고유하며, 생물학적으로 결정된 인간의 내적 본성은 기본적 욕구, 정서, 능력 등으로 이루어진다. 그리고 내적 본성은 악하지 않고 선하거나 중립적이므로 감추지 않고 장려하는 것이 좋다. 또 내적 본성에 따라 인생을 살게 되면 건강하고, 풍요하며, 행복한 삶을 살 수 있다. 이러한 중요한 속성이 부인되거나 억제되면 병이 된다. 또한 내적 본성은 미묘하고 섬세하며 약하므로 습관, 문화적 기대, 그릇된 태도 등에 의해 쉽게 압도된다. 그러나 비록 약할지라도 정상인은 물론 병리적인 사람조차 내적 본성이 완전히 사라지지는 않는다. Maslow에 의하면 내적 본성을 드러내고, 촉진하며, 충족하는 경험은 성취감과 자기의 성장발달을 가져오며 건강한 자존감과 자신감을 낳는다.

② 욕구

Maslow(1968,1971)는 욕구를 두 가지 형태로 구분하였다. 첫 번째 형태는 기본적 욕구 혹은 결핍성의 욕구(deficiency need)로 음식, 물, 쾌적한 온도, 신체의 안전, 애정, 존경 등의 욕구이다. 이런 기본적 욕구 혹은 결핍성의 욕구는 다섯 가지 객관적 특징과 두 가지 주관적 특징을 가진다. 첫째, 결핍되면 병이 생긴다. 둘째, 충족되어 있으면 병이 예방된다. 셋째, 충족시키면 병이 회복된다. 넷째, 자유롭게 선택할 수 있는 상황이라면 충족이 결핍된 사람은 우선적으로 그것을 충족하려고 한다. 다섯째, 건전한 사람에게는 결핍성의 욕구가 기능적으로 존재하지 않는다. 여섯째, 의식적 또는 무의식적 바램이다. 일곱째, 부족감 혹은 결핍감으로 느껴지게 된다. Maslow는 신경증이 결핍성 질환이라고 보았으며, 기본적 욕구의 만족이 결핍되는데서 신경증이 생긴다는 것이라고 하였다. 대부분의 신경증은 안전, 소속과 동일시, 친밀한 애정관계, 존경과 위신에 대한 욕구가 충족되지 못한 것과 관련이 있다고 하였다.

두 번째 형태는 성장욕구(meta need) 혹은 자기실현 욕구(self-actualization need)이다. 자기실현 욕구는 잠재능력, 기능, 재능을 발휘하려는 욕구이다. Maslow는 결핍성의 욕구를 저변으로 하여 자기실현 욕구를 정점으로 하는 체계를 가정했다. 그는 성장욕구도 결핍성의 욕구와 선천적인 것이라고 보았다. 심리적 건강을 유지하고 완전한 성장을 이루려면 성장욕구를 만족시켜야 한다. 그는 성장욕구에 의해 동기화된 사람들이 진, 선, 미, 법, 질서, 정의, 완전을 추구한다고 보았다.

3) 인간욕구단계

Maslow(1970)는 인간의 욕구는 그 중요성과 강도에 따라 위계적으로 배열되어 있으며, 개인에 따라 차이가 있고 특정시기에 강하게 나타나는 욕구가 있긴 하지만 모든 욕구가 동시에 존재한다고 보고 있다. 만약 생리적 욕구를 85% 정도 충족시키면, 안전욕구는 70%정도, 소속과 애정에 대한 욕구는 50%, 자존감의 욕구는 40%, 그리고 자아실현의 욕구는 10%가 충족된다.

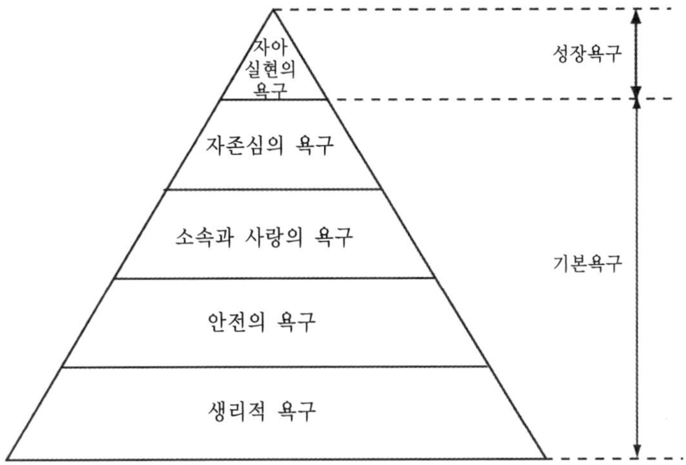

[그림 2-3] Maslow 욕구위계체계

① 생리적 욕구

생리적 욕구(physiological needs)는 인간의 욕구 중 가장 기본적이고 강하며, 생물학적 유지와 직접적으로 관련이 있다. 음식, 물, 공기, 수면, 은신처, 성, 휴식, 건강과 감각적 자극에 대한 욕구 등이 포함된다. 더 높은 단계 욕구를 만족시키기 위해서는 생리적 욕구가 어느 정도 만족되어 있어야 하며, 생리적 욕구가 충족되지 못할 경우 더 높은 단계의 욕구를 만족하려는 시도를 할 수 없다.

생리적 욕구는 인간행동을 이해하는 데 매우 중요하다. 이것은 인간의 욕망을 지배하고 있으며, 만일 이것이 제대로 충족되지 못하면 사회의 가치나 도덕이 지켜지기 어려울 수 있다. 생리적 욕구는 기본적인 생존에 어려움이 있는 사람들에게는 가장 중요한 삶의 동기가 되지만, 대부분의 사람들의 생활에서는 최소한의 역할을 수행하고 있다(Schulz & Schulz, 1994).

② 안전욕구

안전욕구(safety needs)는 생리적 욕구가 만족이 된 사람에게서 갖게 되는 욕구이다. 안전욕구가 생기는 이유는 개인은 환경 내에서 확실하고, 정돈되고, 질서 있게 조직화되어 있으며, 예측할 수 있게 생활하고 싶기 때문이다. 아동기에는 상대적 무력감과 성인데 대한 의존으로 나타난다. 또한 안전욕구는 성인이 되어서까지도 커다란 영향력을 갖게 되며, 이것은 부분적으로 의식주를 해결할 수 있는 직업, 저축, 보험가입, 철학, 종교 등과 관련되어 있다. 특히 종교와 철학은 개인이 자신의 세계를 구축하는 것을 돕고 거기에 소속된 사람들 전체를 의미 있는 하나로 만들어 안전감을 느끼게 한다(Hjelle & Ziger, 1981).

③ 소속과 애정에 대한 욕구

소속과 애정의 욕구(belong and love needs)는 생리적 욕구와 안전욕구가 충족 되었을 때, 개인에게 나타나는 욕구이다. 이 단계에서는 남들과의 애정, 가족 내에서의 위치, 준거집단 등을 갈망하며, 집단의식이 개인의 주요한 목표가 된다. 소속에 대한 욕구는 산업화 · 도시화에 따른 사회적 이동성의 증가로 인하여 점점 충족되기 어렵다. 그러므로 소속의 욕구를 충족시키기 위해서는 개인이 조직, 단체, 집단 등에 가입하여 활동하는 것이 필요하다(Schulz & Schulz, 1994).

이러한 소속과 애정의 욕구는 사랑을 받는 것뿐만 아니라 사랑을 주는 것을 모두 포함한다. 사랑을 받는 것을 통해 자신이 가치 있는 존재라는 감정을 가지게 되고 사랑을 받지 못하게 되면 공허감, 무가치감, 적대감등을 갖게 되며, 부적응, 신경증, 정신병의 원인이 된다.

④ 자존감의 욕구

자존감의 욕구(self-esteem needs)는 소속과 애정에 대한 욕구가 충족된 이후에 나타나는 욕구이다. 자존감의 욕구는 자기 자신과 다른 사람들로부터 존경받고 싶은 욕구를 말하고 자기존중은 능력, 신뢰감, 개인의 힘, 적합성, 성취, 독립, 자유 등을 의미하며, 다른 사람의 존경은 명성, 수용, 주목, 평판, 영광과 명예를 말한다. 다른 사람이 소중하게 대해 주는 데서 생기는 자존감이 일차적이다. 사실상 다른 사람이 자신을 귀하게 여겨주지 않는다면 자기 자신을 중요한 사람이라고 느끼기 어렵다.

자존감의 욕구가 만족되면 자신감, 자기존중, 힘, 능력, 적절성, 세상에서 유용하고 필요하다는 느낌 등을 가져온다. 그러나 이러한 욕구가 만족되지 못하면 열등의식, 어리석음, 약함, 무력감, 좌절감, 무용지물이라는 느낌, 자기비하 등을 유발한다. 가장 건전한 자존감은 명성, 지위, 재산, 아첨 등과 같은 외부요소에 의존해서 얻어내는 것이 아니라, 개인의 능력과 끊임없는 노력을 통하여 다른 사람으로부터 얻어낸 존경에 근거한다(Hjelle & Ziger, 1981).

⑤ 자아실현의 욕구

자아실현의 욕구(self-actualization needs)는 생리적 욕구, 안전욕구, 소속과 애정의 욕구, 자존감의 욕구가 충족된 이후에 나타나는 욕구이다. 자아실현의 욕구는 자신의 잠재력을 성취하고 싶은 욕구이다. 즉, 자기가 원하는 종류의 사람이 되려는 것이다. 자신의 본성에 충실한 것인 자기실현 욕구의 구체적 형태는 사람마다 다르다. 어떤 사람에게는 이상적인 어머니가 되고 싶은 소망의 형태로, 다른 사람에게는 운동으로 표현될 수 있으며, 또 다른 사람에게는 화가가 되는 것이다.

자아실현을 하기 위해서는 몇 가지 조건이 필요하다. 첫째, 우리는 사회나 자기 자신에 의해서 부과된 강요로부터 자유로워야 한다. 둘째, 생리적 욕구나 안전욕구와 같은 낮은 수준의 욕구에 의해서 정신적으로 혼란해져서는 안 된다. 셋째, 자신의 이미지와 다른 사람들과의 관계에 대해 확신이 있어야하며, 사랑을 주거나 받아야 한다. 넷째, 자신의 강점과 약점, 미덕과 악덕 등에 관한 실제적인 지식을 소유해야 한다(Schulz & Schulz, 1994).

Maslow(1970)는 자이실현의 욕구를 충족한 사람들도 나름의 약점을 지니고 있기 때문에 결코 완벽한 인간이라고 할 수 없다고 하였지만, 이와 동시에 자아실현의 욕구를 성취하는 사람은 극소수에 불과하다고 주장하였다.

4) 자아실현자의 특징

Maslow는 자기실현을 하는 사람은 평범한 사람들에 비해 그들을 움직이는 어떤 힘이 질적으로나 양적으로 다르다는 사실을 인식하였다. 이에 그는 자기실현에 대해 나름의 정의를 내린 후 그 정의에 맞는 사람들의 공통적 특성을 발견하고자 하였다. 그 결과 자기실현자는 존재 가치에 의해 동기화되는데, 성장 동기로서 존재가치가 체험을 확장하고 삶을 풍부하게 하는 것으로 밝혀졌다. 또 하나는 공통적 특성은 연령인데 자기실현자는 중년 이상이다.

자아실현을 이룬 사람들은 인간의 기본적인 욕구보다 더 높은 수준의 욕구를 추구하고자 노력하며, 신경증과 같은 병리적 현상이 없고, 연령적으로도 중년이나 그 이상의 경우가 많다. 많은 사람들이 자아실현을 하고자 노력하며 도달가능성에 대해 낙관적이지만, 자아실현을 성취한 사람은 극히 소수에 불과하다(Schultz,1977). Maslow(1970)는 자아실현자의 특징을 다음과 같이 정리하였다.

첫 번째는 자아실현자는 현실에 대해 효과적인 지각을 하며 편안해 한다. 자아실현자는 성격의 위장, 허위, 부정직한 측면을 간파하며, 일반적으로 사람을 정확하고 효과적으로 판단하는 능력이 있다. 또한 자기실현자는 일반적, 추상적, 규범적인 것과 새로운, 구체적인, 독특한 것을 쉽게 구분한다. 따라서 대부분의 사람들이 신뢰하는 인간이 만든 개념, 기대, 신념, 고정관념을 따르지 않는다. 즉, 그들은 세계를 자기들이 원하거나 필요한 방식으로 보는 것이 아니라 있는 그대로 본다.

두 번째는 자아실현자는 불만 없이 자신의 본성과 다른 사람들을 수용한다. 즉, 자아실현자는 약점과 장점을 포함한 자기 자신을 수용하므로 자기의 본성을 있는 그대로 받아들인다. 자신의 본성에 대해 수용하므로 자기실현자는 자신을 왜곡하거나 변조할 필요가 없다. 또한 자아실현자는 자신에 대해서뿐 아니라 다른 사람들의 결점에 대해 그리고 사실상 인류 전체의 결함에 대해 똑같이 관대하다.

세 번째는 자아실현자는 행동에 꾸밈이 없으며 내적 생활, 사고, 충동에도 꾸밈이 없다. 그들의 행동은 순박하고 자연스럽다. 그렇다고 자아실현자의 행동이 인습에 얽매이지 않는다는 뜻은 아니다. 자아실현자는 고의로 전통에 거스르거나 반항하지 않으며, 의도적으로 사회의 규칙이나 규범을 우롱하지 않는다. 단지 상대적으로 자율적이고 개인적인 윤리강령을 가질 뿐이다.

네 번째는 자아실현자는 일반적으로 자기 자신보다 외부의 문제들에 크게 관심을 가진다. 자기중심적이지 않고 문제 중심적인 것이다. 이는 반드시 그들이 스스로 좋아하거나 선택해서라기보다는 그들이 느끼기에 자신의 책임, 의무, 과업이기 때문이다.

다섯 번째는 자아실현자는 자신에게 해롭거나 불편해하지 않으면서 혼자일 수 있다. 그들은 보통 사람들보다 훨씬 더 고독과 프라이버시를 원한다. 보통 사람들이 사회적 관계에 초연하면 문제를 낳지만, 자아실현자의 초연함은 다른 특성들로 인해 불가피하다. 예를 들어, 자아실현자는 문제 지향적이므로 외부문제에 집중하다 보면 주위사람에 대해서는 무심하게 된다. 따라서 자아실현자는 일반적 의미로는 다른 삶들을 필요로 하지 않는다.

여섯 번째, 프라이버시와 독립의 욕구로 인해 자아실현자는 물리적, 사회적 환경으로부터 비교적 독립되어 있다. 결핍성 동기가 아닌 성장 동기의 영향을 받기 때문에 자아실현자는 만족을 위해 실제 세계, 다른 사람, 문화, 목적을 위한 수단, 부차적 만족에 의존하지 않고 오히려 자신의 발전과 성장을 위해서 자신의 잠재력과 잠재된 자원에 의존한다.

일곱 번째는 자아실현자는 자연, 어린 아이 등과 같은 삶의 기본적인 것들에 대해 경외, 기쁨, 경이, 환희를 느끼며 새롭게 받아들이고 순진무구하게 감사하는 놀라운 능력이 있다.

여덟 번째는 절정경험이라는 신비한 경험을 한다. 이는 눈앞에 끝없는 수평선이 펼쳐지는 느낌, 강력하면서도 동시에 스스로 어쩔 수 없는 느낌, 환희와 경외의 느낌 같은 것이다. 혹은 자기중심에서 벗어나거나 완벽한 순간에 느끼는 만족과 즐거움 같은 주관적 경험을 말한다.

아홉 번째는 자아실현자는 모든 인간에 대해 강하게 이입된 감정과 애정을 느끼며 동시에 인본주의를 지지한다. 때로는 분노, 안타까움, 혐오를 느끼기도 하지만 일반적으로 인간에 대해 깊은 동일시, 공감, 애정을 갖는다. 따라서 그들은 마치 한 가족인 것처럼 인류를 돕고 싶은 소망을 가진다.

열 번째는 자아실현자는 보통 사람들보다 더 깊이 있는 인간관계를 맺는다. 자아실현자는 소수의 사람들과 그런 깊은 유대를 맺는다. 그들은 다른 사람들이 가능하다고 여기는 것보다 더 밀착되고, 더 사랑하며, 더 완전한 동일시를 하여 자아경계를 없앤다.

열한 번째는 자아실현자는 민주적인 성격특성을 가진다. 그들은 계급, 교육수준, 정치적 신념, 인종, 피부색에 관계없이 누구에게나 우호적이다.

열두 번째는 자아실현자는 수단과 목적을 분명하게 구분하며, 목적을 수단보다 훨씬 더 중요시한다. 그들은 또한 실제 생활에서 옳고 그른 것을 확실하게 구분한다. 그들은 윤리적이고, 분명한 도덕기준을 가지며, 옳은 일을 하고 그른 일을 하지 않는다. 그러나 자아실현자의 옳고 그른 기준은 인습적 기준이 아니다.

열세 번째는 자아실현자는 유머감각이 있다. 그러나 그 유머감각은 일반적으로 생각하는 유머가 아니다. 그들은 보통사람들이 재미있게 여기는 것을 재미있다고 생각하지 않는다. 따라서 그들은 다른 사람을 상처 입혀서 웃기는 적대적 유머, 다른 사람의 열등함을 비웃는 우월감 유머, 음란한 농담 같은 권위에 저항하는 유머에 웃지 않는다. 예를 들면, 링컨의 유머가 자아실현자의 특성을 가진 유머이다. 즉, 우화에 가까운 유쾌한 형식으로 교육적 시사를 나타낸다. 인간이 어리석게 행동하거나 우주에서의 자기의 위치를 망각하거나 실제로 작은 존재임에도 큰 척할 때 놀려주는 것이 자기실현자의 유머이다.

열네 번째는 자아실현자의 창조성은 때 묻지 않은 어린아이의 순진무구하고 광범위한 창조성에 가깝다. 대부분의 사람들은 문화의 영향을 받아서 이 창조성을 상실하게 된다.

열다섯 번째는 자아실현자는 문화적응에 저항하고 특정문화를 초월한다. 자아실현자는 자기 충족적이고 자율적이므로 어떤 방식으로 생각하고 행동하라는 사회적 압력에 저항한다. 따라서 스스로 방향을 정하고 문화로부터 내적으로 이탈하여 초연함을 유지한다. 그러나 공연히 문화에 반항하는 것은 아니며, 개인적으로 대단히 중요한 문제에 대해서만 사회규칙이나 규범에 도전한다.

5) Maslow 이론의 평가

Maslow 이론은 인간을 자신의 인간성을 만드는 창조자로 보기 때문에 행동주의 이론과 정신분석이론의 비정상적이거나 일탈적인 인간행동에 초점을 맞추는 것과는 차이가 있다. 성장을 지향하는 인간의 노력과 인간 자체가 존엄하고 가치가 있다는 것은 인본주의 이론의 기초가 된다. 이러한 Maslow의 이론에도 몇 가지 비판을 받고 있다.

첫 번째는 Maslow 이론에서 사용된 성장욕구, 메타병리, 절정경험, 자아실현 등과 같은 개념들은 명료성이 부족하고 모호함 점이 많다는 것이다. 또한 자아실현의 욕구가 학습된 것이 아니라 선천적으로 보기에는 어려움이 있다(Schulz & Schulz, 1994).

두 번째는 Maslow 이론은 친구, 친척, 역사적 인물을 포함한 유명한 사람, 대학생, 심리적 건강의 모델이라고 여겨지는 49명의 사람들을 세밀히 조사하였다. 이런 자아실현에 관한 정보를 수집하는 방법에서 표본이 너무 적기 때문에 일반화하기에 어려움이 있다. 실험 자료의 해석과 전기적 자류의 분석의 방법을 명시하지 않았다.

세 번째는 Maslow 이론은 건전하고 창조적인 인간을 너무 강조한 나머지 인간행동에서 내적인 측면과 환경에 의한 영향을 무시하고 있다. 또한 인간욕구의 우선순위가 사람에 따라 다양성을 보일 수 있기 때문에, 욕구의 단계가 순서적으로 일어난다고 볼 수는 없다(이근홍, 2006).

6) 욕구단계이론과 사회복지실천

사회복지실천에서 욕구(needs)란 인간이 사회생활을 영위함에 있어서 충족시켜야 할 기본적 욕구를 말한다. 사회복지실천에서 서비스나 정책의 단위가 욕구이며, 사회복지실천과 욕구는 불가분의 관계이다. 사회복지실천에서 욕구단계이론을 사용하여 클라이언트를 원조하려면 다음과 같이 접근할 수 있다(임은희, 2005).

첫째는 욕구 충족과 통찰이다. 사회복지사와 클라이언트의 관계에서 기본적 욕구를 충족하도록 도와주는 것이며 치료의 본질은 관계이므로 인간관계 훈련을 잘 받은 사회복지사이어야 한다. 둘째는 통찰치료이다. 병이 심각한 사람은 기본적 욕구 충족을 찾거나 원하지 않고 대신 신경증적 욕구 충족을 원한다. 기본적 욕구 충족을 주어도 이것을 사용하지 못한다. 애정을 보여주어도 두려워하고 불신하고, 잘못 해석하여 거절한다. 깊은 죄책감으로 파괴적이 되므로 전문적 치료가 필요하다.

제3장 사회체계와 인간행동

제1절 이론

1. 일반체계이론

일반체계이론은 생물학자인 Ludwig von Bertalanffy에 의해 1940년대에 처음으로 제시된 이후 1960년대부터 주목을 받게 되었다. 일반체계이론은 앞에서 제시한 이론들과 다른 점이 많이 있다. Bertalanffy(1962)는 일반체계이론은 이론이 아니고 현상을 설명하고, 예측하고, 통제할 수 있는 이론적 모형을 제시해 주는 기능을 하는 작업가설이라고 하였다. 따라서 일반체계이론은 매우 추상적이며 현실을 관찰하고 구성 요소들 간의 관련성을 파악하여 조직화할 수 있는 방법을 제시해 주며, 세포에서부터 사회 그리고 모든 형태의 인간연합체에 적용될 수 있다(Durkin, 1981; Kearney, 1986; Polsky, 1969).

체계란 독특한 방식으로 상호작용하고 지속적으로 존재하는 구성요소들을 포함한 조직화된 전체이다(Anderson and Carter; 1984). Bertalanffy (1968)는 체계를 구성하는 요소들의 속성과 이들 간의 상호작용의 속성을 이해하기 위하여 일반체계이론을 개발하였다. 즉, 일반체계이론의 원칙은 매우 복잡한 체계의 관계속성 또는 체계 내부에서 이루어지는 상호작용의 특성을 파악하기 위하여 개발된 것이다. 모든 체계가 유사한 관계속성을 지니고 있다는 인식에 기초해 있는 일반체계이론의 등장으로 원조전문직에서는 이전의 기계적이고 환원적인 사고에서 벗어날 수 있었다. 체계요소들 간의 상호관련성과 상호의존성을 강조하는 체계적 시각은 과학적 사고의 급격하고 중요한 변화를 가져왔다(Buckly,1968; Kurkin,1971; Hearn, 1958).

일반체계이론은 사회복지실천에 매우 중요한 영향을 미쳤으며 많은 변화를 초래하였다. 일반체계이론의 영향으로 사회복지에서는 X가 Y를 일으킨다는 직선적 원인론에 입각한 의료적 모형(medical model)에서 벗어나 여러 가지 원인에 의하여 행동이 일어난다고 보는 순환적 원인론(circular casuality)으로 전환할 수 있게 되었다. 일반체계이론은 행동을 단순한 원인에 입각하여 설명하기보다는 다양한 변인들 간의 상호작용을 이해할 수 있는 개념적 준거틀을 제시 하였다.

일반체계이론은 원조과정에서 수집한 정보를 조직화하고 통합할 수 있는 길을 열어주었기 때문에, 인간행동을 이해하는 데 매우 유용한 이론적 준거틀을 제공해주었다(Berger and Federico, 1982). 예를 들어 직선적 관점에서는 성별 행동차이를 호르몬 분비상의 차이에 기인한 것이라고 볼 것이다. 하지만 일반체계이론은 역할행동, 성적 정체감과 같은 복잡한 현상들과 관련된 다양한 기여요인들을 동시에 고려하여 행동차이를 설명하고 해결하려 할 것이다. 이와 같이 일반체계이론은 사회복지사들이 인간이 기능하는 다양한 체계를 동시에 고려해야 한다는 인식을 갖게 해줌으로써 사회복지실천에 많은 영향을 미쳤다.

사회적 현상간의 상호관련성에 초점을 두는 일반체계이론은 사회복지실천의 초점을 변화시켰다. 일반체계이론은 인간과 상호작용하는 체계의 다면

성에 강조점을 두기 때문에, 통합적 관점 또는 개념적 가교를 제공해주는 이론으로 받아들여지고 있다. 일반체계이론의 영향으로 사회복지실천에서는 개인의 행동에 초점을 두던 것에서 벗어나 체계성원들 간의 역동적 상호작용에 다시 초점을 두게 되었다. Hearn(1979)은 사회복지사는 체계이론을 활용함으로써 인간 환경 복합체에 대한 이중적 초점을 유지할 수 있게 된다고 하였다. Weick(1981)는 사회복지전문직에서는 일반체계이론을 통하여 개인과 사회체계사이의 새로운 관계, 즉 나누어진 개인과 환경을 새롭게 융합할 수 있는 이론적 기반을 구축할 수 있게 되었다고 하였다.

일반체계이론은 인간이 상호작용하는 많은 체계를 고려할 수 있는 접근방법이기 때문에 사회복지 실천의 사정과 개입의 영역을 확대시켰다. 즉, 일반체계이론의 영향으로 사회복지실천의 사정에서는 클라이언트에 국한되지 않고 관련 체계의 영향력을 사정에 포함시키게 되었으며, 문제나 욕구를 보다 상황적이고 환경적인 맥락에서 이해하려는 경향을 부활시켰다. 그리고 일반체계이론의 원칙은 개인의 생활문제를 이해하고 개입하기 위한 사회복지실천뿐만 아니라 가족, 사회집단, 그리고 지역사회를 포함한 다양한 형태의 사회조직에 개입할 때 모두 적용될 수 있다.

일반체계이론은 체계의 구성요소들 간의 상호의존성과 상호작용 그리고 사회체계의 적응 또는 부적응에 강조점을 두고 있게 때문에 사회복지실천에도 매우 유용하게 사용될 수 있다. 특히 일반체계이론은 사회 체계 내부 및 체계들 간의 안정성과 변화를 설명할 수 있는 수단을 제공해 주기 때문에, 사회복지실천에 매우 유용하다. 사회복지사가 문제해결과 개입 및 변화의 가능성을 결정하고자 할 때 사회체계가 정적 상태에 머물러 있는 것이 아니라 환경과 지속적으로 상호작용하고, 목적적이며, 목적 지향적이라는 일반체계이론의 개념을 활용할 수 있다.

이와 같이 일반체계이론이 사회복지실천의 변화와 성장에 많은 기여를 하였지만, 1980년대 이후부터 일반체계이론에 대한 전문직의 평가는 상반되고 있다. Kearney(1986)는 체계이론의 중심개념들은 개인과 체계간의 상호적 영향력을 이해하는 데 있어서 아직도 중요한 역할을 하고 있다고 평가하였다. 이에 반하여 Siporin(1980)은 체계이론은 그 인기를 잃어가고 있으며, 생태학적 이론에 의해 대치되어가는 중이라고 하였다.

일반체계이론에 대한 이와 같은 상반된 평가에도 불구하고 많은 사회복지사가 일반체계이론을 절충적으로 활용하고 있다(De Hoyos and Jensen, 1985). Hearn(1979)은 일반체계이론이 사회복지전문직에 소개된 이래로 발전을 거듭하여, 현재의 체계이론의 인공두뇌이론, 의사소통이론, 생태학적 이론까지도 포함하는 것으로 확대되고 있다. 하지만 체계이론의 개념들은 여전히 난해하고, 복잡하고, 고도로 추상적이기 때문에 일반체계이론을 처음 접하는 사람들은 매우 생소하게 느껴질 수 있다. 그럼에도 불구하고 Compton과 Galaway(1989)는 환경 속의 클라이언트를 더욱 잘 이해하기 위해서는 기본적인 체계이론의 개념들을 이해하는 것이 필수적이라 하였다. 따라서 다음에서는 이와 같은 체계이론의 기본가정과 주요개념, 인간발달에 대한 관점 그리고 사회복지실천에의 적용방안 등에 대한 논의를 통하여 일반체계이론에 대한 이해를 도모해보고자 한다.

일반체계이론에서는 인간을 통합된 하나의 체계로 간주하는 전체적 인간관을 갖고 있다. 일반체계이론에서는 체계를 상호의존적이고 지속적으로 상호작용하는 부분들의 총체로 규정하고 있다. 그리고 체계 내 어느 한 부분의 변화는 다른 부분들 간의 상호작용의 속성을 변화시키기 때문에 체계 전체의 속성을 변화시킨다고 보고 있다. 이러한 일반체계이론의 체계 관에 근거해 볼 때, 인간은 신체, 심리, 사회적 부분으로 분리된 존재가 아니라 통합된 전체로 기능한다. 이러한 전체의 기능수준은 신체, 심리, 사회라는 각 부분의 기능 정도를 단순히 합한 것 이상의 것이며, 한 영역의 변화는 전체 인간의 사회적 기능에 영향을 미친다고 보고 있다.

일반체계이론의 인간본성에 대한 또 다른 관점은 환경 속의 인간관이라 할 수 있다. 일반체계이론에서는 하나의 통합된 총체인 인간은 외부 체계와 끊임없이 상호작용하며 상호 의존하는 존재로 보고 있다. 즉, 인간은 자신의 욕구에 맞게 환경을 수정할 수 있을 뿐만 아니라 환경의 요구에 맞게 자신의 행동을 수정할 수 있는 능력을 지니고 있다. 이와 같이 일반체계이론에서는 인간행동이 환경과의 끊임없는 역동적 상호작용의 산물이라고 본다. 즉, 체계적 관점에서는 인간의 행동을 집단, 가족, 또는 다른 사회적 단위를 포함하는 전체적인 사회적 상황의 결과로 본다(Shafer, 1969). 따라서 한 개인의 부적응적 행동은 한 개인에게 원인이 있는 것이 아니라 그를 둘러싸고 있는 사회체계와의 역기능적 상호작용에 그 원인이 있다고 할 수 있다.

체계는 어떤 형태의 규칙적 상호작용이나 상호의존성에 이해 통합된 조직이다(Bardill and Ryan, 1973). 한 체계의 요소들은 상호간에 상호작용하고 영향을 미친다. 이러한 상호작용에 의하여, 구성요소들이 독특한 전체를 형성한다. 즉, 체계는 전체를 형성하기 위하여 서로 조화를 이룬 통합된 부분들로 구성되어 있다. 이러한 체계는 자체의 경계를 초월하여 외부 환경과도 지속적인 에너지 교환을 함으로써 생존이 가능해지고, 내적 기능에 있어서의 변화와 발달이 이루어진다. 그리고 이러한 한 체계의 변화는 체계 자체의 변화에 머무르는 것이 아니라 환경의 변화를 야기 시킨다.

체계는 비교적 안정된 구조를 지니고 있다. 체계는 부분들 간의 지속적인 관계를 맺음으로써 비교적 안정된 상호작용 유형을 지니고 있다. 예를 들어 사회체계는 조직화된 행동능력을 가진 상호작용하고 상호의존 하는 사람들의 구조이다. 사회체계가 시간의 흐름에 따라 발달해가면서, 각 성원들이 분화된 역할을 담당함으로써 체계는 독특한 특성을 지니게 된다. 체계이론은 체계성원들 사이의 상호적 상호작용을 조직화하고 통합된 방식으로 파악할 수 있는 방법을 제시해준다.

체계는 다양한 수준에 걸쳐 존재한다. 체계는 인간의 정신기능을 만들어 내는 뇌세포사이의 행동체계에서부터 가족체계 성원들 간의 상호작용유형에 이르기까지 그 수준이 매우 다양하다. 이와 같이 하나의 총체로서 기능하는 체계는 다른 체계의 하위체계인 동시에 또 다른 체계의 상위체계이다. 예를 들어 가족은 하나의 체계이면서 동시에 사회의 하위체계이며, 가족성원의 상위체계인 것이다.

대표적인 사회체계인 가족은 강한 상호간의 애정 및 충성심에 의해 밀접한 관계를 맺고 있는 개인들로 구성된 사회체계로써, 영속되는 가구 또는 가구의 집합이다(Terkelsen, 1980). 일반체계이론에서는 가족을 이해하기 위해서는 각각의 성원을 분리하여 분석해서는 안 되며, 오히려 가족성원들 사이의 관계를 파악하여야 하며, 각 개인의 행동이 전체적인 사회적 상황의 결과로 보고 있다(Shafer, 1969).

1) 주요개념

일반체계이론이 말하는 체계는 매우 다양하기 때문에, 모든 체계와 관련된 주요개념들을 논의하기란 매우 어렵다. 따라서 본장에서는 사회복지실천에서 일반체계이론의 영향을 가장 많이 받은 가족중심 접근방법의 기본대상인 가족체계를 중심으로 하여 일반체계이론의 주요개념들에 대해 논의해보고자 한다.

(1) 구조 및 조직적 속성

① 체계 내부의 구조와 조직

모든 체계는 독특한 구조를 가지고 있다. 구조(structure)는 체계성원들 사이에서 지속적으로 나타나는 안정된 관계유형을 의미하며, 각 개인이 수행하는 기능에 기반을 두고 있다. Buckley(1967)는 체계의 조직적 속성인 체계성 또는 전체성의 정도를 기준으로 하여 체계적 관계유형을 분류하였다. '전체는 부분의 총합 그 이상이다'라는 비합생산성의 가정은 전체로서의 체계는 부분간의 관계체계와는 다른 관계특성을 지닌다는 의미이다. 하나의 조직은 각각의 부분, 즉 구성요소와는 다르고, 구성요소에서는 발견되지 않는 관계특성을 지니고 있다.

조직의 관계특성이 부분의 관계와는 다른 관계특성을 지니고 있다는 것은 다음의 예를 살펴보면 더욱 명확해진다. 천체 관찰자가 한 번에 한 개의 별을 관찰할 때는 북두칠성이나 큰곰자리는 볼 수 없게 된다. 분리된 별들이 전체를 형성하기 위하여 서로 조직화될 때 전체로서의 형상을 지닐 수 있게 된다. 전체가 부분들의 총합 이상이라는 원리는 각 가족이 다른 형상을 취하는 이유는 이해할 수 있는 길을 제시해 주고 있다. 가족체계내의 상호작용과 의사소통유형, 조직적 구조와 환경에 대한 개방성 정도가 서로 다르기 때문에, 각 가족의 형상도 달라진다. 어느 가족도 닮은꼴이 아니기 때문에, 가족체계는 독자적인 의사소통과 구조적 유형을 발전시키게 된다.

조직은 에너지 교환을 촉진하는 체계성원들의 집합이라고 할 수 있다. 하나의 체계가 조직화되는 방식은 체계의 구조와 작동순서와 밀접하게 관련되어 있다. 체계는 부분들 간의 지속적인 상호교환활동에 의해 조직화되는데, 하나의 체계가 작동하고 기능하기 위해서는 상위체계에 의존하여야 하며, 또한 그 체계의 하위체계에 방향을 제시해 주어야 한다. 이와 같이 부분들 간의 반복적인 상호교환 과정에서 체계 내 구성요소들 간에 역할이 분화되고, 하위체계와 위계질서가 형성된다.

하위체계는 호론, 즉 부분인 동시에 전체인 총체로 볼 수 있다. 호론의 개념은 체계와 체계성원들이 한 체계 이상의 수준에서 어떻게 작동하고 행동하는지를 이해하는 데 도움이 된다. 가족 내에서는 세대, 성, 흥미, 그리고 기능에 따라 하위체계가 형성된다. 상호 작용하는 개인들의 하위체계 또는 하위집단 중에서 가장 오랫동안 지속되는 것이 부모하위체계와 형제하위체계이다. 하위체계간의 역동적 상호작용은 가족의 기능 정도를 결정하는 가장 중요한 요소이다(Minuchin, 1974).

가족성원들은 생활주기상의 각 단계에서 직면하는 요구를 수용하고 변화할 수 있어야 한다. 그리고 가족체계는 모든 성원의 욕구를 충족시키기 위하여 관계를 변화시킬 수 있어야 한다. 생활주기를 통한 변화를 가족발달이라고 한다. 가족발달은 전통적으로 자녀양육과 관련된 생활주기상의 단계를 포함하고 있다. 새로운 가족형태가 나타날 때, 가족 전이가 이루어지게 된다. 가족전이는 개인의 변화를 불러일으킨다. 임금근로자에서 퇴직자로의 전이, 친어머니에서 시어머니로의 전이, 어머니에서 할머니로서의 전이, 배우자에서 과부로의 전이 등이 그 예이다. 이러한 과업을 성취하기 위하여 가족 내에서는 가족역할의 분화가 일어난다(Greene,1986).

역할은 특정한 지위와 연관된 문화적 유형의 총합(Linton,1936)이며, 모든 사람은 여러 가지 역할을 가지고 있다. 모든 사회체계는 두 가지 상호 관련된 역할체계, 즉 사회경제적 과업과 관련된 수단적 역할과 정서적 과업과 관련된 표현적 역할을 가지고 있다. 가족성원은 가족생활단계에 따라 다른 역할을 수행한다. 예를 들어 보호자의 역할은 아동의 부모나 노부모의 성인 자녀가 수행한다.

역할구조, 역할의 상호보완성은 가족체계의 기능과 관련된 매우 중요한 문제이다. 역할보완성은 역할관계의 적합성과 가족집단의 성장과 창조적 적응과 관련된 개념이다. 가족체계의 성원은 다른 성원이 필요한 것을 제공하기 위하여 행동함으로써 역할의 보완성을 성취할 수 있다. 역할보완성을 성취하지 못하였을 때, 가족 체계 내에서는 스트레스가 야기되고, 개인은 역할변화에 대한 요구를 받는 등 가족체계는 역할긴장을 경험한다. 개인이 이러한 압력에 대처하는 방법에 따라 가족체계의 적응성과 개인의 능력이 달라진다.

다양한 가족성원간의 위계질서, 권력과 통제는 체계의 또 다른 조직적 특성이다. 평등가족이든 역기능적 가족체계이든 모두 위계질서를 가지고 있다. 부모 2인군이나 TV시청시간과 잠잘 시간을 결정하는 사람들 사이에서 권력동맹이 나타난다. 권력분화와 위계서열을 규정하는 과정은 가족의 독특한 관계유형을 형성하는 데 있어 매우 중요한 요소이다.

② 체계 외부와의 관계

체계 경계선은 환경(체계 경계선 외부의 모든 것)과 구별 짓는 체계 주변의 상상적 테두리 또는 점선이라고 할 수 있다. 이러한 경계선의 예로는 나무의 껍질, 사람의 피부, 읍・면・동과 같은 행정구역 등을 들 수 있다. 경계선은 체계에 참여하는 사람을 규정하는 개념적이고 임의적인 방법이다. 경계선은 체계 내・외부의 성원을 규정할 뿐만 아니라 환경과 체계를 구분한다. 체계적 가족치료의 관점에서는 클라이언트 체계가 그 성원을 규정하는 것을 매우 중시한다. 사회복지사가 클라이언트 체계와 접촉하였을 때, 역기능을 만들어내는 다양한 의사소통유형과 구조적 유형을 이해하고 개입하는 것이 중요하다.

경계선과 관련하여 이해할 필요가 있는 체계의 속성은 경계선의 개방성과 침투성의 정도이다. 체계경계선의 개방성을 파악하기 위해서는 물고기를 잡는 데 사용되는 어망을 살펴보아야 한다. 어망에는 물과 물고기가 빠져나갈 수 있는 작거나 큰 구멍이 나 있다. 이러한 어망과 같이 모든 생명체계는 개방적이다.

상대적으로 개방적인 체계는 체계 내에서의 자유로운 정보교환과 자원교환을 허용하며, 외부로부터와 외부로의 상대적으로 자유로운 에너지 흐름을 인정한다. 상대적으로 폐쇄된 체계는 외부 환경과 고립되어 있다. 이와 같은 체계경계선의 개념은 상대적으로 개방적인 경계선을 가진 가족이 지역사회자원을 이용하고 서비스를 요청하는 이유를 이해할 수 있게 해주기 때문에 사회복지사들에게 매우 중요한 개념이다.

상대적으로 개방적인 경계선을 가진 가족은 내적 에너지가 부족할 때 부가적인 에너지를 획득하거나 유입하기 위하여 성원들이 주변체계와 접촉하는 것을 허용한다. 상대적으로 개방적인 경계선은 가족성원이 생각이나 자원 등의 형태로 에너지를 외부 세계에 방출하는 것을 허용한다. 외부 세계에 접근함으로써 가족은 체계의 성장과 정교화에 필요한 에너지를 획득할 수 있게 된다. 모든 체계는 성장하거나 변화할 수 있는 능력이 있어야 하며, 동시에 모든 체계는 스스로를 유지할 수 있는 능력이 있어야 한다. 가족은 내적 안정성을 유지하고, 외부 환경으로부터의 투입을 선별적으로 받아들임으로써 독특한 특성을 형성해 나간다. 이러한 선별적 과정을 통하여 가족은 내적으로 재 조직화되어간다.

경계선이 폐쇄적일수록 가족은 자신의 경계선 내부에서만 작동한다. 이러한 폐쇄적 체계는 융통성이 없고, 분화가 이루어지지 않고, 덜 효과적인 역기능적 체계이다. 역기능적 체계는 체계의 목적을 성취하는 데 불충분한 조직을 갖고 있는 경향이 있다.

(2) 역동 및 진화적 속성

체계는 완전한 변화나 완전한 현상유지상태로는 존재하지 않는다. 체계는 지속적으로 변화를 추구함과 동시에 역동적 균형 상태를 유지하려 하는데, 이러한 체계의 속성을 역동적 속성이라 한다. 이와 같이 체계 내에는 성장, 개혁 그리고 변화를 창출해내려는 자기 지향적 과정이 있을 뿐만 아니라 체계 내부의 규칙과 가치를 보존하고 안정성을 유지하려는 자기 규제적 과정이 있다. 이와 같은 체계 내의 변화의 힘을 형태 변형적 속성이라 하며, 체계 자체를 유지하려는 속성을 형태 정체적 속성이라고 한다.

체계 내의 균형이나 현상유지속성을 설명하기 위하여 가장 보편적으로 사용되는 항상성은 체계가 균형을 위협받았을 때 이를 회복하려는 경향을 말한다. 즉, 지속적인 변화의 상태에 놓여 있는 동시에 역동적인 균형 상태를 유지하는 것을 의미한다. 균형은 외부 체계로부터의 투입 없이 균형을 유지할 수 있는 체계의 능력을 의미한다. 그러나 균형은 성장과 발달을 일으키는 일시적인 불안정을 유발한다. 체계의 균형 상태를 가장 적절히 표현한다고 할 수 있는 안정 상태는 전체 체계가 균형을 이루고 있고, 부분들 간의 관계를 유지시키고 쇠퇴하여 붕괴하지 않게 하기 위해 환경과의 융통성 있는 에너지 교환관계를 유지하고 있는 상태를 말한다.

시간의 흐름에 따라 복잡한 적응적 체계가 발달하기 때문에 모든 사회체계 내에서는 내적인 구조적 조직상의 스트레스를 말하는 어느 정도의 긴장상태가 존재한다. 긴장은 체계가 환경과 상호작용하는 과정에서 이루어지는 체계진화의 자연스러운 부분이다. 외부 에너지원에 대해 보다 개방적인 가족은 스트레스와 긴장을 경험하지만, 이러한 긴장을 처리하고 성장할 수 있는 능력을 지니고 있다. 이러한 가족은 보다 융통성 있고, 적응적이고, 목적성취적인 기능적 체계라고 할 수 있다. 기능적 가족의 판단 기준은 목적을 성취하는 데 있어서 구조적 또는 행동적 유형을 어느 정도 활용하는가에 따라 달라진다.

(3) 과정적 속성

체계 자체의 생존을 보장하고 성장·변화해가기 위해서는 체계 내부 및 외부와의 지속적인 정보교환과 에너지의 교환이 이루어져야 한다. 이러한 체계 내·외부와의 정보 및 에너지의 교환을 가장 적절히 설명해주는 개념이 바로 의사소통과 투입-전환-산출이라는 과정인데, 이에 대해 좀 더 상술하면 다음과 같다.

① 의사소통

체계 내·외부에서의 정보의 흐름을 말하는 의사소통은 임상적 사정과 개입과정에서 고려해야 할 중요한 가족체계의 속성이다. 의사소통은 두 사람 또는 그 이상의 개인들 사이에서 정보를 전달하는 체계이며, 개인들 간의 관계를 형성하는 기반이 되는 축적적인 상호교환이다. 두 사람 또는 그 이상의 사람들 사이의 의사소통을 통하여 상호작용과 사회적 의사소통의 기반이 되는 사회적 경험을 공유하게 된다. 상호작용은 두 사람 또는 그 이상의 사람들 사이에서 일어나는 연속적이고 상호적인 일련의 접촉이다. 이런 점에서 의사소통은 공유의 과정이며, 상호보완적 과정이다.

한 체계 내에는 항상 의사소통이 이루어지며, 언어적 의사소통뿐만 아니라 침묵, 입을 씰룩거림, 어깨를 으쓱거림, 공식적 연설, 웃음 또는 눈물 등과 같은 비언어적 의사소통을 통하여 정보의 교환이 이루어질 수 있다. 정보를 의사소통하는 것은 가끔 매우 미묘하게 이루어지기 때문에, Bateson은 의사소통은 '차이를 만들어내는 차이'라고 규정하였다. 체계의 의사소통 유형을 파악하기 위해서는 언어적 및 비언어적 정보의 내용과 처리과정을 살펴보아야 한다. 사회복지적 관점에서는 의사소통은 다른 사람이 하는 말을 경청하고 이해하며, 자신의 의견을 표현하는 것이다.

사회복지사는 정보가 체계의 오리엔테이션과 조직에 어떤 영향을 미치는지를 사정할 필요가 있다. 체계가 자신들이 수행하는 것과 체계가 하는 환류에 대한 정보를 수집하는 방법에 따라 체계의 기능적 능력이 달라진다. 환류는 일종의 규제신호이다. 체계가 효과적인 환류와 의사소통유형을 형성할 수 있는 능력은 체계의 적응성과 밀접하게 관련되어 있기 때문에 면밀히 관찰하여야 한다.

가족치료자는 가족의 통제방식을 파악하기 위하여 의사소통의 개념을 정교화 하여야 한다. Jackson(1965)은 가족은 규칙에 의해 작동하며, 이러한 가족의 규칙을 이해함으로써 가족조직을 더 잘 이해할 수 있다고 하였다. 규칙이란 일반적으로 가족이 성원들 사이의 규정된 관계를 유지하거나 회복하기 위하여 노력하는 방법이라고 할 수 있다. 예를 들면 '우리는 그렇게 해서는 안 된다' 또는 '어느 누구도 그를 그렇게 취급해선 안 된다' 등이 있을 수 있다.

Satir(1972)는 가족 내에서의 역할이 의사소통을 형성한다고 하였다. 이러한 역할은 크게 ① 부부, ② 부모-자녀, 그리고 ③ 형제역할로 구분될 수 있다. 예를 들어 어머니의 역할에는 자녀, 형제자매, 부인 등의 역할이 수반된다. 가족성원 두 사람이 의사소통을 할 때, 제 3자가 상호작용에 합류하는 경우가 많은데, 이러한 가족의사소통을 통해 삼각관계가 형성된다. 세 명의 가족성원사이의 의사소통유형인 삼각관계는 가족 내에서 혼란을 불러일으킬 가능성이 있으며, 어떤 경우에는 역기능을 만들어 낼 수 있다. 각 가족이 나름대로의 의사소통체계를 가지고 있기 때문에, 가족의 특별한 의사소통유형을 분석하여야 한다. 이러한 유형은 장기간에 걸쳐 발달한 것이며, 이를 통하여 가족성원들은 역할이나 규범을 공유하게 된다. Satir(1972)는 가족치료의 핵심은 바로 가족이 역기능적 의사소통유형을 이해할 수 있도록 원조하는 것이라고 하였다.

가족은 매우 복잡한 의사소통유형을 가지고 있다. 일반적으로 기능적인 의사소통에서는 명확하고 직접적인 메시지를 활용한다. 기능적 의사소통을 하는 개인은 필요할 경우에 메시지를 재 언급하거나, 명확화 하여 수정하며, 환류를 받아들이고, 자신의 지각을 점검하고, 구체적인 예를 들어줄 것을 요구한다. 역기능적 의사소통은 불명확하다. 역기능적 의사소통을 하는 개인은 대화내용의 연결성이 없고, 질문을 무시하고, 상황과 동떨어진 반응을 하고, 부적절하게 행동한다(Satir, 1972).

② 투입-전환-산출

행동하고, 유지하고, 변화를 일으킬 수 있는 체계의 능력을 의미하는 에너지는 체계가 유지될 수 있게 하는 일종의 정보나 자원이다. 가족체계에서 사용하는 에너지의 예를 들면 임금, 대학교육, 신문구독, 또는 여행 등이 있을 수 있다. 이러한 에너지는 내적으로 산출되기도 하지만, 외부에서 유입되기도 한다. 체계 내부 또는 체계 외부와의 상호 작용이 증가함으로써 체계 내에 에너지의 양이 증가하는 현상을 상승작용이라고 하며, 체계가 힘들을 연합할 때 일어난다. 이와는 반대로 체계가 소멸해가거나, 무질서해지고 비 조직화 되는 과정은 엔트로피라고 한다.

체계가 외부로부터 정보나 에너지를 받아들여 필요로 하는 자원을 만들어내는 과정을 투입-전환-산출이라 한다. 투입이란 체계가 환경으로부터 에너지, 사물, 정보 등을 받아들이는 과정을 말한다. 체계의 생물학적 또는 심리사회적 생존과 성장을 위해서는 외부 환경으로부터 적절한 투입이 있어야 한다. 일단 외부 환경으로부터 체계 내부로 투입이 이루어지고 나면, 체계는 자신에게 적절하게 투입된 에너지를 변형시키게 되는 재 조직화 과정을 거치게 되는데 이를 전환이라 한다. 체계가 이러한 전환과정을 시작하게 되면 체계는 적극적으로 외부 환경에 반응하게 된다. 산출은 체계 내에서 변형된 에너지를 환경으로 방출하는 것을 의미한다.

이러한 산출과 관련된 일반체계이론의 주요개념으로는 동등종결성 또는 다중종결성이 있다. 동등종결성은 처음의 조건이 어떠하든 그리고 수단이 어떠하든 그 결과는 동일하다는 개념으로, 투입이나 전환에 관계없이 산출은 동일하다는 의미이다. 예를 들면 잘 익은 김치에 물과 천연조미료를 넣고 가스불로 끓이거나 설익은 김치에 물과 인공조미료를 넣고 연탄불에 끓이든 간에 똑같이 김치찌개가 만들어진다는 것이다. 이와는 달리 다중종결성은 처음의 조건과 수단이 비슷하다고 할지라도 다른 결과가 야기된다는 것이다. 예를 들면 똑같이 잘 익은 김치와 물, 조미료를 넣고 똑같은 가스 불에 끓여도 만들어진 김치찌개의 맛은 서로 다르다는 것이다. 이러한 예에서 보듯이 가족치료자가 어떤 치료적 접근방법을 사용하든 간에 가족의 역기능적 문제가 해결될 수 있지만, 동일한 치료적 접근방법을 사용하더라고 그 치료결과의 질은 체계에 따라 달라질 수 있다는 것이다.

체계의 에너지 전환과정에 의해 만들어진 산출은 환류를 통하여 다시 체계 내부로 투입되게 된다. 이러한 환류는 체계의 평형을 유지시키거나 변화를 촉진함으로써 체계를 혼란시키는 작용을 하기도 한다.

체계의 항상성을 유지시키고, 변화를 극소화시키면서 체계 자체를 유지시키는 환류를 부적 환류라고 한다. 이러한 환류는 체계 내의 부분만을 변화시키고 체계 전체는 유지시키는 기능을 한다. 이러한 환류는 체계내의 부분만을 변화시키고 체계 전체는 유지시키는 기능을 한다. 이와 같이 부적 환류에 의해 일어난 부분의 변화를 1차 수준의 변화라고 한다.

이에 반하여 체계에 급진적이고 불연속적인 변화를 통하여 체계 전체를 변화시키는 환류를 정적 환류라고하며, 이러한 환류에 의해 일어난 변화를 2차 수준의 변화라고 한다.

2. 생태학적 이론

사회복지 전문직의 많은 이론들이 '환경 속의 인간'이란 개념을 충분히 설명하지 못하고 있는 관계로 사회복지 전문직에서는 환경 속의 인간이란 개념을 보다 명확히 설명해 줄 수 있는 이론에 더 많은 관심을 기울이게 되었다.

Bronfenbrenner(1979)는 생태학적 이론을 '활동적이고 성장하는 인간과 환경 간의 일생을 통하여 이루어지는 진보적이고, 상호적인 적응과정을 과학적으로 연구'하는 것이라고 규정하고 있다. 즉, 생태학적 이론에서는 유기체를 환경과 분리할 수 없으며 상호작용하는 체계라고 보기 때문에, 개인과 환경을 이분화 하는 것을 방지할 수 있으며, 양자 간의 상호작용에 초점을 둘 수 있게 해준다.(Germain, 1973)

이와 같이 생태학적 이론은 인간과 환경 사이의 상호보완성을 설명하는데 관심을 두고 있으며, 환경과 인간을 하나의 총체로 간주하고 있다. 따라서 사회복지전문직에서 생태학적 이론을 실천에 적용함으로써 클라이언트의 정신내적 생활과 환경적 조건을 개선하는 데 목적을 두고 실시하는 서비스, 즉 직접적 서비스와 간접적 서비스를 통합할 수 있는 방법을 발견할 수 있게 되었다.(Germain and Gitterman, 1976) 그리고 생태학적 이론은 개인-환경 간의 적합성, 개인과 환경 사이의 상호적 교환 그리고 교환을 지지 또는 방해하는 힘 등과 같은 폭넓고 통합적인 실천적 지식을 제시해 주고 있다(Germain, 1973).

생태학적 이론이 사회복지실천에 미친 또 다른 영향은 환경에 속해 있는 개인에게 긍정적 영향을 미치는 복잡한 힘의 관계에 관심을 갖게 만들었다는 점이다. 생태학적 이론에서는 억압과 빈곤, 실업 그리고 환경오염과 같은 성장, 건강 그리고 사회적 기능을 방해하는 부정적 생활환경을 감소시키는 데 많은 관심을 갖고 있다. 클라이언트가 사회복지사와의 상호작용과 긍정적 생활경험을 통하여 성장할 수 있으며 원조과정이 회복과 권한강화의 과정이라는 생태학적 이론의 신념은 사회복지 전문직의 인본주의적 철학과 일치한다.

생태학적 이론에서는 자신이 속한 환경 속의 타인들과 성공적으로 상호작용하는 방식, 특히 클라이언트가 진보적 힘을 최대한으로 활용하는 것을 방해하는 생활상의 문제에 관심을 가지고 있다. 생태학적 실천에서는 개인, 가족, 하위문화 또는 더 큰 지역사회가 지니고 있는 어려움을 유발하는 상황을 보다 적응적 상황으로 재구조화한다.(Germain, 1979) 그리고 아동복지, 정신건강, 학교사회사업 그리고 보건 분야에서는 생태학적 이론에 근거하여 개인이 성공을 성취하는 방법뿐만 아니라 일상적 사회관계망에 초점을 두고 있다. 이와 같이 생태학적 이론은 개인이 서비스를 필요로 할 때 생활공간에서 언제든지 서비스를 받을 수 있는 기반을 제공해 주고 있다.

생태학적이라는 용어는 '개인의 적응능력과 환경의 양육적 특질에 동시에 관심을 기울인다'는 의미를 지니고 있다. 이러한 용어상의 의미를 반영하여 생태학적 이론에서는 '환경 속의 인간'이라는 총체적 인간관을 갖고 있다.(Germain, 1979) 즉, 생태학적 이론에서는 인간과 환경은 분리될 수 없으며, 인간과 환경은 지속적인 상호작용과 상호교환을 통하여 서로에게 영향을 미치고 서로를 형성하며 상호 적응하는 호혜적 관계를 유지하고 있다고 본다. 이와 같이 생태학적 이론에서는 인간본성에 대한 유전적 결정론, 정신적 결정론, 환경적 결정론 모두를 배격한다. 그 대신에 인간을 환경적 요구에 적응하고 때로는 환경을 자신의 요구에 맞게 수정 또는 변화시킴으로써 발달해가고 만족스러운 삶을 영위하는 존재라고 보고 있다.

생태학적 이론에서는 인간에 대해 낙관론적 관점을 지니고 있다. 생태학적 이론에서는 인간이 환경적 자원과 사회적 지지를 자율적으로 이용할 수 있으며, 환경 속에서 효과적으로 기능할 수 있는 능력을 지니고 있다고 본다. 즉, 인간은 자기 내면세계의 요구와 외부 세계의 요구로부터 비교적 자유로운 존재로서, 환경과의 상호교류에서 성공적 경험을 획득하고 자율성과 자기 규제능력 그리고 유능성을 확보할 수 있는 능력이 있다고 보고 있다.

생태학적 이론에서는 인간을 사회문화적 존재로 보고 있다. 생태학적 이론에서는 유아는 어머니 또는 다른 보호자와 어느 정도 결속관계를 유지하지 않고는 생존할 수 없으며, 사회적 관계를 유지하지 못하고 소외되어 있는 인간은 인간적일 수 없다고 본다. 인간은 사회적 관계를 맺는 능력을 가지고 태어나기는 하지만 보다 효과적인 사회적 관계를 형성하기 위해서는 긴 기간 동안의 학습과 사회화가 필요하다. 이러한 학습과 사회화 과정에서 자신이 속한 사회의 관습, 친족체계, 문화적 유산의 영향을 받을 수밖에 없는 것이다. 따라서 인간은 생활환경 속에서 타인과 가치 있는 사회적 관계를 맺고 존경과 관심을 주고받음으로써 자아를 발달시키고 사회적 역할 기대를 적절히 이행하고, 일생 동안 타인과 상호의존성을 유지할 수 있어야 만이 생존을 보장받고 삶의 적절성을 확보할 수 있게 된다.

생태학적 이론은 다른 이론의 기본가정과 주요 개념들을 차용하고 있다. 생태학적 이론은 생태학, 동물행동학, 자아심리학, 스트레스 이론, 형태심리학, 역할이론, 문화인류학, 인본주의심리학, 상징적 상호작용이론, 일반체계이론, 권력관계의 역동이론과 같은 다양한 이론의 영향을 받았다.

생태학적 이론은 인간이 환경의 모든 요소와 지속적인 상호교환을 하는 존재로 보는 적응적, 진화적 관점을 지니고 있다(Germain, and Gitterman, 1980). 인간과 환경은 분리될 수 없으며, 동시에 고려해야만 한다는 것이 생태학적 이론의 기본가정이다(Bronfenbrener, 1989).

인간행동에 대한 생태학적 이론의 또 다른 가정은 인간관과 환경이 서로를 형성하는 단일체계를 구성한다는 것이다. 생태학적 이론에서는 환경의 개인에 대한 영향이나 개인이 속해 있는 환경에 관심을 두는 것이 아니라 유기체와 환경 사이의 상호적 관계 또는 상호작용에 관심을 둔다.

환경적 힘은 개인-환경 간의 상호작용에 영향을 미치며, 개인은 개인적 자원과 발달 수준에 따라 환경에 참여하게 된다. 이에 대해 Garbarino(1983)는 개인과 환경은 관계를 협상하고, 개인과 환경 모두가 변화하며, 상호작용과정에서 상호 의존한다고 하였다. 따라서 환경을 이해하지 못하고 개인의 미래를 예측할 수 없으며, 개인을 이해하지 못하고 환경의 미래를 예측할 수도 없는 것이다. 서로 다른 개인은 동일한 환경에 대해 다르게 반응하며, 동일한 환경이라도 시간에 따라 동일한 사람과 다른 방식으로 상호작용한다.

생태학적 이론의 핵심적 가정은 개인과 환경이 상호간에 영향을 미친다는 것이다. 상호교류, 즉 개인과 환경 사이의 상호교환은 개인-환경 단위 내에서 변화를 일으킨다. 상호영향의 원칙은 순환적 원인론과 관련되어 있다. 이 관점에서는 '개인+환경'이라는 합산적 효과에 관심을 두는 것이 아니라 상호작용적이고 축적적인 효과에 관심을 갖는다. 사회복지적 관점에서 보면 이러한 개념은 개인이 자신이 생활하고 있는 지역사회에 적응할 뿐만 아니라 자신이 적응해야만 하는 조건을 창조하는 데 참여한다는 관점을 반영하고 있는 것이다(Hartman, 1958).

그러나 상호교류의 개념의 상호작용의 개념과 구분될 필요가 있다. 상호작용은 개인과 환경이라는 두 가지 요인이 상호간에 영향을 미치지만, 각기 독립적인 정체감을 유지한다. 이와는 반대로 상호교류는 개인과 환경이 상호영향을 미치며, 개인과 환경이 하나의 단위, 관계 그리고 체계로 융합되는 것이다.

상호 교류적 관점은 과정을 강조한다. 인간행동에 대해 과정적 접근방법은 단일한 반응, 행동 또는 경험을 파악하는 것이 아니라 시간에 따른 사건의 흐름에 관심을 둔다. 예를 들어 상호작용을 한 장의 사진에 비유한다면 상호교류는 실제 생활의 기록영화에 비유할 수 있을 것이다(Lazarus, 1980).

1) 주요개념

생태학적 이론의 주요개념은 크게 세 가지로 구분된다. 첫째, 인간과 환경간에 일어나는 상호교류와 관련된 것으로, 적합성, 적응 그리고 스트레스와 대처 등이 여기에 속한다. 둘째, 인간의 속성과 관련된 것으로 유능성, 관계성, 역할 등이 여기에 속한다. 세 번째 주요개념은 환경의 특성에 관한 것으로 인간의 성장과 발달을 촉진하는 물리적 및 사회적 환경들이 여기에 속한다.

(1) 적합성과 적응

인간은 생존과 발달에 필요한 자극과 자원을 환경으로부터 유입하여야 하며, 환경은 인간을 포함한 모든 유기체의 산물을 유입하여 보다 분화되고 다양한 생명체를 지원할 수 있어야 한다. 인간과 환경이 이러한 호혜적 관계를 통해 역동적 형평을 유지하고 상호성을 확보할 수 있는 정도와 관련된 개념이 바로 적합성과 적응의 개념이다.

① 적합성

적합성은 개인의 적응적 욕구와 환경의 질이 어느 정도 부합되는가와 관련된 개념이다. 적합성은 다른 종의 경우에는 진화에 의하여, 인간의 경우에는 일생을 통하여 성취된다(Germain and Gitterman, 1987). 적합성은 인간과 환경 사이의 상호 교류를 통하여 성취된다. 개인과 환경 사이의 적합성은 양자의 기능이다. 상호교류는 적응적일 수도 있으며 부적응적일 수도 있다. 대부분의 개인과 환경 사이의 상호작용이 성공적이고 적응적일 때, 즉 주요타인, 사회적 조직 그리고 정치경제적 구조와 정책 그리고 물리적 환경이 개인의 성장, 발달 그리고 물리적 및 정서적 안녕을 지지할 때 적합성이 이루어진다(Germain and Gitterman 1987).

생태학적 이론에서는 환경과 인간이 공동의 힘(conjoint forces)을 발휘할 때 각각이 발휘하는 개별적 힘의 총합보다 더 큰 효과를 생산해 낼 수 있다고 본다. 따라서 인간과 환경이 서로의 요구에 적응하면서 변화하고 발달해 감으로써 서로에게 더 유익한 효과를 얻어 낼 수 있다고 보고 있다. 하지만 인간과 환경 사이에는 항상 협력적 상호관계가 유지되는 것은 아니며 어느 일방이 희생함으로써 다른 부분의 생존과 발달이 보장되기도 한다. 그러나 이럴 경우 양자 간에는 갈등과 힘의 불균형이 야기되고, 결국에는 양자의 생존과 발달을 저해하게 되는 부적합성이 야기된다.

② 적응

적응(adaptation)은 개인과 환경 사이의 활발한 상호 교환을 포함한 개인-환경이라는 하나의 단위 내에서 이루어지는 과정이다. 생태학적 이론에서는 개인과 환경이 상호영향을 미치고 최적합 상태를 성취하기 위하여 상호간에 영향을 미치고 반응한다고 본다. 따라서 인간은 환경이 자신의 욕구에 적합하도록 변화시키고 이러한 환경의 변화에 또한 적응할 수 있어야 한다. 인간은 새로운 환경적 상황에 처할 경우 그 상황의 요구에 적응하고, 상황은 그 인간 존재로 인하여 구조적 변화를 경험하게 된다. 인간은 끊임없이 창조하고, 재구조화하며, 환경이 인간에게 어떤 영향을 미친다고 해도 환경에 적응해나간다. 이와 같이 적응은 인간의 내적 영향력과 생태적 환경의 영향력에 의해 이루어지는 상호의존적인 과정인 것이다(Mayer, 1983).

생태학적 이론에서는 적응상의 문제를 병리적 상태로 규정하지 않는다. 전통적으로 많은 사회복지 접근방법에서는 클라이언트의 현재 문제를 병리적인 것으로 보았다(Pardeck. 1988). 생태학적 이론에서는 개인-환경 간의 상호작용이 어느 정도 성공적인지를 결정하기 위하여 타인, 사물, 장소, 조직, 관념, 정보 그리고 가치와 같은 클라이언트의 생태학적 체계의 모든 요소를 평가한다(Germain, 1973). 생태학적 이론에서는 개인의 정신 병리를 개인적 욕구와 대처능력이 환경적 자원이나 지지와 일치되지 못한 것으로 본다(Germain, 1979; Germain and Gitterman 1980). 이와 같이 생태학적 이론에서는 병리를 이해함에 있어서 스트레스를 일으키고 성공적 적응을 방해하는 환경적 요인을 중시하고 있다.

(2) 스트레스와 대처

생태학적 이론에서는 Selye(1956)와 Searles(1960)와 가튼 초기 스트레스 이론가들로부터 대처기술과 스트레스 결정요인과 관련된 개념을 차용하였다. 그리고 생태학적 이론에서는 개인과 환경 간의 지속적인 관계를 탐색함으로써 스트레스와 대처과정을 이해하려고 한다(Lazarus, 1980).

① 스트레스

생태학적 이론에서는 환경의 지지 정도나 스트레스 유발 정도에 초점을 둔다. 개인과 환경 사이의 상호교류는 생활 스트레스를 야기할 수도 있다. 스트레스는 개인이 지각한 요구와 이러한 요구를 충족시킬 수 있는 자원을 활용할 수 있는 능력 사이에 불균형 일어난 것이라 할 수 있다(Germain and Gitterman 1986). 그리고 스트레스는 개인과 환경 사이의 상호교류에서 나타나는 불균형에 의해 야기된 생리 · 심리 · 사회적 현상이라고 할 수 있다. 생리학적 수준에서의 신체적 스트레스 유발인자는 내분비 및 신체적 변화 등이 포함되며, 심리적 수준에서는 개인의 사건에 대한 지각, 의미 그리고 평가가 포함되며, 사회적 수준에서는 상황적 요구나 긴장이 포함된다.

스트레스는 반드시 문제가 되는 것은 아니다. 개인이 긍정적 자존심을 가지고 있고 유능성이 있다고 생각하는 경우에는 스트레스에 대한 반응은 부정적이지 않을 것이다. 그리고 어떤 스트레스는 개인의 성장과 발전을 도모하는 하나의 동기로 작용할 수 있다. 그러나 신체 및 사회적 요구와 이러한 요구에 대한 개인의 대처능력 사이에 균형이 심하게 손상될 때가 있다. 이와 같이 개인과 환경 사이에 적응적 균형이 혼란되었을 때 생활 문제가 발생하는 것이다.

② 대처

생태학적 접근방법에서는 사람들이 생활문제를 완화할 수 있도록 원조할 수 있는 적응적 전략을 제공한다. 스트레스를 경험함으로써 자연적으로 발생하게 되는 대처기술은 정서적 고통을 통제하기 위하여 개인이 수행하는 행동이다. 대처능력은 갖추기 위해서는 내적 자원과 외적 자원이 필요하다.

내적 자원에는 자존감과 문제해결기술이 포함된다. 외적 자원에는 가족, 사회적 관계망 그리고 조직의 지원이 포함된다. 생활경험을 통하여 유능감을 증진시키는 것 또한 생태학적 관점의 적응전략이다. 성격의 진보적 힘을 강화하고 환경적 장애를 제거할 수 있도록 원조하는 것이 적응력과 생활만족도를 증진시키는 중요한 수단이 된다.

(3) 관계, 역할 및 유능성

인간관에서 논의한 바와 같이 인간은 사회적 존재이다. 인간은 먼저 모성인물과 관계를 형성하여야만 생존할 수 있다. 그리고 점차 사회적 관계의 범주를 넓히면서 다른 인간들과 상호작용을 통하여 자아정체감을 형성하고 자신의 사회적 역할을 확인하고 이행하며, 자율성과 자아규제능력 그리고 환경에 대한 유능성을 확보하여야 한다.

① 관계

관계는 생태학적 이론의 핵심적 개념이다. 관계는 인간관계를 형성하거나 타인과 연결될 수 있는 능력이다. 가족과 같은 친밀한 1차 집단 내에서 그리고 시민집단과 같은 개인적 교류가 많지 않은 집단에서 일어나는 일은 인간발달에 매우 중요하다. 생태학적 이론에 따르면 관계를 맺고자 하는 욕망과 능력은 초기의 양육과정에서 시작되고 일생을 통하여 상호적 보호행동의 유형을 결정하게 된다. 예를 들어 대상이론가인 Bowlby(1973)는 인간은 환경을 탐색함에 있어서 애정적 결속의 형성과 행동을 위한 유전적 기반을 소유하고 있다고 주장하였다.

② 역할

생태학적 이론에서는 역할이론의 개념을 원용하여 문화적 영향과 환경적 영향에 따라 개인적 및 대인 관계적 과정이 어떻게 달라지는가를 설명하고 있다. 역할이론은 발달의 사회적 영역을 이해할 수 있게 해준다. 역할은 특정 사회적 지위를 갖고 있는 개인이 타인에게 어떻게 행동해야 하는지에 대한 기대까지도 포함하고 있다. 즉, 역할은 일련의 기대되는 행동유형일 뿐만 아니라 상호적 요구와 의미의 유형이다. 감정, 정서, 지각 그리고 신념은 역할후생과 직접적으로 연관되어 있다. 간단히 말해 역할은 내적 과정과 사회적 참여 사이에서 가교의 기능을 수행한다.

역할수행 또는 사회적 참여는 개인의 자존감과 밀접한 연관성을 지니고 있다. 예를 들어 역할상실이 노인의 대처자원과 생활만족도에 미치는 영향에 관한 연구에서는 소득, 건강, 그리고 개인적 특성이 중요한 변인이기는 하지만 역할상실이 스트레스와 생활 만족도 저하와 아주 밀접한 관계를 지니고 있다는 것을 보여주고 있다.

③ 유능성

생태학적 이론에서는 유능성의 발달이 인간발달에 필수적인 요소라고 보고 있다. 생태학적 이론에서는 자아심리이론과 상징적 상호작용이론을 원용하여 유능성을 개념화하고 있다. 자아심리이론에서는 유능성을 개인이 환경과 효과적으로 상호작용할 수 있는 능력이라고 보았다. 상징적 상호작용이론에서는 대인 관계적 관점에서 유능성의 개념을 제시하고 있는데, 이들은 유능성을 어떤 과업을 수행하고 상호작용으로 인해 일어나는 결과를 통제할 수 있는 능력이라고 규정하였다. 따라서 유능성, 즉 자신의 환경 속에서 효과적으로 기능할 수 있는 능력은 환경과의 성공적 상호작용을 통하여 형성된다.

아동이 울거나, 대상을 붙잡고 조작하며, 기어 다니고, 걸어 다니면서 환경과 활동적으로 상호작용할 때, 아동은 효율성을 경험하게 된다. 일관성 있는 상호적 양육과 아동의 지속적 활동이 결합하게 되면 이후에도 타인과 효과적인 관계유형을 형성할 수 있게 된다. 유능성의 개념 속에는 확고한 결정을 내리고, 자신의 판단을 신뢰하고, 자기 확신을 갖고, 환경에 바람직한 영향을 미칠 수 있는 능력이 포함되어 있다. 이와 아울러 환경적 자원과 사회적 지지를 유목적적으로 활용하는 것도 유능성의 개념에 포함되는 것이다.

생태학적 이론을 따르는 사회복지사는 자아정체감과 자존감의 개념을 유능성과 밀접히 연관된 개념으로 본다. 자아정체감과 자존감은 초기관계와 애착의 질에 의해 형성되기 시작하며, 사회적 환경과 물리적 환경과의 지속적인 긍정적 상호 작용을 통하여 그리고 생활과정에서 여러 차례 조정, 재조정 된다고 보고 있다. 이와 같이 생태학적 이론에서는 타인과 관계를 맺고 긍정적인 자아정체감과 자존감을 형성할 수 있는 인간의 능력은 일생에 걸쳐 확대된다고 보고 있다.

(4) 환경

생태학적 이론에서는 생활상의 문제가 환경적 문제와 어떤 연관성을 지니고 있는가에 관심을 갖는다. 환경은 층과 조직 및 구성물로 구성되어 있다. 층은 사회적 환경과 물리적 환경이고, 조직은 공간과 시간적 리듬이다. 사회적 환경은 2인군의 관계에서부터 시작하여 사회 내에 존재하는 다양한 수준의 조직 내의 인간관계망까지를 포함하는 것이다. 물리적 환경은 인간에 의해 만들어진 인위적 세계와 자연적 세계를 포함한다. 이러한 사회적 환경과 물리적 환경은 복잡한 방식으로 상호작용하며, 이들의 상호작용은 문화적 환경으로까지 확대되어 나간다. 생태학적 이론에서는 생활을 영위하고 있는 문화적 환경과 사회적 환경뿐만 아니라 문화적 환경에도 관심을 갖는다.

① 사회적 환경

현대인의 생활에서 가장 많은 영향을 미치는 사회적 환경은 관료제조직이다. 보건, 교육 및 사회서비스 조직은 적절한 노동 분화, 정책과 절차 그리고 권위와 의사결정과정을 통하여 인간의 욕구를 효과적으로 충족시키기 위한 목적으로 만들어진 것이다. 그러나 이러한 조직은 본래적 목적보다는 체계유지에 더 많은 관심을 기울이고 있기 때문에, 그 조직을 이용하는 인간의 욕구나 인간에 대한 서비스 기능이 조직의 욕구와 관심사에 종속되는 현상을 초래하게 되었다. 따라서 이러한 조직은 이용주민들의 생활 스트레스를 극복할 수 있도록 도와주기보다는 오히려 생활문제를 야기하는 사회적 환경이 되어버린 경우가 많이 있다.

또 다른 사회적 환경인 사회적 관계망은 가족, 친척, 친구, 이웃 그리고 직장동료 등을 포함한 주요 타인간의 관계체계이다. 사회적 관계망은 타인과 관계를 맺고 자원과 사회적 지지를 상호 교환할 수 있는 기회를 제공하기 때문에 성장과 적응에 상당한 기여를 한다. 사회적 관계망은 개인의 행동에 영향을 미치는 일련의 관계상의 연결성이며 의사소통 통로이기도 하다(Germain and Gitterman 1981).

이러한 사회적 관계망은 개인의 관계 욕구를 충족시켜 줄 뿐만 아니라 자원의 교환, 정보제공 그리고 대처기술의 교습과 같은 도구적 기능과 정서적 지지를 제공하는 표현적 기능을 담당한다. 사회적 관계망은 이러한 사회적 관계망의 상실이나 역기능은 각 개인에게 긴장을 야기하며, 소외와 고립을 조장하여 개인의 정체성을 와해시키고, 사랑과 애정의 욕구를 충족시켜주지 못하며, 나아가 자율성을 유지시키는 환경과의 연결고리를 파괴시켜 버리게 된다.

② 물리적 환경

물리적 환경은 자연적 환경과 인위적 환경으로 구성된다. 자연적 환경에는 기후와 지리적 조건 등이 포함되며, 인위적 환경에는 건축물, 대중매체, 교통체계 등의 자연적 환경 내에 인간이 배치한 구조나 대상들이 모두 포함된다.

물리적 환경의 색상, 온도, 후각적 단서들은 인간에게 있어서 자양분적인 자극이 되는데, 이러한 자극의 결핍은 대처와 적응에 부정적 영향을 미치게 된다. 기압, 습도, 온도, 계절적 변화와 같은 기후적 특성 또한 인간의 감정과 행동에 영향을 미치며, 긴장의 원인으로 작용하기도 한다. 자연환경은 또한 밤과 낮, 하루, 계절, 1년이라는 리듬의 변화를 포함하고 있는데, 이러한 자연환경의 리듬변화는 인간의 모든 생활 속에 반영되고 있다.

개인이 거주하는 건물, 이용하는 교통편의 체계와 대중매체 등과 같은 인위적 세계도 인간의 생활에 영향을 미친다. 이러한 인위적인 물리적 환경은 이웃주민과의 상호작용, 생활양식에 영향을 미친다. 특히 이러한 인위적 환경의 변화는 개인의 사회적 관계망의 손실을 일으키며, 친숙한 장소와 구조를 상실하게 만들기 때문에 정체감의 혼란을 가져오기도 한다.

③ 공간과 시간적 리듬

개인의 안녕상태에 중요한 영향을 미치는 환경적 측면은 공간이다. 예를 들어 사람들이 북적거리는 건물이나 소음과 오염물질을 내뿜는 차들로 뒤덮인 거리와 같은 환경은 안녕상태에 부정적 영향을 미칠 수 있다(Germain 1978). 공간의 개념은 사회복지관, 병원, 공공기관, 그리고 요양원의 설계와 같은 건축양식에도 적용될 수 있다. 그리고 또래집단과 갱집단과 같은 관계영역에도 적용될 수 있으며, 거리감이나 정서적 공간과 같은 개인적 지각에도 적용될 수 있다. 생태학적 관점에서는 공간과 관련된 변인들이 도시지역과 농촌지역 모두에서 개인-환경단위의 적응에 중요한 영향을 미친다고 보고 있다.

생태학적 이론에서는 속도, 기간과 같은 시간적 리듬이 적응과 밀접한 관련성을 지니고 있다고 본다(Germain 1976), Germain(1976)에 의하면 시간적 리듬에는 시계상의 시간, 위장운동, 생리주기, 호흡, 맥박, 그리고 혈압과 같은 생리적 시간, 기간 및 연쇄과정 감각의 발달과 같은 심리적 시간, 생활사건의 시점에 대한 신념과 태도에 근거한 문화적 시간, 한 세대의 생활양식과 관련된 사회적 시간이 포함된다. 특히 학교, 직장, 병원 등에서의 사회적 시간주기가 개인의 기본적인 시간리듬과 갈등을 일으킬 경우 인간은 생리적 및 심리적 긴장을 경험할 수 있다. 생태학 이론가들은 어떤 종이 시대를 거치면서 적응하고 진화해가는 시간을 말하는 진화적 시간에도 관심을 갖는다.

사회복지기관에서는 이와 같은 시간적 리듬의 개념을 활용하여 서비스 약속시간을 정해놓기도 한다. 서비스를 주말이나 야간에 활용할 수 있는지는 서비스 전달에 있어서 매우 중요한 요소이다. 기관 정책과 절차를 결정함에 있어서 해당 지역사회의 시간과 관련된 문제를 고려할 필요가 있다. 그 이유는 조직 활동의 리듬, 간격 그리고 시점이 서비스를 이용하는 사람들의 시간활용 유형과 일치하는 정도는 개인의 적응문제와 밀접히 관련되어 있기 때문이다(Germain 1976)

④ 생활영역과 거주환경

생활영역과 거주환경이란 용어는 인간의 문화적 환경을 설명하기 위하여 생태학에서 차용한 것이다. 거주환경은 개인의 문화적 맥락 내에 존재하는 물리적 및 사회적 환경과 관련된 개념이다(Germain and Gitterman 1987). 생활영역은 지역사회 성원들이 차지하고 있는 직접적 환경이나 지위들을 말한다. Bronfenbrenner(1989)는 생태학적 생활영역을 특별한 개인적 특성을 지닌 개인의 발달을 촉진 또는 방해하는 환경 내의 영역이라고 하였다. 생태학적 이론에서는 이러한 생태학적 생활영역의 개념에 입각하여, 개인적 발달의 결과는 문화나 하위문화 그리고 시대에 따라 다르다고 보고 있다. 그러나 생활영역의 개념은 사람을 범주화하거나 개인을 사회적 계층으로 분류하겠다는 것은 아니다(Bronfenbrenner, 1989). 오히려 생활영역의 개념은 개인-환경 단위 내에서 일어나는 과정을 이해하기 위한 수단이다.

생태학적 이론에서는 진화적 시간에 따른 유전적 변화뿐만 아니라 성숙 및 선택과정에 의해 인간이 형성 된다는 발달관을 갖고 있다. 이러한 관점에서는 인간은 환경과의 상호교류를 지지 또는 방해하는 유전적 잠재력을 가지고 태어난다고 보고 있다.

생태학적 이론에서는 인간행동이 성장하는 개인과 환경 사이의 상호작용의 산물이라고 보고 있다. 단 개인의 특성이 고립되어 존재하는 것이 아니라 전체적인 개인적 특성이 환경과의 상호작용을 통하여 의미를 갖게 되고 표현되게 된다(Germain and Gitterman 1981).

생태학적 이론에서는 특정한 인간발달단계를 제시하지 않고 있다. 발단 단계이론은 생활의 일부분 또는 특정 연령 및 발달단계에 초점을 두는 경향이 있으며, 각 단계의 성공여부에 따라 다음 단계의 성공 정도가 달라진다고 가정하고 있다. 이와 반대로 생태학적 이론에서는 발달을 논의할 때 일생을 통해 일어나는 개인과 환경의 상호적 역할에 초점을 둔다.

생태학적 이론에서는 발달을 촉진시키는 개인적 요인뿐 아니라 행동적 환경을 통하여 개인에게 영향을 미치는 복잡한 힘의 관계망을 탐색한다. Lewin(1935)의 행동결정요인에 대한 이론을 보다 정교화 한 Bronfenbrenner (1989)는 일생을 통해 이루어지는 상호 교류적 발달을 D=f(P*E) 특 발달(D)이란 시간의 흐름에 따라 이루어지는 개인-환경(P*E) 사이의 함수(f)라고 보았다. 이러한 공식에 따라 생태학적 이론에서는 개인과 환경을 발달의 산물이자 생산자라고 본다. 개인의 행동과 발달을 형성하는 상황적 힘의 결집체인 환경이 개인을 억압하거나, 개인적 발달을 지지 또는 방해하는 많은 상호작용하는 힘들을 포함하고 있다고 할지라도, 개인 또한 발달에 있어서 중요한 역할을 한다(Garvarino, 1983).

인간이 발달의 산물이자 생산자라고 보는 관점은 인간이 스스로 결정하고 선택을 할 수 있는 능동적이고 유목적적인 존재라는 생태학적 이론의 신념에서 유래된 것이다(Germain, 1979). 즉, 생태학적 이론에서 유아는 백지상태가 아니라 환경과 작용할 수 있는 잠재력을 가지고 태어난다고 본다. Bronfenbrenner(1989)는 환경과 강력한 상호작용적 효과를 창출할 수 있는 개인의 측면을 '발달적으로 유발된 특성'이라고 한다. 발달 적으로 유발된 특성이란 환경으로부터의 반응을 불러일으키거나 억제함으로써 성장을 촉진 또는 저해 할 수 있는 개인적 특질이다. 이와 같이 개인은 환경으로부터의 반응을 만들어 낼 수 있을 뿐만 아니라 외부 환경을 창출하고 일생을 통한 심리적 성장과정에 영향을 미칠 수 있는 잠재력을 가지고 있다(Bronfenbrenner, 1989).

생태학적 이론의 인간발달에 대한 관점이 가장 잘 반영되어 있는 개념이 생활과정이다. 생활과정은 사회적 구조와 관련된 생활사건과 이러한 생활사건에 영향을 미치는 역사적 변화의 시점과 관련되어 있다. 따라서 생활과정을 이해하기 위해서는 사회적 조건이 변화할 때 개인적 생활전이와 집합적인 가족특성 사이의 일치성을 고려해야 한다.

생태학적 이론에서는 발달을 개인, 가족 그리고 역사적 시간에 걸쳐 일어나는 개인과 환경 사이의 상호작용적 과정이라고 본다(Germain 1987). 클라이언트를 사정하는 과정에서 이러한 생활사건 시간분석법을 활용함으로써 개인의 발달에 의미 있는 생활 사건들과 관련된 정보를 보다 용이하게 수집할 수 있다.

발달은 상호작용적 생활과정이라고 보는 관점이 다양한 인간행동을 설명하는 데 어떻게 사용될 수 있는지를 보여주는 또 다른 예가 동시대 이론이다. 동시대이론에서는 특정 시기 또는 동시대에 태어난 인간집단의 발달과정이 동일하지 않다고 보고 있다. 오히려 동시대 이론에서는 환경과 사상, 사회적 변화와 정서 · 사회 · 행동적 발달 사이의 상호적 관계상의 차이를 분석한다

(Germain 1987). 이러한 접근방법에서는 역사적 맥락이 특정 시점의 개인과 환경 사이의 상호교류를 형성하는 데 중요한 영향을 미친다고 보고 있다. 예를 들어 일본이 어업협정을 일방적으로 파기한 것에 대해 나이든 세대는 극단적인 반일감정을 표시하지만, 일본의 대중문화에 익숙한 신세대들은 별다른 반응을 보이지 않는 차이를 보인다.

제2절 사회체계의 이해

1. 가족

가족은 사회의 가장 기본적인 단위로서 인간의 생리적 · 정서적 욕구를 충족시켜 주는 안식처이다. 가족은 보호와 애정, 경제적 부양, 자녀의 양육과 사회화, 종족보존, 교육 등 다양한 기능을 수행한다. 최근 가족이 핵가족화 되고 있으며, 한부모가족, 노인 가족, 소년소녀가족, 독신가족 등 다양한 형태로 나타나고 있다. 가족 내에서 부모의 행동과 태도는 자녀의 행동에 결정적인 영향을 미치게 된다. 가족은 구성원들 간의 상호작용을 통해서 서로에게 영향을 주고받는 하나의 사회체계인 것이다.

1) 가족의 특성

가족은 인간이 최초로 접하는 사회로서 인간의 성장과 발달에 매우 중요한 역할을 수행한다. 인간은 가족과의 관계에서 성격형성의 기초를 이루게 되며, 가족구성원과의 접촉에서 최초의 사회화가 이루어진다. 가족은 인간에게 최초로 문화를 전달하는 매개체이며, 인간에게 가장 큰 영향을 미치는 기본적인 사회제도이다.

(1) 가족의 개념

가족은 사회의 가장 기본적인 단위로서 인간의 생리적 · 정서적 욕구를 충족시켜 주는 안식처이다. 인간은 누구나 가족의 사랑과 보호를 받으면서 성장하고, 가족을 통하여 사회생활에 적응할 수 있는 능력을 배양한다. 이러한 가족은 인간이 최초로 경험하는 사회로서 생활규범을 배우고 문화를 익히는 사회제도이다.

가족은 성, 혈연 및 애정에 의해 이루어진 결합체로서, 혼인관계를 통해 남녀가 결합하여 가족을 구성하고, 자녀를 출산하여 자녀와 혈연관계를 이루며, 출생한 자녀를 애정을 바탕으로 양육한다. 또한 가족은 가족구성원들의 생활의 공동체로서 구성원들의 협력과 친밀한 관계를 통해서 유지한다. 가족은 이익관계를 초월하여 구성원들에게 다양한 서비스를 제공하며, 같은 장소에 거주하고 공동으로 생활하는 운명공동체이기도 하다(정옥분, 2000).

따라서 가족이란 인간이 최초로 접하게 되는 사회의 가장 기본적인 단위로서, 혼인관계를 통해서 형성되는 혈연관계 및 생활공동체이며, 인간의 생리적 · 정서적 욕구를 충족시켜 주는 안식처인 동시에 애정적인 인간관계의 장인 것이다.

(2) 가족의 기능

가족은 구성원들을 위해서나 더 큰 사회를 위해서 다양한 기능을 수행한다. 가족은 구성원들을 보호하고 그들 상호간에 친밀한 관계를 유지하며, 구성원들을 경제적으로 부양한다. 가족은 자녀를 양육하고 사회화시키며, 성행위를 대외적으로 통제하고 종족을 보존한다. 또한 가족은 새로운 사회적 역할을 부여하며, 자녀를 교육시키고 종교적 활동을 수행하기도 한다.

① 보호와 애정의 기능

가족은 구성원의 생명이나 재산을 보호하는 기능을 수행한다. 가족은 아동, 노인, 장애인, 환자 등과 같이 특별한 보호가 필요한 사람들은 물론 가족구성원 모두의 안전과 복지를 제공하는 기능을 수행한다. 최근 이러한 기능이 국가기관을 비롯한 다양한 기관에서 분담하여 수행하고 있지만, 가족의 보호는 무엇보다도 중요하다(최경석 외, 2001).

가족은 구성원들 간에 친밀한 관계를 유지하고 사랑과 애정을 공유해야 하는 집단이다. 즉 가족은 부부간의 친밀한 관계를 바탕으로 자녀들을 사랑으로 양육하고, 부모를 부양하는 기능을 수행한다. 최근 가족의 애정적 기능이 약화되고 이혼, 별거, 가출, 학대 등과 같은 다양한 문제들이 발생하므로, 가족의 애정적 기능이 강화될 필요가 있다.

② 경제적 기능

가족은 경제의 기본단위로서 생산활동과 소비활동을 동시에 수행하고 있으며, 경제활동을 통해서 구성원의 생계를 유지하고 재산을 소유한다. 현대사회에서는 농업이나 가사를 제외하고는 대부분의 생산 활동이 가족 이외의 직장에서 이루어지고 있기 때문에, 가족은 전형적인 소비기능을 수행하는 단위가 되었다. 가족은 소비기능을 통하여 구성원의 다양한 욕구를 충족시키고 있다. 한편 전통적인 사회에서는 경제적 부양이 대부분 남성의 역할이었으나, 현대사회에서는 남녀 간의 공동의 역할로 변화되고 있다.

③ 자녀의 양육과 사회화

가족은 자녀가 독립적이고 책임감 있는 성인으로 성장할 수 있도록 양육한다. 즉 가족은 자녀의 신체적 · 인지적 · 사회적 발달을 촉진하고 훌륭한 사회인으로 성장할 수 있도록 지도하고 원조한다. 또한 가족은 자녀가 사회에 잘 적응하면서 인간답게 살아갈 수 있도록 하는 데 기여하는 각종 기술을 습득할 수 있게 한다. 즉 가족은 사회생활에 필요한 기술을 익히는 일차집단이며, 인간의 성격형성에 가장 중요한 구실을 하며, 문화를 학습시키는 사회화의 장인 것이다.

④ 종족보존과 성행위의 규제

가족은 자녀를 출산하여 종족을 보존하는 기능을 수행한다. 이것은 가족이 갖고 있는 고유하고도 가장 중요한 기능으로서, 자녀의 출산을 통하여 노인세대의 사망이후에 사회가 계속적으로 유지될 수 있도록 한다. 최근 자신의 후손에 대한 관념이 점점 약화되어 자녀의 출산율이 계속적으로 낮아지고 있다. 또한 가족은 성적 욕구를 충족시키는 역할을 수행하면서 가족 외부에서의 성행위를 규제하여 정상적인 가족관계를 유지하도록 하는 역할을 수행한다.

⑤ 교육적 · 종교적 기능

가족은 자녀에게 도덕교육을 비롯한 다양한 교육을 실시하는 기능을 수행한다. 자녀에 대한 교육은 전통적 사회에서는 가정에서 주로 담당하였으나, 현대사회에서는 대부분 전문적인 교육기관에서 담당하고 있다. 앞으로 점점 약화되고 있는 가정에서의 자녀교육을 더욱 강화할 필요가 있다. 또한 가족은 제사나 기도 등을 통하여 종교적 기능을 수행하고 있다. 종교적 기능은 현대사회에서는 주로 교회, 성당, 사찰 등의 종교단체에서 이루어지는 경우가 많다.

2) 가족의 형태

전통적인 사회에서는 가족의 유형이 대부분 확대가족이었으나, 현대사회에서는 핵가족으로 변화되고 있다. 최근 가족의 형태가 상당히 다양화되어 한부모가족, 노인 가족, 소년소녀가족 등이 나타나고 있다. 이러한 가족들은 구성원에게 각기 다른 영향을 미치고 있으며, 여러 가지 문제점을 지니고 있다.

(1) 가족의 유형

① 핵가족

핵가족(nuclear family)은 부부중심의 가족체계로서 부부와 미혼자녀로 구성된 가족이다. 핵가족은 전통적인 농경사회에서 산업사회로 전환되면서 가족구성원이 이동하거나 주거를 결정하는데 편이함을 제공하게 되어 지배적인 가족유형이 되었다. 핵가족은 가족구성원들간에 친밀감을 증대시킬 수 있으며, 구성원들이 독립성을 가지고 생활할 수 있고, 그들의 생활수준을 향상시킬 수 있다. 또한 핵가족은 구성원들의 상호작용을 촉진할 수 있으며, 구성원들 간에 민주적이 관계가 수립될 수 있게 한다.

그러나 핵가족은 가족의 보호기능을 약화시키고 구성원들의 갈등을 초래하여 이혼, 별거, 가출, 학대 등의 문제를 발생시킬 수 있게 한다. 핵가족은 또한 인간소외, 부양의식의 약화, 자녀에 대한 교육기능의 약화, 인간경시풍조 등을 갖게 하여 노인문제를 나타날 수 있게 하며, 자녀의 정서적 불안과 사회부적응을 일으키게 하여 각종 사회문제가 발생할 수 있게 한다.

② 확대가족

확대가족(extended family)은 가계 중심의 가족체계로서 3세대 이상이 함께 거주하는 가족이다. 즉 확대가족은 자녀가 결혼한 이후에도 부모와 같이 동거하는 가족으로서, 전통적인 사회에서 이상적인 가족유형이었다. 경제적으로 자급자족하기가 어렵고 다른 사람들로부터 가족을 보호해야 하는 과거에는 가족구성원이 많을수록 유리했기 때문에 확대가족이 지배적이었다.

확대가족은 부자간의 권위적 주종관계가 형성되어 있기 때문에 자녀에 대한 교육기능이 강화되어 자녀가 정서적으로 안정되고 사회에 잘 적응할 수 있으며, 노인부양을 하나의 의무로 생각하여 노인문제가 발생할 가능성이 적을 수 있다. 이러한 확대가족은 인간을 존중하는 경향을 갖게 하여 부부 및 부모자녀 사이의 여러 가지 문제를 감소시킬 수 있게 한다. 그러나 확대가족은 산업사회에서 가족구성원의 이동 주거문제의 해결을 어렵게 하여, 가부장적 사고로 인하여 민주적인 가족관계가 성립되기 어렵게 한다.

(2) 가족형태의 다양성

① 한부모가족

한부모가족(one-parents family)은 이혼, 별거, 사망, 유기, 가출 등으로 인하여 부모 중 한 사람과 자녀로 이루어진 가족을 말한다. 즉 이것은 부나 모 중에서 한 사람이 단독으로 부모의 역할을 수행하는 가족인 것이다(조흥식 외, 2002). 한부모가족은 최근 이혼의 증가로 인하여 관심이 더욱 높아지고 있으며, 계속적으로 늘어하는 추세를 보이고 있다.

한부모가족은 배우자의 사별로 인한 경우가 가장 많으며, 이혼, 별거, 유기, 가출, 장기복역, 미혼모 등으로 인하여 나타나고 있다. 한부모가족 중에서 모자가족은 가족 내에서 경제적 · 정서적 안정에 기여했던 부의 부재로 인하여 많은 문제가 일어난다. 특히 소득의 감소로 인하여 생활수준이 급격히 낮아지며, 자녀의 교육에 어려움이 있고, 모가 취업을 해야 하는 문제가 발행한다. 또한 부의 역할의 부재로 인하여 자녀의 정서적 불안정을 초래할 수 있으며, 모의 역할과중으로 가족 내의 긴장과 갈등이 초래될 수 있다.

부자가족은 가사와 자녀양육에 기여했던 모의 부재로 인하여 많은 문제가 일어난다. 그동안 모가 관리해왔던 가사를 부가 대신한다는 것이 상당히 어려우며, 자녀를 제대로 양육할 수 없게 된다. 또한 모의 부재로 자녀들이 정서적이 안정을 갖지 못하고 방황할 수 있으며, 부가 가사와 직업생활을 병행하기가 어렵게 된다.

② 노인 가족

노인 가족은 65세 이상 노인이 자녀나 친척과 동거하지 않고 독신 또는 부부가 함께 독립적인 가구형태를 이루어 생활하고 있는 가족을 말한다(최경석 외, 2001). 즉 이것은 노인으로만 이루어진 가족형태인 것이다. 노인 가족 최근 핵가족화로 인하여 노인부양의식이 약화됨은 물론 노인의 독립적인 생활의 욕구로 인하여 점점 증가하는 추세를 보이고 있다.

노인 가족 노년기의 신체적 · 경제적 · 사회적 문제를 대부분 노인 스스로 해결해야 하는 어려움 때문에 다양한 문제가 발생한다. 노인은 대부분 신체적 노화로 인하여 만성질환을 가지고 있음에도 불구하고 노인들만이 거주하게 되면 신체적 수발과 간병, 간호와 진료, 응급의료 등을 받기가 어렵다. 또한 노인 가족 소득이 적기 때문에 경제적으로 빈곤할 수 있으며, 정서적으로 외로움을 느끼게 되고, 사회적으로 고립되는 어려움을 경험할 수 있다.

③ 소년소녀가족

소년소녀가족은 부모의 사망, 이혼, 가출, 질병, 심신장애 등으로 인하여 18세 미만의 아동이 가정생활을 이끌어 가야하는 가족을 말한다. 즉 이것은 부모 모두가 사망하거나, 부모의 이혼 · 가출 · 행방불명 · 장기복역 등으로 아동이 부모와 같이 살지 못하거나, 부모의 폐질 · 심신장애 등으로 부모가 부양능력을 상실하였을 경우에 아동이 가장의 역할을 수행하는 가족형태인 것이다.

소년소녀가족은 부모의 역할을 담당할 가족이 없기 때문에 신체적 · 정서적 · 교육적 · 경제적 · 사회적 문제가 발생할 수 있다. 소년소녀 가족은 부모가 없기 때문에 수입이 부족하고 생활이 안정되지 못하여 신체적으로 정상적인 성장과 발달을 기하기 어려우며, 정서적으로 불안정할 수 있고, 정상적인 학교생활을 하지 못할 수 있다. 또한 그들은 경제적으로 자활할 수 있는 기반과 능력이 부족하기 때문에 빈곤에서 벗어나기 어려우며, 사회적으로 고립될 수 있다.

④ 독신가족

독신가족은 성인이 된 남녀가 결혼을 하지 않고 혼자서 사는 가족을 말한다. 즉 이것은 성인남녀가 결혼을 하지 않거나 노인이 되기 이전에 이혼이나 사별한 이후에 재혼을 하지 않고 혼자서 사는 가족형태이다. 과거에는 성인남녀가 독신가구를 이루어 사는 것이 사회적으로 바람직하지 못한 것으로 간주되었으나, 최근에는 독립적으로 생활하는 것을 어느 정도 수용하고 있는 추세이다.

독신가구는 개인주의적 사고, 경제적 지위의 상승, 결혼과 가족에 대한 가치관의 변화, 이혼의 증가, 교육기관의 연장, 자아실현의 경향 등으로 인하여 점차 증가할 가능성이 커지고 있다. 특히 결혼을 필수조건으로 생각하기보다는 선택조건으로 생각하는 사람들이 증가하며, 가족에 대한 전통적 가치가 약화됨은 물론 이혼이 점점 증가하고 있기 때문에 독신가구의 비율이 늘어날 것으로 보인다.

3) 가족의 역동성

(1) 가족 내의 부모역할유형

가족 내에서 자녀에 대한 부모의 행동과 태도는 얼마나 애정적이거나 적대적인가 또는 얼마나 자율적이거나 통제적인가에 따라 몇 가지의 역할유형으로 나눌 수 있다. Maccoby와 Martin(1983)은 부모의 역할유형을 권위적 부모, 독재적 부모, 허용적 부모 및 방임적 부모의 네 가지로 구분하였다.

① 권위적 부모

권위적 부모(authoritative parents)는 자녀에게 애정적이고 수용적이면서 자녀의 행동을 통제한다. 그들은 자녀의 욕구와 소망을 인정하며, 자녀 중심적이고 개방적이며, 자녀가 자율적으로 행동하도록 격려한다. 그들은 성숙한 행동에 대한 확고한 표준을 설정하고 그것을 지킬 것을 요구하면서도 의사결정이나 지시에 대한 이유를 설명하고 자녀의 견해에 귀를 기울인다. 권위적 부모를 가진 자녀들은 일반적으로 독립적이고 사회적 관계가 원만하며, 자기 통제적이면서 높은 자존심을 지니고 있다.

② 독재적 부모

독재적 부모(authoritarian parents)는 자녀에게 온정적이지 못하고 적대적이면서 자녀의 행동을 엄격하게 통제한다. 그들은 자녀에 대한 애정이 부족하고 강압적이며, 자녀를 통제하기 위해 신체적 처벌을 가한다. 그들은 자신들의 결정이나 규칙에 자녀가 따르지 않는 것을 도전으로 받아들이고 억압하며, 이러한 경우에 성숙한 행동에 대한 부모의 요구와 자녀의 욕구 사이에 조화를 이루지 못하게 된다. 독재적 부모를 가진 자녀는 자발성이 부족하고 수동적이며, 냉담하고 낮은 자존심을 지니고 있다.

③ 허용적 부모

허용적 부모(permissive parents)는 자녀에 대해 수용적이고 상당히 애정적이지만 자녀의 행동을 전혀 통제하지 않는다. 그들은 자녀의 행동과 생각에 거의 제한을 가하지 않으며, 성숙한 행동의 표준도 없을 뿐만 아니라 자녀가 스스로 자신의 행동을 결정하기를 원한다. 허용적 부모를 가진 자녀는 대단히 미성숙하기 때문에 충동적이고 공격적이며 책임감이 부족하다. 또한 이러한 자녀는 부모에게 많은 것을 요구하며, 대인관계에서 독단적이 경향이 있고, 인내심이 부족하며 자기통제능력이 결여되어 있다(장휘숙, 2002).

④ 방임적 부모

방임적 부모(indifferent parents)는 자녀에게 무관심하고 부모의 역할을 전혀 수행하지 않는다. 그들은 자녀와의 접촉을 회피하며 자녀의 욕구에 대해 거의 반응을 보이지 않으면서 거부적이다. 자녀와의 상호작용은 단지 부모 자신의 즉흥적 위안을 얻기 위해서이며, 일관성 있는 훈육을 실시하지 않는다. 이러한 역할유형은 부부간의 갈등, 사회적 자원의 부족 등에 의해서 나타날 수 있으며, 자녀로 하여금 인지적 · 정서적 · 사회적 발달을 기할 수 없게 한다. 방임적 부모를 가진 자녀는 적대적 · 공격적이며, 대인관계가 원만하지 못하며, 낮은 자존심을 가지고 있다(Santrock, 1997).

(2) 가족구조와 상호작용

가족구성원들 사이의 상호작용에는 일정한 경계선이 존재한다. 가족구성원들간에 경계선이 개방적이면 구성원들 사이에 경계가 유연하고 상호작용이 빈번하며, 서로가 거리감이 없고 강한 소속감을 지니게 된다. 이러한 경우에 한 구성원의 변화는 즉각적으로 다른 구성원에게 영향을 미치게 된다.

가족구성원들 사이에 경계선이 폐쇄적이면 경계가 분명하고 경직되어 있으며, 구성들 간에 상호작용이 거의 없게 된다. 이러한 경우에 구성원들이 독립적이고 자율적으로 기능하게 되지만, 가족 내의 의사소통에 어려움이 있으며, 가족이 구성원들에 대한 보호기능을 제대로 수행할 수 없게 된다.

4) 사회체계로서의 가족

가족은 사회를 형성하는 구성요소로서 가족구성원들에게 정서적 안정과 지원을 제공하며, 구성원들 간의 상호작용을 통해서 서로에게 영향을 미치는 하나의 사회체계이다. 즉 가족은 부부관계, 부모자녀관계, 형제자매관계를 통해서 서로에게 영향을 주고 영향을 받기도 하면서 가족 전체의 기능에 기여하는 상호 연결된 체계인 것이다.

가족은 부부체계, 부모자녀체계 및 형제체계와 같은 하위체계로 이루어져 있다. 부부체계는 상호보완과 적응을 통해서 관계를 형성하며, 부부간의 관계가 경직되면 스트레스를 받게 되고, 이완되면 가족 내의 질서가 손상될 수 있다. 부모자녀체계는 부모의 자녀에 대한 양육, 지도, 통제 등을 통하여 사회화의 역할을 수행하며, 부모 중 한사람과 한 자녀와의 밀착된 관계는 가족체계가 역기능적인 양태로 나타날 수 있다. 형제체계는 형제들 간의 상호관계를 통해 많은 것을 배우게 되며, 특히 경쟁, 질투, 싸움 등을 통해서 자율성, 협동, 양보 등을 배운다.

한편 가족은 집단, 조직, 지역사회, 국가 등과 같은 상위체계와의 상호작용을 통해서 영향을 받으면서 유지하고 발전한다. 가족체계가 상위체계와의 관계에서 개방적일수록 다른 사회체계의 변화에 쉽게 적응할 수 있으며, 자원을 효율적으로 활용할 수 있다.

2. 집단

집단이란 공통의 목적이나 관심사를 가지고 있는 두 명 이상의 사람들이 모인 집합체로서, 집단구성원들의 정체성과 다른 집단에 대한 배타성을 가지고 있으면서 개인의 행동발달에 주요한 영향을 미친다. 집단은 일차집단과 이차집단, 성장 집단과 치료집단 등 다양한 형태를 가지고 있으며, 의사소통, 목적, 규범, 역할, 정서적 유대 등에 의해 많은 영향을 받는다. 집단은 구성원들의 상호작용을 바탕으로 한 사회체계로서 개인의 다양한 욕구를 충족시키고 문제를 해결하며, 구성원 각자와 사회에 유익하기도 하지만, 부정적인 영향력을 미치기도 한다.

1) 집단의 특성

(1) 집단의 개념

집단은 공통적인 목적이나 관심사를 가진 두 명 이상의 사람들이 모인 집합체이다. 이것은 일정한 목적을 달성하기 위해 구성원들 간에 상호작용을 하면서 일관된 행동을 하는 총체로서, 소속감과 규범을 통해서 결속력을 가지고 활동하며, 구성원들 상호간에 영향을 미치는 집합체인 것이다.

집단은 두 명 이상의 사람들이 모인 단순한 모임이 아니라, 개인에게 바람직한 행동을 학습하도록 하거나, 만족스런 사회적 관계를 유지할 수 있게 하는 매개체이다. 또한 이것은 개인의 욕구를 충족하고 문제를 해결 할 수 있게 하거나, 또 개인의 성장과 발달을 도모할 수 있게 하는 목적을 가진 것이다.

따라서 집단이란 공통의 목적이나 관심사를 가지고 있는 두 명 이상의 사람들이 모인 집합체로서, 구성원들이 소속감과 규범을 가지고 상호작용을 하면서 일정한 목적을 달성하기 위해 일관되게 행동하는 사회체계이다.

(2) 집단의 특성

집단은 두 명 이상이 모인 집합체로서 공통의 목적을 가지고 있다. 또한 집단은 전체로서의 집단을 인식하며, 다른 집단과 구분되는 특징을 지니고 구성원들이 상호작용을 하면서 각자의 행동에 영향을 미친다는 특성을 가지고 있다. 이러한 집단의 특성은 다음과 같이 여섯 가지로 나타낼 수 있다(Norlin & chess, 1977).

① 일정규모

집단의 크기가 최대한 어느 정도인가에 대해서는 한정되어 있지 않지만, 최소한 두 명 이상의 구성원으로 이루어진다. 집단은 구성원들 간의 상호작용에 의해 제한을 받으며, 대부분 규모가 작은 편이다. 집단이 구성원들 간에 직접적인 상호작용을 하지 않을 경우에는 더 이상 집단이라 할 수 없다.

② 공통목표

집단은 구성원들 간의 역할 차이가 최소화되어 있으며, 직접적인 상호작용을 통해서 전체적인 성격에 따라 움직인다. 집단은 공통적인 목표를 가지고 있으며, 목표는 명백하기보다 오히려 암시적이다. 집단의 목표는 집단구성원들의 소속감이나 사랑과 같은 욕구로부터 나타나며, 비공식적이고 개인적인 관계의 본질에서 유래한다.

③ 정체성

집단의 구성원들은 공통의 집단 정체성을 공유하며, 전체적으로 집단을 인식한다. 집단에 대한 정체성은 집단 활동을 통해서 우리의식이 나타날 때 더욱 명백해진다. 집단은 구성원으로서 소유하는 자기 본위에 주요한 영향을 미친다. 집단의 구성원들이 상대적으로 구별되지 않으며 서로 인간적인 측면에 의해 관련되어 있기 때문에, 집단이 유지되고 발달하며 자기 본위 의식의 증진에 기여한다.

④ 배타성

집단은 모든 사회체계 중에서 가장 배타적이다. 배타성의 관념은 집단구성원들의 자기본위 의식에 의해 나타난다. 집단구성원들의 관계가 개인적인 차원에서 이루어지며, 개인의 내부에서 우러나오는 감정에 의해 이루어지기 때문에, 다른 체계에 대해 배타적이다. 배타성은 집단의 잠재적인 안정성과 구성원들의 사회화에 기여한다.

⑤ 자기조직화

집단구성원들 사이의 관계와 효과적인 구성원들의 내적이고 자연스런 상황에 기인한다. 이러한 관점에서 집단은 스스로 조직된 것이며, 집단과 관련된 행동은 이성적인 요소보다는 정서적인 측면에 의해 나타난다. 집단의 관계는 어떤 다른 목적달성을 위한 도구나 수단이기보다는 그들 스스로의 목적달성을 위해 이루어진다.

⑥ 개인행동에 대한 영향

집단은 구성원들에게 사회화와 사회통제의 기능을 수행한다. 모든 집단은 독특한 하위문화를 소유하며, 이것은 집단과 관련된 구성원들의 행동에 영향을 미치는 규범을 포함하고 있다. 이러한 집단규범은 부분적으로 구성원들에 의해 내면화의 형태로 채택되며, 개인의 가치체계의 일부분이 된다.

2) 집단의 유형

집단은 구성원들 간의 상호작용의 형태, 집단구성의 방법, 집단의 배타성의 정도, 집단의 목적 등에 따라 다양한 유형으로 구분할 수 있다. 집단의 유형은 대개 일차집단과 이차집단, 자연집단과 형성집단, 개방집단과 폐쇄집단, 교육집단·성정집단과 치료집단 등과 같이 다양하게 분류할 수 있다.

(1) 일차집단과 이차집단

일차집단(primary group)은 어떤 특정한 목적이 없으면서 혈연과 지연을 바탕으로 자연발생적으로 이루어진 집단을 말한다. 일차집단으로는 가족, 친구, 친척, 이웃, 동료, 또래집단 등이 있다. 이것은 구성원들에게 친근감과 소속감을 갖게 하며, 대면적인 상호작용이 빈번하게 나타나고, 구성원들 간에 우리감정(we-feeling)을 느끼게 한다. 일차집단은 구성원들의 사회화, 도덕규범의 발달, 행동의 형성과 변화 등에 영향을 미친다(김종옥·권중돈 편저, 1993).

이차집단(secondary group)은 어떤 특정한 목적을 달성하기 위해 인위적으로 구성된 집단이다. 이차집단은 구성원들 간에 친근감, 애정, 배려 등과 같은 정서적인 측면이 부족하며, 의사소통이 빈번하지 못하다. 이차집단은 측정한 목적달성을 위해 구성원들 간에 상호작용을 하며, 구성원들 각자의 역할을 중요시하고, 구성원들의 능률이나 효율성을 강조한다.

(2) 성장집단과 치료집단

성장집단(growth group)은 집단 활동을 통해서 개인의 잠재력을 개발하여 사회적 기능을 향상시키기 위해서 구성된 집단이다. 성장 집단에서는 집단을 개인이 성장할 수 있는 기회를 활용하며, 자신의 발전을 위해 집단 활동을 통해서 사고와 행동을 변화시킨다. 성장 집단으로는 인카운터 그룹(encounter group)은 집단 활동을 통해서 개인의 행동을 수정하거나 심리적 · 사회적 문제를 해결하기 위해 구성된 집단이다. 구성원들은 자신의 문제를 해결하기 위해 집단에 깊숙이 관여한다. 치료집단으로는 비행청소년집단, 정신장애인 집단 등이 있으며, 이러한 집단은 집단 활동을 시작하기 전에 구성원들에 대한 치료계획을 세우고, 전문가에 의해 계획적으로 이루어진다는 특성을 지니고 있다.

(3) 자조집단과 형성집단

자조집단(self-help group)은 공통적인 욕구나 문제를 공유하는 사람들끼리 결성하는 자발적인 집단이다. 즉 이것은 공통적인 조건, 경험 또는 욕구와 문제를 공유하는 사람들로 구성되며, 공통적이 요소들에 관한 대처능력을 향상시키기 위해서 상호간에 필요한 활동과 자원에 대한 정보를 교환하며 원조한다(Barker, 1995).

자조집단은 전문적인 지식과 기술을 바탕으로 구성원들에게 원조를 제공하기보다는 오히려 구성원들의 경험에 기초한 것들을 바탕으로 상호간에 원조를 제공한다. 이러한 원조는 훌륭한 지지의 원천이 되며, 특히 그 집단이 구성되는 초기의 구성원들 상호간의 관여는 더욱 효과적인 지지의 원천이 된다(Hepworth & Larsen, 1993).

형성집단(formed group)은 어떤 외부적인 영향력이나 개입을 통해서 구성된 집단이다. 이것은 외부의 자원과 협력을 받지 않고는 존재하기 어려우며, 특수한 목적을 달성하기 위해서 소집된다. 형성집단은 집단의 지속기간이 비교적 짧고 구성원들의 역할이 단순하며, 구성원들 간의 대면적인 상호작용이 적다. 형성집단으로는 과업집단, 치료집단, 위원회 등이 있다(Norline & Chess, 1997).

3) 집단의 역동성

집단은 구성원들의 상호작용을 통해서 구성원 각자에게는 물론 집단 전체에 영향을 미치게 되며, 이러한 상호작용에 의해 집단변화에 미치는 힘을 집단의 역동성이라 한다. 집단의 역동성은 구성원들의 의사소통, 집단의 목적과 규범, 구성원의 역할과 정서적 유대 등 다양한 요소들에 의해서 영향을 받으며, 이러한 요소들을 적절히 활용하게 되면 집단의 발전을 물론 구성원들에게 긍정적 결과를 가져올 수 있다.

(1) 의사소통

집단 내에서 구성원들 간의 의사소통은 그들의 정보, 감정, 태도 등을 다른 구성원에게 전달하는 것으로, 집단 활동에서 가장 중요한 요소이다. 의사소통은 언어를 통해서 분명하게 전달되며 언어적 의사소통과 몸짓, 표정 등에 의해서 전달되는 비언어적 의사소통이 있으며, 공식적 또는 비공식적으로 이루어진다.

집단구성원들은 의사소통을 통해서 상호간에 영향을 주고받으며, 의사소통의 정도는 집단참여, 생산성, 만족감, 목적달성 등에 영향을 미치게 된다. 또한 의사소통은 집단구성원의 유대를 강화시키거나 약화시킬 수 있으며, 집단의 발전에 영향을 미치므로 구성원들 간에 효과적으로 의사소통을 할 수 있게 해야 한다(이영분, 1996).

(2) 목적

모든 집단은 목적을 가지고 있으며, 목적은 집단의 활동, 의사소통의 양상, 구성원의 태도 등에 영향을 미친다. 집단의 목적은 구성원들이 갖고 있는 필요성과 욕구가 사회적 상화작용을 통해서 발전된 것이며, 정적이라기보다는 동적이다. 집단구성원은 각자가 목적을 가지고 있으며, 이것은 알려질 수도 있고 그렇지 않을 수도 있으며, 의식적일 수도 있고 무의식적일 수도 있다. 집단구성원 각자의 목적이 집단의 목적과 일치될 때도 있지만, 일치하지 않아 갈등관계에 놓일 때도 있다. 따라서 집단구성원 각자의 목적을 분석하여 개인의 목적과 집단의 일반적인 목적의 일치성, 집단목적의 구속력, 목적달성에 따른 갈등 등을 파악할 필요가 있다. 집단의 효율성과 구성원의 만족도는 구성원 각자의 개인적 목적이 집단의 목적에 의해서 발전된다고 느끼거나, 두 가지의 목적이 조화를 이룰 때 높아진다는 것이다(남세진, 1990).

(3) 규범

규범은 집단구성원들이 지켜야 할 규칙이나 기준을 말한다. 이것은 집단 속에서 허용되는 행동상의 범위를 규정하고 있으며, 집단의 주요한 통제수단이 된다. 규범은 집단구성원들의 상호작용 과정을 통해서 형성되며, 구성원 전체에게 동일한 구속력을 가지게 되고, 공식적일 수 있으며 비공식적일 수도 있다.

규범은 집단구성원의 행동을 규제하기 때문에 규범의 발달과 수용은 집단의 생존에 영향을 미치며, 구성원들을 집단에 순응하도록 압력을 가한다. 집단이 규범을 적용하는 절차와 형식에 너무 치우치게 되면 중요한 문제를 해결하는 일에 소홀 할 수 있으며, 구성원들에게 갈등을 불러일으킬 수 있다. 이와 같이 규범의 성격, 시행방식, 구성원과 집단에 대한 영향 등은 집단발달에 중요한 결정요인이 된다.

(4) 지위와 역할

지위란 집단 내에서 구성원 각자가 차지하고 있는 위치를 말한다. 이것은 집단 내에서의 평가과정을 통해서 개인에게 부여되며, 고정적이지 않고 유동적이다. 지위는 집단구성원 각자의 전문적 지식, 집단에 대한 책임, 개인적 매력 등에 따라 달라지며, 구성원들의 행동, 책임, 통제 등에 영향을 미친다.

역할은 집단 내에서 개인의 위치에 맞는 행동유형을 말한다. 이것은 집단 내에서 개인의 행동을 이해하고 예측할 수 있게 되며, 기대된 역할, 지각된 역할 및 실행된 역할로 구분할 수 있다. 기대된 역할은 집단 내에서 일정한 위치를 차지하고 있는 사람으로서 기대에 부응하는 행동이며, 지각된 역할은 지위를 차지하고 있는 사람이 그가 반드시 해야 한다고 믿는 행동이며, 실행된 역할은 지위를 차지하고 자신의 역할을 잘 수행할 수 있도록 하기 위해서는 각자의 역할에 대해 토의하며, 현재의 역할에 따르는 책임과 권리를 명료화하고, 구성원의 역할을 적절하게 변화시켜야 한다.

(5) 정서적 유대

집단구성원들이 서로에게 매력이나 반감을 갖고 되므로, 이러한 정서적 유대에 대해 관심을 가져야 한다. 집단 내에서의 의사소통을 통해서 정보와 의견이 전달되기도 하지만, 긍정적 · 부정적 감정이 교환되기도 한다. 집단 내에서 매력과 같은 긍정적인 정서적 유대는 구성원들 간의 상호작용을 증진시키지만, 반감과 같은 부정적인 유대는 구성원들 간의 결속과 상호작용을 감시킨다. 정서적 유대는 집단성원들에게 소속감을 갖게 한다. 정서적 유대가 높은 집단은 갈등과 긴장을 잘 극복하며, 구성원의 욕구를 충족시킬 수 있고, 집단의 목적을 실현시키는 효과를 가져 올 수 있다. 그러나 정서적 유대는 집단 전체에 동일하게 작용하는 것은 아니며, 구성원들은 긍정적 또는 부정적인 유대를 갖기도 하며, 이러한 과정에서 집단 내에서 하위집단이 생성된다(이영분, 1996).

(6) 하위집단

집단구성원들이 서로 간에 공통점을 발견하게 되면 다양한 하위집단이 형성되기 시작한다. 하위집단은 집단의 규모가 커지게 되면 모든 집단에서 나타나며, 유사성, 공통의 속성, 공통의 관심사, 상호간의 매력, 포함의 욕구 등에 의해서 형성된다. 하위집단은 소수의 구성원으로 이루어지며, 그들간에 정서적 유대와 조화가 나타난다.

하위집단은 전체집단에 참여하는데 있어서 보람을 느끼게 하며, 집단의 응집력을 향상시킨다. 이와 같이 하위집단은 집단의 발전에 기여하기도 하지만, 집단의 응집력을 약화시키는 경우도 있다. 하위집단의 존재는 자연스런 결과이기 때문에 이를 받아들여야 하며, 하위집단이 전체집단에 유리하게 작용할 수 있도록 원조해야 한다.

(7) 응집력

응집력은 집단구성원이 집단에 대해 긍정적인 사고를 갖으며 구성원들끼리 상호간에 매력을 느끼는 힘을 말한다. 집단응집력은 집단의 목적달성에 중요한 요소이며, 응집력이 강할 때 구성원은 집단의 구조와 규범을 받아들인다. 이것은 구성원들이 집단에 대해 긍정적인 면을 부정적인 면보다 더 많이 가지고 있을 때 생긴다.

집단응집력은 구성원의 특성, 집단의 활동내용, 집단의 목적, 집단의 크기, 집단의 분위기, 집단참여의 필요성 등과 같은 다양한 요소들에 의해 결정되는 복합적인 현상이다. 이것은 집단 활동에 광범위하게 영향을 미치며, 집단을 유지하는 결정적인 영향요소가 된다. 집단응집력을 높이기 위해서는 구성원들의 상호작용, 집단의 생산성, 만족도 등을 향상시키는 것이 필요하다(남세진, 1990). 그 밖에도 집단의 역동성에 영향을 미치는 요소들로는 집단의 크기, 분위기, 참여도, 지도력, 갈등, 구성원의 역할, 동질성과 이질성 등이 있다.

4) 사회체계로서의 집단

집단은 상호작용을 하는 구성원들로 이루어져 있으며, 구성원들 간의 상호작용은 개별 구성원뿐만 아니라 집단 전체에도 영향을 미친다. 즉 집단구성원은 집단 활동을 통해서 자신에 대해서 이해하며, 자신의 성정과 발전을 도모한다. 집단구성원 각자는 다른 구성원들로부터 영향을 받게 되며, 자신의 행동을 통해서 다른 구성원에게 영향을 미친다. 또한 전체로서의 집단은 성원들 각자의 활동에 의해서 변화된다.

집단은 하나의 사회체계로서 구성원들의 상호작용을 바탕으로 개인의 사회적 관계를 증진시키며, 다양한 욕구를 충족시키고 문제를 해결한다. 집단은 구성원들의 활동에 따라 구성원 각자와 사회에 유익하기도 하지만, 부정적인 영향력을 미치기도 한다. 한편 집단은 다른 집단에 의해 영향을 받으며, 지역사회나 국가의 기대, 가치관, 문화 등에 의해 영향을 받는다.

3. 조직

조직이란 일정한 구조를 가지고 특정한 목적을 달성하기 위해서 의도적으로 설립한 사회체계인 것이다. 이것은 업무분담 및 권력과 통제가 필요하며, 적절한 지도력과 책임성이 부여되어 있어야 한다. 조직은 구성원의 활동을 통해서 목적을 달성하며, 구성원 각자의 행동에 영향을 미친다. 또한 조직구성원들은 조직을 통해서 자신의 욕구를 충족시키며, 다른 구성원의 조직행동에 영향을 미친다.

1) 조직의 특성

(1) 조직의 개념

조직은 특정한 목적을 달성하기 위해서 의도적으로 설립한 체계로서, 일정한 크기와 구조를 가지고 구성원들이 업무에 의해서 상호 관련되어 있는 사회적 단위이다. 또한 조직은 계획적인 활동을 통해서 일정한 활동영역을 가지고 있는 관리구조인 것이다.

조직과 유사한 개념으로는 집단, 기관, 체계 등이 있으나, 조직의 개념과는 다소 차이가 있다. 집단은 공통적인 목적을 가진 사람들이 모여 상호작용을 하는 집합체이며, 기관은 공공의 이익을 위해 설립된 공식적인 조직을 말한다. 체계는 상호의존적인 관계를 가지고 있는 구성요소들로 이루어진 집합체인 것이다.

조직은 일정한 형태를 가지고 있으며, 구성원들의 분업적인 업무를 통해서 특정한 목적을 수행한다. 이러한 조직은 개인적인 노력으로 해결할 수 없는 기능수행이나 문제해결을 할 수 있도록 사람들을 결합시킨 사회체계이다(Norlin & Chess, 1997).

따라서 조직이란 일정한 크기와 형태를 가지고 있으며 구성원들이 업무를 통해서 상호 관련되어 있는 사회적 단위로서, 계획적인 활동을 통해서 특정한 목적을 달성하기 위해 의도적으로 설립한 사회체계인 것이다.

(2) 조직의 특성

조직은 일정한 형태를 가지고 있으면서 특정한 목적을 달성하기 위해 설립된 집합체이다. 이러한 조직은 체계적인 업무수행을 위해 일정한 구조를 가지고 있으며, 구성원들이 통제와 지도력을 바탕으로 분업을 통해서 각자의 책임을 수행한다.

① 특정목적

조직은 구성원들 간에 명시적으로나 묵시적으로 합의된 공통의 목적을 달성하고자 노력하며, 이러한 목적은 조직이 실현하고자 하는 하나의 바람직한 상태인 것이다. 특히 조직은 특정한 목적을 명확하게 정해야 구체적인 활동에 대한 계획을 세울 수 있으며, 조직을 편성하거나 관리할 수 있게 된다. 조직에서 목표가 명확할수록 구성원들이 조직을 위해 행동할 수 있다(조석준, 1999).

② 분화

분화는 조직이 측정한 기능을 효율적으로 수행할 수 있도록 영역별로 나눈 형태를 말한다. 조직은 구성원들이 특정한 목적을 달성하기 위해서는 구성원간의 업무가 적절하게 분배되어 있어야 하며, 합리적인 조정이 있어야 한다. 조직은 구성원들에게 업무를 수행할 수 있는 권한이 적절히 위임되었을 때 그들에게 안정감과 만족감을 갖게 할 수 있다.

③ 권력과 통제

권력은 힘을 사회적 상황에 도입시키는 능력으로서 조직의 질서를 유지하는데 필요하다. 즉 권력이 없으면 조직이 있을 수 없으며, 질서도 있을 수 없다는 것이다. 조직이 다른 사회체계들과 다른 특성 중의 하나는 권력을 명시한다는 것이다. 즉 조직은 권력을 가시적으로 나타내고 제도화시킨다.

조직을 성공적으로 이끌기 위해서는 구성원들에게 대한 통제가 유지되어야 한다. 조직은 다른 사회체계들보다 통제가 더욱 필요하며, 이것은 계획적이고 신중하게 이루어져야 한다. 통제에는 신체적 통제, 물질적 통제 및 상징적 통제가 있으며, 이러한 것들은 조직 환경에 적절하게 활용되어야 한다 (Anderson & Carter, 1986).

④ 지도력

지도력(Leadership)은 조직의 목적을 달성하기 위해서 구성원들을 조정하여 활동하게 하는 기술이나 영향력을 말한다. 즉, 이것은 조직의 목표를 달성하고 수단을 효과적으로 활용하기 위해서 사용되는 권력과 통제를 포함하는 개념으로, 조직의 목적을 달성하기 위해서 구성원들의 활동에 영향을 미치는 과정인 것이다. 지도력은 조직의 목적달성과 구성원들의 역할행동에 크게 변화를 가져올 수 있으므로, 조직 환경에 적절한 지도력을 발휘할 필요가 있다.

⑤ 구조

조직은 특정한 목적을 달성하기 위해서 체계적인 구조를 가지고 있다. 조직이 업무를 기획하고 수행하며 통제하기 위해서는 일정한 구조가 있어야 한다. 구조는 조직을 체계적으로 운영할 수 있도록 하는 기반이며, 구성원들에게 전문적으로 업무를 분화하고 조직의 질서를 유지하기 위해서 필요하다. 특히 조직이 전문적인 업무를 수행할 경우에는 일정한 구조가 있어야 한다.

⑥ 책임성

조직은 목적을 달성하기 위해서 구성원들에게 일정한 업무를 부여하며, 담당하는 업무에 대해서 책임을 지도록 한다. 조직은 구성원들이 인간관계에 의해서보다는 오히려 업무관계를 통해서 책임성을 바탕으로 상호작용을 하는 곳이다. 책임성은 구성원들에게 그들이 조직을 위해서 무엇을 해야 하는가를 인식하도록 하며, 조직의 발전에 기여할 수 있는 기초가 된다.

2) 조직의 유형

(1) 사회적 기능에 따른 유형

Parson(1960)은 조직이 사회적 필요성을 충족시키기 위해서 어떠한 기능을 수행하느냐에 따라 경제조직, 정치조직, 통제조직 및 사회조직으로 구분될 수 있다고 하였다. 경제조직은 생산 활동을 하는 산업체를 말하며, 정치조직은 정당, 국회, 행정기관 등을 뜻한다. 통제조직은 안정을 유지하고 일탈을 막는 사법기관, 경찰, 군대, 정신병원 등을 말하며, 사회조직은 종교단체, 교육기관 등을 가리킨다. 한편 여기에서 말하는 사회적 필요성이란 환경의 문제를 해결하는 활동과 같은 적응, 사회적 목표달성, 사회적 통합 및 사회의 문화형태를 전승하는 것과 같은 형태유지를 말한다.

(2) 통제형식에 따른 유형

Etzioni(1961)는 조직을 상위자가 어떤 방법으로 하위자를 통제하며, 하위자는 그 통제에 대해 어떤 태도를 보이는가에 따라 분류하였다. 그는 조직의 통제형식에는 강압적 통제, 보수적 통제 및 규범적 통제의 세 가지가 있다고 보고, 조직을 강제적 조직, 공리적 조직 및 규범적 조직으로 분류하였다(유종해, 1995).

① 강제적 조직

강제적 조직(coercive organization)은 조직구성원들의 의사와 관계없이 조직의 목적을 달성하기 위해 강제적으로 통제하는 조직이다.

대부분의 조직구성원들은 높은 소외감을 느끼게 되며, 행동에 제약을 받는다. 강제적 조직에는 교도소, 군대 등이 있으며, 통제방법으로 물리적 힘을 사용하기도 한다.

② 공리적 조직

공리적 조직(utilitarian organization)은 조직구성원들이 실리적인 목적을 위해서 소속되게 하며, 보수를 주된 통제의 수단으로 활용한다. 대부분의 조직구성원들은 자신의 이익을 위해서 조직에 가입하기 때문에 타산적인 성향을 지니고 있다. 공리적 조직에는 회사, 경제단체 등이 있으며, 가입과 탈퇴가 비교적 자유롭다.

③ 규범적 조직

규범적 조직(normative organization)은 조직구성원들이 자발적인 의지에 의해 소속되며, 규범을 주된 통제의 수단으로 활용한다. 대부분의 조직구성원들은 조직에 대해 높은 귀속감을 가지고 있으며, 구성원들이 가입과 탈퇴를 자유롭게 할 수 있다. 규범적 조직으로는 종교단체, 정당, 자원봉사단체 등이 있다.

3) 조직의 역동성

(1) 관료제

관료제(bureaucracy)는 현대의 대규모 조직에서 공통적으로 볼 수 있는 현상으로서, 계층적인 형태를 띠면서 합리적인 지배가 제도화되어 있는 대규모 조직을 말한다. 관료제는 고도의 과업전문화에 상응하는 분업화, 직책의 계층화, 작업결과의 균일성과 관련된 과업수행규칙, 직책수행의 비인격성, 경력제도, 효율성, 업무의 서면화, 전문화 등의 특성을 지니고 있다. 관료제는 기능적인 측면에서 보면 합리적인 면을 강조하고 있지만, 병리적인 면도 동시에 지니고 있다. 관료제에서는 형식주의, 무사주의, 비밀주의, 비능률, 사적 인간관계의 감소, 창의성의 감소 등의 역기능적 현상들이 나타난다. 한편 관료제에서는 개인의 목적보다 조직의 목적을 더 중요시하며, 기본적인 헌신을 요구한다. 그러므로 관료제는 개인의 자율성, 주체성, 장점 등을 제대로 발휘하지 못하게 할 수 있으며, 긴장을 경험하게 할 수 있다.

(2) Z이론

Z이론은 Ouchi(1981)가 일본의 기업이 미국의 기업보다 생산성이 월등히 높다는 것을 전제로 하여 미국에서 일본식 경영을 하는 것을 가리킨 말이다. Z이론은 집단적 가치와 전체에 대한 관심, 장기적인 평가와 승진, 순환보직, 종신고용, 상관에게 결재하는 품의 등과 같은 특성을 지니고 있다. 관료제가 지나치게 획일적이고 인간관계가 적은 반면에, Z이론은 경영자와 근로자간에 신뢰에 바탕을 두고 인간관계에 대한 민감성과 친근감을 강조하고 있다. 즉 Z이론은 근로자들이 평생고용에 대한 회사 측의 공약으로 신뢰감과 강한 의무감을 갖고 일에 최선을 다하며, 작업환경을 집단화하고 근로자간의 상호작용을 장려하여 소외감을 감소시킨다는 것이다(Ouchi, 1981).

Z이론은 경영가족주의를 바탕으로 하여 조직구성원들 사이에 협력이 잘

되고, 조직에 대한 강한 충성심을 유발할 수 있으며, 노사합력을 바탕으로 생산성을 향상시킬 수 있다. 그러나 이것은 조직구성원의 자율성이 결여되고, 책임소재가 불분명하며, 승진의 기회가 적고, 낭비적인 요소가 많을 수 있다(조석준, 1999).

(3) 소진

소진은 해소되지 않은 일의 긴장으로 인해서 조직구성원들에게 나타나는 쇠약한 심리상태를 말한다. 이것은 에너지의 축적이 고갈된 상태, 병에 대한 저항력의 저하, 불만과 비관의 증대, 결근과 일에 대한 비능률의 증가 등을 초래한다(Veninga & Spradlev, 1981). 소진은 특수한 형태의 조직에서의 소외로서, 개인적으로 심각하고 위험한 상태이다. 소진을 감소시키기 위해서는 업무공간의 개별화, 근무시간의 융통성, 의사결정과정의 참여 등을 통하여 조직을 인간화시키려는 노력이 필요하다(Anderson & Cater, 1986).

4) 사회체계로서의 조직

조직은 개인들로 구성된 하나의 사회체계이다. 조직구성원인 개인은 조직과의 상호작용을 통해서 다른 구성원뿐만 아니라 전체조직에 영향을 미치며, 조직은 또한 구성원 각자의 행동에 영향을 미치며, 조직은 개인을 활용하여 목적을 달성한다.

조직은 사회 환경과 상호작용을 하면서 생존해 나간다. 즉 조직은 끊임없이 환경변화를 선택적으로 흡수하면서 환경에 적응하며, 사회 환경은 조직 내의 개인이나 집단의 행동에 직접적 또는 간접적으로 영향을 미친다. 이와 같이 조직과 사회는 상호의존적이며, 조직은 사회를 떠나서 존립할 수 없고, 사회는 조직의 업적을 통해서 변화된다.

조직과 사회는 투입과 산출을 통해서 상호 교환관계를 유지하고 있다. 사회는 조직이 필요로 하는 투입을 제공해주며, 조직은 특정한 목적의 달성을 통해서 사회체계에 산출을 공급한다. 즉 조직은 사회로부터 구성원, 금전, 물자 등을 공급받아 유지하고 발전하며, 산출물을 생산하여 사회에 공급한다.

조직은 구성원들 간의 상호작용을 통해서 조직분위기가 나타나며, 조직분위기는 조직구성원의 사기와 조직의 성과에도 많은 영향을 준다. 또한 조직은 경제적 기능, 사회변화기능, 적응기능 등 수행하여 사회에 유익하기도 하지만, 개인에게 소외감, 좌절감, 부적응 등의 역기능을 제공하기도 한다.

4. 지역사회

지역사회란 지리적 조건에 의해 형성된 공동체로서, 물리적 공간, 정치·경제활동, 지역공동의식, 문화 등을 공유하면서 살아가는 장소이다. 지역사회는 유대관계의 형태, 크기, 기능 등에 따라 다양하게 구분할 수 있으며, 생산·분배·소비, 사회화, 사회통제, 사회참여 및 상호원조의 기능을 수행한다. 지역사회는 가족, 집단 및 조직과 같은 하위체계와 사회나 문화와 같은 상위체계의 사이에서 중간적인 역할을 하는 사회체계이다. 이것은 주민들의 공통적인 욕구충족과 문제 해결에 기여하며, 주민들에게 문화를 전달한다. 지역사회는 사회의 중요한 부분이며 그 자체가 하나의 사회로서, 가족, 집단 및 조직의 행동에 영향을 미치고 그들에게서 영향을 받으며 변화하고 발전한다.

1) 지역사회의 특성

(1) 지역사회의 개념

지역사회는 지리적 조건에 의해 형성된 지역공동체라고 할 수 있다. 지역사회는 제한되고 인접된 지역 내에서 함께 거주하는 주민들로 성립된 인구의 집합체이며, 공동의 생활양식과 문화를 공유하고 통일된 지역사회 의식을 가지며, 주민들끼리 상호간에 협동하면서 생활하는 공동사회인 것이다. 지역사회는 공통적인 물리적 공간을 점유하고 있는 것뿐만 아니라 공통적인 욕구를 가지고 있는 주민들로 구성된 인간집단으로서, 주민의 욕구를 충족시키기 위해서 조직된 사회조직이기도 하다. 이와 같이 지역사회란 지리적 영역과 공동생활요인을 동시에 가지고 있는 인간집단이라고 볼 수 있다(김영모 편, 2001:8). 따라서 지역사회란 지리적 조건에 의해 형성된 지역공동체로서, 일정한 지리적 영역을 공유하고 있는 사람들이 사회적 상호작용을 하면서 사회조직을 이루며, 문화를 공유하면서 지역공동의식을 가지고 생활하는 공동체라 할 수 있다.

(2) 지역사회의 특성

지역사회의 특성은 개념을 바탕으로 다음과 같이 여섯 가지로 구분할 수 있다(Norlin & Chess, 1997). 첫째, 지역사회는 물리적 또는 지리적 장소에 의해 제한된 사회체계의 형태이다. 둘째, 지역사회는 공동의 장소에 거주하거나 그곳에서 동일시된 사람과 그들의 사회조직에 초점을 둔다. 셋째, 지역사회는 그곳에 거주하는 사람들의 삶의 질의 향상을 최고의 목적으로 한다. 넷째, 지역사회는 그곳에 거주하는 개인에게 서비스를 제공하는 집단이나 조직으로 구성되어 있다. 다섯째, 지역사회는 주민의 공통적인 욕구와 문제 및 성장과 발달의 기회와 연결된 상호의존적인 사회체계이다. 여섯째, 지역사회는 전체 사회의 하위체계로서 개인이 사회와 관계를 맺고 사회가 개인과 연관된 중요한 중간체계이다.

한편 지역사회의 특성은 크게 지리적, 경제적, 심리적, 문화적인 특성으로도 구분할 수 있다(정지웅 외, 2000).

첫째, 지역사회는 지역을 바탕으로 성립된 사회집단으로서 일정한 물리적 공간 위에 자리를 잡고 있는 공동체이다. 즉 지역사회는 지리적으로 일정한 장소에 위치해 있으며, 주민들끼리 공동으로 생활하는 공간을 가지고 그곳에서 사회적 상호작용을 하면서 다양한 활동을 전개하는 곳이다.

둘째, 지역사회는 경제적으로 협력하며 생활하는 공간이다. 즉 지역사회는 주민들이 사용할 물품을 생산하고 판매하며 구입하면서 자급할 수 있는 곳이다. 지역사회 내에서 주민들은 자신의 욕구를 충족시킬 수 있는 물품을 획득하고 활용하며 살아간다.

셋째, 지역사회는 사회적으로 공동의식을 가지고 있는 사람들로 구성되어 있다. 지역사회는 주민들 간에 일체감, 공통적인 관심, 공통적인 가치와 태도 등을 가지고 있는 사회집단이며, 주민들이 서로 상호 관련되어 있다는 의식을 가지고 자신들이 살고 있는 공간과 사람들을 위해서 공동으로 노력하는 곳이다.

넷째, 지역사회는 전통, 언어, 생활습관 등과 같은 문화를 공유하고 있다. 즉 지역사회는 주민들끼리 공유하는 공동생활양식을 가지고 있으며, 일상생활 현장에서 그들이 오락, 사교, 여가활동, 예술 활동 등을 즐기고 있다. 지역사회의 문화는 주민들이 효과적이고 보람 있는 공동생활을 영위하기 위해서 필요한 요소이면서 공동생활을 통해 얻어진 결과이기도 하다.

2) 지역사회의 유형

지역사회는 관점에 따라 다양하게 분류할 수 있다. Tonnies는 지역사회를 지역주민의 유대관계의 형태에 따라 공동사회와 이익사회로 구분하였으며, Ross(1967)는 지역사회를 지리적 지역사회와 기능적 지역사회로 구분하였다. 또한 지역사회는 크기와 기능에 따라 농촌사회와 도시사회로 구분할 수 있다.

(1) 공동사회와 이익사회

공동사회(gemeinschaft)는 지역주민들이 서로 친밀하고 사적인 유대관계를 맺고 있는 곳이다. 주민들은 공통적인 가치와 신념, 상호의존, 존경 및 지위의 위계의식을 가지고 있다. 주민들 간의 관계는 법규나 계약에 의해서 이루어지는 것이 아니라 문화적 전통과 사회적 역할기대에 기초를 두고 있다(Anderson & Carter, 1986).

이익사회(gesellschaft)는 지역주민들이 공식적이고 전문적인 유대관계를 맺고 있는 곳이다. 즉 주민들은 직업이나 조직과 같은 지역사회의 제도 내에서 공식적으로 구조화된 관계를 통해 관련을 맺고 있다. 이익사회는 자연적으로 이루어진 것이 아니라 인위적으로 이루어지며, 주민들 간의 인간관계는 계약에 기초하고 있다.

(2) 지리적 지역사회와 기능적 지역사회

지리적 지역사회는 주민들이 일정한 지리적 영역 내에서 살고 있는 공간을 말한다. 이것은 주민들의 공통적인 거주지역과 그 주변에 그들이 소유하고 있는 재산으로 이루어진다. 지리적 지역사회에는 부락, 근린지역, 읍 · 면 · 동, 시 · 군 · 구 등이 있으며, 최근에는 지역사회의 범위가 점차 확대되고 있다.

기능적 지역사회는 동일한 관심을 가진 주민들로 구성된 공동체를 말한다. 즉 이것은 거주지역과는 관계없이 공동의 목표를 위해 결합된 공간을 의미한다. 기능적 지역사회는 주민들 간의 합의, 일체감, 공동생활양식, 가치 및 공동노력이 강조되며, 정당, 종교단체, 전문적 단체 등이 여기에 속한다(최순남, 2002).

(3) 농촌사회와 도시사회

지역사회는 인구수, 산업구조 등에 따라 농촌과 도시로 구분할 수 있다. 그러나 지역사회의 성장과정에서 농촌이 도시로 변화되고 있으며, 도시와 농촌을 통합하는 경향이 있기 때문에 농촌과 도시를 구분하기가 어려워지고 있다. 또한 교통과 통신의 발달로 농촌과 도시 간에 교류가 빈번하여 기능상으로 구분하기가 어렵다.

농촌사회는 인구가 적고 공간이 넓으며, 지역주민들 간에 긴밀한 인간관계를 맺고 있다. 농촌사회는 외부와의 교류와 사회적 이동이 적어 언어, 신념, 가치관, 행동양식 등이 동질적이며, 지역주민들 간에 결속력이 강하고 협력적이다. 또한 농촌사회는 전통이 계승되고 권위에 대한 예의와 행동규범이 발달하여 스스로 사회통제기능을 가지고 있다. 그러나 산업화로 인해서 농업인구가 점점 줄어 농촌 공동화 현상이 일어나고 있으며, 공동체적 사회에서 볼 수 있는 특성들이 사라지고 있다. 즉 농촌사회의 특성이 공동적, 협동적, 이타적, 동질적인 것에서 개인적, 경쟁적, 타산적, 이질적인 것으로 변화되고 있다.

도시사회는 인구밀도가 높고 복잡하며, 지역주민들간에 사회적 상호작용이 적은 공간이다. 도시사회는 개인생활에 있어서 이동이 많고, 대인관계가 주로 이해관계를 통해서 이루어지며, 개인들간의 접촉과 관계가 일시적이고 부분적이다. 그 반면에 도시사회는 풍요롭고 생활이 편리하며, 개인의 익명성이 보장되고, 교육시설, 의료시설, 문화시설, 교통시설, 사회복지시설 등이 농촌사회보다 더 잘 갖추어져 있다. 그러나 최근 도시의 인구가 급격히 증가하여 도시사회에는 인간소외, 빈곤문제, 교통문제, 범죄문제, 주택문제, 환경문제 등 다양한 사회문제들이 증가하고 있다.

3) 지역사회의 기능

지역사회에 대해서 Warren(1978)은 지역성과 관련된 중요한 사회적 기능을 수행하는 사회적 단위들과 체계들의 결합이라고 하면서, 지역사회가 생산 · 분배 · 소비, 사회화, 사회통제, 사회참여 및 상호원조의 기능을 수행한다고 하였다. 이러한 기능은 지리적으로 동일한 사회적 단위들과 사회체계에 의해서 수행되며, 상호의존적으로 이루어진다는 것이다(Norlin & Chess, 1997).

(1) 생산 · 분배 · 소비

지역주민들이 일상생활에 필요한 재화와 서비스를 생산하고 분배하며 소비하는 과정과 관련된 기능이다. 이것은 지역주민들이 필요로 하는 재화와 서비스를 만들어 내고, 주민들에게 적절히 나누어주며, 주민들이 욕구충족을 위해서 재화와 서비스를 활용하는 과정이다. 이러한 기능은 지역사회의 산업체를 비롯하여 다른 다양한 전문기관을 통해서 이루어진다.

(2) 사회화

사회화(socialization)는 지역사회에 거주하는 개인이나 가족에게 사회의 가치, 지식, 기술, 바람직한 행동 등을 전달하는 기능이다. 즉 이것은 지역주민들에게 사회에 잘 적응할 수 있도록 지역사회의 문화와 가치를 내면화시키는 과정이다. 이러한 기능은 태어나면서부터 일생동안 지속되며, 지역사회의 다양한 생활양식을 습득하게 하여 사회의 구성원으로 적절히 생활할 수 있게 한다.

(3) 사회통제

사회통제(social control)는 지역사회가 주민들에게 사회규범에 순응하도록 행동을 규제하는 기능이다. 즉 이것은 사회화 기능의 한 측면으로서 지역사회의 가치와 규범적 행동기대에 최소한 순응하도록 하는 것이다. 사회통제는 다양한 사회적 단위들에 의해서 공식적 · 비공식적으로 수행된다. 공식적으로는 사회통제가 경찰이나 법원과 같은 지역사회의 사법기관에 의해 수행되며, 비공식적으로는 가족, 종교단체 등이 사회통제 기능을 수행한다.

(4) 사회참여

사회참여(social participation)는 지역사회가 사회적 목적을 성취하기 위해서 또는 주민들의 개인적인 발전을 위해서 그들에게 제반활동에 참여할 수 있도록 기회를 제공하는 기능이다. 인간은 본질적으로 사회적이기 때문에 사회참여의 기회를 계속적으로 요구하며, 사회참여는 개인의 성장과 발전에 기여한다. 사회참여는 가족생활이나 종교생활뿐만 아니라 다른 다양한 지역사회의 단위들인 시민단체, 전문단체, 문화단체, 여가활동단체 등에 참여하는 것을 말한다.

(5) 상호원조

상호원조(mutual support)는 지역주민들이 자신들의 욕구를 스스로 충족할 수 없는 경우에 지역사회의 공식 · 비공식 지원체계로부터 필요한 서비스를 제공받는 기능이다. 공식지원체계로는 지역사회의 병원, 보건소, 사회복지기관과 시설, 공식협의체, 사회단체, 복지기업, 회원조직 등이 있다. 비공식지원체계로는 가족, 친척, 친구, 이웃, 동료, 종교단체, 자조집단, 자원봉사자 등이 있다.

4) 사회체계로서의 지역사회

지역사회는 가족, 집단 및 조직과 같은 하위체계와 사회나 문화와 같은 상위체계의 사이에서 중간적인 역할을 하는 중요한 사회체계이다. 지역사회는 주민들의 공통적인 욕구를 충족시키고 문제를 해결하며, 그들을 사회화시키고, 그들에게 문화를 전달한다. 또한 지역주민 각자는 지역사회와의 상호작용을 통해서 지역사회의 발전에 기여하며 지역사회로부터 영향을 받는다.

지역사회는 인간이 그곳을 떠나서는 살 수 없는 반드시 필요한 지리적 공간이며, 인간의 행동에 큰 영향을 미치는 사회적 단위이다. 특히 지역사회는 종교단체, 학교, 대중매체 등을 통해서 개인의 행동에 중대한 영향력을 미치며, 산업체, 행정기관, 사법기관 등 다양한 지역사회 기관들의 활동을 통해서 지역사회의 발전에 기여하고 사회통제의 기능을 수행한다. 지역사회는 사회의 중요한 부분이며, 그 자체가 하나의 사회이다. 지역사회는 그곳에 위치한 가족, 집단 및 조직의 행동에 영향을 미치며, 그들에게서 영향을 받으며 변화된다. 지역사회는 거의 모든 학문분야와 전문분야에서 주요한 관심사가 되고 있다.

5. 문화

문화란 인간의 생활양식으로서 사회구성원들에게 내면화되어 인간행동에 영향을 미친다. 이것은 공유성, 학습성, 누적성, 전체성, 가변성 등의 특성을 지니고 있으며, 은둔문화, 하위문화, 주변문화 등 다양한 형태로 존재한다. 문화는 개인의 사회화, 욕구충족, 사회통제, 사회통제, 사회존속의 기능을 수행하며, 전체사회 속에 존재하는 개인, 집단, 조직 및 지역사회에 영향을 미치는 거시체계로서, 세대 간에 전승되면서 사회의 모든 성원들에게 영향을 미친다.

1) 문화의 특성

(1) 문화의 개념

문화는 사람들이 어떻게 생활하느냐와 관련된 생활방식이며, 이것은 의식주를 포함하여 사회생활, 경제생활, 종교생활 등을 어떤 방식으로 해나가느냐 하는 것과 관련된 생활의 모습이기도 하다. Tylor에 의하면 문화는 지식, 신앙, 예술, 도덕, 법률, 관습 및 사회성원으로서 인간에 의해 획득된 다른 모든 능력이나 습성들을 포함하는 복합총체라는 것이다. 이와 같이 문화는 인간이 소유한 능력의 소산으로서 생활하는 관습의 전체이기도 하다(이광규, 1994). 문화는 특정한 인간집단이나 지역에서 특징적으로 나타나는 생활양식으로서, 선천적으로 가지고 태어나는 것이라기보다는 후천적으로 특정한 사회에서 성장하는 과정 속에서 익히는 것이다. 이것은 인간이 생존을 위한 필수적인 요소이면서 거의 무의식적으로 인간의 행동과 사고에 영향을 미친다(한상복 · 이문웅 · 김광억, 1997). 또한 문화는 어떤 사회의 전체 생활양식으로서, 특정한 민족이나 사회가 지속적으로 간직해 온 다양한 분야의 생활의 모습이며, 인간의 생존에 필수적인 요소로서 사회구성원들에게 내면화되어 인간행동에 영향을 미치는 사회체계라고 할 수 있다.

(2) 문화의 특성

문화는 일반적으로 사회구성원들간에 공유되며, 생득적이라기보다는 인간이 사회 속에서 성장하면서 학습을 통해 습득되며, 한 세대에서 다음 세대로 전승되어 누적적으로 나타난다. 문화는 모든 영역에 걸쳐 전체적으로 영향을 미치며, 정체적인 것이 아니라 계속적으로 변화되고 있다(한상복 · 이문웅 · 김광억, 1997).

① 공유성

문화란 한 사회의 구성원들 개개인의 독특한 취향이나 버릇이 아니라 다른 사회의 구성원들과 구별되는 어떤 공통적인 경향인 것이다. 인간행동의 많은 부분은 그가 소속해 있는 집단의 행동양식을 따르는 것이며, 이러한 행동양식은 집단구성원들끼리 서로가 공유하고 있다. 문화의 이러한 속성은 집단의 구성원들에게 사회생활을 원활하게 할 수 있는 공동의 광장을 만들어주며, 언어와 같이 공유하는 문화를 통하여 상대방의 행동과 기대를 예측할 수 있게 함으로써 사회생활을 가능하게 한다.

② 학습성

문화는 사회생활을 통해 성장하면서 학습된 것이다. 즉 인간은 특정의 문화를 갖고 태어나는 것이 아니라, 성장과정에서 학습을 통해 문화를 습득한다. 인간이 공유하고 있다고 해서 모두 문화가 아니며, 어떤 것이 문화적인 것으로 간주되기 위해서는 지속적으로 학습된 것이어야 한다. 우리가 사용하는 언어를 보더라도 태어나면서부터 알 수 있는 것이 아니라 후천적으로 배워서 익힌 것이다. 이와 같이 문화는 생득적인 것이 아니라 비유전적 수단에 의해서 습득된 결과이다.

③ 누적성

문화는 상징적인 수단인 언어를 통해서 세대 간에 전승되며, 축적되어 나간다. 즉 이것은 한 세대에 이루어진 것이 다음 세대로 전해져 내려가고, 시간이 지남에 따라 각 세대에서 이루어진 것들이 추가되면서 계속적으로 쌓여간다. 문화는 주로 언어를 통해서 한 세대에서 다음 세대로 전해져 내려왔으며, 특히 문자를 통해서 문서의 형식으로 저장되어 계속적으로 축적되어왔다.

④ 전체성

문화란 사회집단이 가지고 있는 지식, 신앙, 예술, 도덕, 법률 등과 같은 수많은 부분들이 각기 독립적으로 존재하는 것이 아니라 상호 긴밀한 관계를 유지하면서 하나의 전체를 이룬 통합체이다. 문화는 하나의 영역이 고립된 현상을 보이지 않고 거의 모든 영역에 부수적인 영향을 미치고 있다. 즉 한 사회의 문화를 구성하고 있는 부분들은 상호 밀접한 관련을 맺고 있어서 한 영역에서의 변화는 그 영역은 물론 다른 영역들에 변화를 초래한다.

⑤ 가변성

문화는 시간적인 차원에서 볼 때 정체되어 있지 않고 항상 변하고 있다. 즉 이것은 계속적으로 누적되는 성격을 가지고 있지만, 장기간에 걸쳐 항상 똑같은 형태를 지니고 있지 않고 점진적으로 변화되어 간다. 사람들은 일상생활 과정에서 그들이 직면하고 있는 문제들을 새로운 방법으로 해결하려고 하며, 이러한 과정에서 새로운 방법이 효과적이면 다른 사람들에게 학습되고 점차로 전체사회로 확산되어 문화의 한 부분이 된다. 문화의 한 부분의 변화는 다른 부분으로 연쇄적인 변화를 일으켜 전체로서의 문화변동이 일어나게 된다. 한편 계속적으로 변화하는 과정 속에서도 문화는 그 속에 소속한 사람들의 사회적 안정과 균형상태의 유지에 기여한다.

2) 문화의 형태

(1) 은둔문화

은둔문화(cover culture)는 외부에서 손쉽게 파악할 수 없는 감추어진 문화를 말한다. 즉 이것은 인간의 행동이나 사물을 통해서 나타나지 않는 것으로 문화의 내부나 하부에 존재하는 가치관, 내세관 등을 말한다. 은둔문화는 내재된 문화(implicict culture)라고도 하며, 나타내 보이지 않지만 인간의 행동과 사고에 크게 영향을 미친다. 이것은 외적으로 나타난 문화와 서로 관련되어 기능하고 있으며, 전체 문화의 일부분을 차지하고 있다(이광규, 1994).

(2) 하위문화

하위문화(subculture)는 전체 문화의 일부분을 이루는 문화를 말한다. 즉 이것은 한 사회집단 내에서 다른 것과 구분될 수 있도록 다르게 나타나는 생활양식을 말한다. 하위문화는 한 사회집단의 각 부분에서 특징적으로 나타나는 행위양식이나 사고방식을 포함한 생활양식의 차이를 나타내며, 그러한 차이를 통해서 사회의 각 부분에 대한 이해를 촉진하고 변화에 적절히 대처할 수 있게 한다. 예를 들면, 빈민지역에서 나타나는 특유의 생활양식인 빈곤문화(poverty culture)는 빈민들의 하위문화이다(한상복 · 이문웅 · 김광억, 1997).

(3) 절반문화

절반문화(half culture)는 어느 한 문화가 완전한 의미의 독자적인 형태를 이루지 못하고 다른 문화에 의존한 것을 말한다. 즉 이것은 한 민족이나 지역의 문화가 다른 문화나 지역의 문화에 의존하여 살아가는 것을 말한다. 예를 들면, 어느 한 민족이 독자적인 생활양식을 갖고 있으나, 자신들의 문화만을 가지고는 계속적으로 살아갈 수 없기 때문에 어느 경우에 있어서는 다른 민족의 문화에 의존해야만 존재할 수 있는 것을 말한다.

(4) 민속문화

민속문화(folk culture)는 어느 한 민족에서 오랫동안 일반 대중들에게 전승되어 온 전통적인 문화를 말한다. 즉 이것은 전승된 신앙, 풍습, 의례 등의 형태로 서민생활에 남아있는 문화이다. 민속문화는 도시문화에 대비하여 농촌문화와 비슷한 의미로 쓰이기도 하며, 변화에 따른 적응이 늦으며, 친족 중심적이면서 인간관계가 지적 · 정적인 측면 등을 모두 포함하는 전인적인 형태를 띤다(이광규,1994). 또한 민족문화는 성스럽고 종교적인 색채가 강하며, 자연과 관련되어 있는 경우가 많고, 고립적이며 관습화된 생활양식을 가지고 있다.

(5) 주변문화

주변문화(marginal culture)는 문화의 중심으로부터 멀리 떨어져 문화영역의 경계선 지역에 위치하여 문화특질을 적게 지니고 있는 것을 말한다(한상복 · 이문용 · 김광억, 1997). 즉 이것은 문화특질이 집중되어 있는 문화중심에서 원거리에 있기 때문에 다른 곳에 비하여 문화특질이 적게 나타나는 것을 말한다. 주변문화는 문화중심에서 멀리 떨어져 있으면서 다른 문화의 특질도 가질 수 있어 문화가 혼합되는 형태를 보이기도 한다.

3) 문화의 기능

개인은 사회에서 문화를 습득하면서 성장하고 발전한다. 문화는 개인의 사회적응에 기여할 뿐만 아니라 생리적 · 심리적 욕구를 충족시켜 준다. 또한 문화는 개인의 행동을 규제하고 사회악을 제거시키시며, 사회를 유지시키고 존속시킨다(이광규, 1994).

(1) 사회화

문화는 개인이 사회에서 어떻게 행동하고 어떻게 말하며 어떻게 세상을 인식할 것인가를 가르쳐주는 지침이 된다. 따라서 개인은 문화가 만들어낸 산물로서, 사회에서 문화를 습득하면서 성장하며, 문화를 변동시키고 문화를 이끌어 나간다. 문화는 개인의 성격을 형성하고 변화시키며, 개인에게 다양한 생활양식을 내면화시켜 개인이 사회에 적응하며 살아갈 수 있게 한다.

(2) 욕구충족

문화는 개인의 생리적 욕구와 심리적 욕구를 충족시켜 준다. 즉 문화는 다양한 생활양식을 통해서 의식주와 같은 개인의 기본적인 욕구를 충족시켜 주며, 개인이 다양한 문화와 접하면서 사회적으로 안정감을 가지고 살아갈 수 있게 한다. 예를 들면, 문화는 혼인 제도를 통하여 개인의 성적 욕구를 충족시켜 주며, 사회의 혼란을 방지하고 개인의 심리적 안정과 사회질서를 유지하게 한다.

(3) 사회통제

문화는 개인의 행동에 대한 규제와 사회악의 제거를 통해서 사회통제의 기능을 수행한다. 즉 문화는 개인의 행동양식을 규정하기 때문에, 개인들이 대인관계와 사회생활에서 자기의 행동이 상대방에게 어떤 영향을 주고 상대방이 어떤 반응을 보일 것인가를 알고 적절히 행동할 수 있게 한다. 또한 문화는 도덕, 관습, 신앙 등을 통해서 사회에서 필연적으로 발생하는 사회의 안정과 질서에 악영향을 미치는 문제들을 제거하거나 조절하는 기능을 수행한다.

(4) 사회존속

문화는 사회를 유지시키고 존속시키는 데 필수 불가결한 요소이다. 즉 문화가 없이는 사회가 존재할 수 없으며, 사회가 없이는 문화도 존재할 수 없다. 사회가 계속해서 존재하는 것은 사회가 문화의 학습과 전승을 통해서 새로운 구성원들에게 필요한 생활양식을 전해주기 때문이다. 문화는 사회의 다양한 분야에 대한 영향을 통하여 사회의 존재를 유지시키며, 사회의 존속을 위해 기여한다.

4) 사회체계로서의 문화

문화는 사회의 생활방식으로서 인간의 행동에 영향을 미치는 상위체계이다. 인간은 특정한 사회 속에서 태어나 그 사회가 있는 문화를 배우면서 사회의 구성원으로 사회화되며, 사회의 문화에 영향을 미친다. 즉 인간은 독특하게 문화를 지니고 있는 사회적 존재로서 문화에 적응하면서 살아가며, 문화를 변화시킨다.

문화는 전체사회 속에 존재하는 개인, 집단, 조직 및 지역사회에 영향을 미치는 거시체계로서, 세대 간에 전승되면서 직접적 · 간접적으로 사회의 모든 성원들에게 영향을 미친다. 한편 문화는 가장 작고 기본적인 요소인 문화특질(cultural trait)로 나누어지며, 특질들이 모여 복합적인 형태인 문화복합(cultural complex)을 이루고, 다양한 하위문화들이 모여 전체문화를 구성하고 있다. 하위문화는 한 사회 속에서 공존하며, 특별한 생활양식, 가치체계, 행동양식 등을 발전시키고 사회의 문화적 내용을 이루어 다양한 집단에 영향을 미친다. 이와 같이 문화는 사회의 가치, 규범, 신념체계 등이 사회구성원들에게 내면화되어 그들의 행동에 중대한 영향을 미친다.

참고문헌

강경미 외(2003). 영유아발달과 교육. 서울. 양지사.

강문희 · 장연집 · 정정옥(1999). 아동정신건강. 서울. 정민사.

강봉규(1994). 발달심리학. 서울. 정훈출판사.

곽형식 외(2000). 인간행동과 사회환경. 서울. 형성출판사.

권륙상(2000). 인간행동과 사회환경. 서울. 유풍출판사.

김경희(2004). 발달심리학. 서울. (주)학문사.

김동배 · 권중돈(1998). 인간행동이론과 사회복지실천. 서울. 학지사.

김동배 · 권중돈(2005). 인간행동이론과 사회복지실천. 서울. 학지사.

김동배 · 권중돈(2006). 인간행동이론과 사회행동실천. 서울. 학지사.

김미숙 외(2002). 가족의 사회학적 이해. 서울. 학지사.

김미혜 · 서혜경(2002). 노인복지실천론. 서울. 동인출판사.

김영모(2000). 사회복지학. 서울. 고헌출판부.

김영모 편(2001). 지역사회복지론. 서울. 고헌출판부.

김영호 · 양은심 · 이순영 · 주수길(2005). 인간행동과 사회환경. 서울. 양서원.

김제한(2001). 발달심리학. 경기. 양서원.

김진화 외(2002). 청소년 문제행동론. 서울. 학지사.

김태련 · 장휘숙(1996). 발달심리학. 서울. 박영사.

김태련 외(2004). 발달심리학. 서울. 학지사.

김평옥 역(1994). 심리학 입문. 서울. 학일출판사.

김현중 외(2006). 한권으로 끝내기! 사회복지사 1급. 서울 시대고시기획.

남세진(1990). 집단지도방법론. 서울. 서울대학교 출판부.

노안영 · 김신영(2003). 성격심리학. 서울. 학지사.

민영순(1996). 발달심리학. 서울. 문화교육출판사.

박병석(1986). 인간행동과 사회환경. 서울. 홍익재출판사.

박성연 · 도현심(1999). 아동발달. 서울. 동문사.

박차상 외(2002). 한국노인복지론. 서울. 학지사.

방은령(2001). 현대청소년복지론. 서울. 양서원.

사전연구회편(1989). 동아새국어사전. 서울. 동아출판사.

사회복고시연구회(2006). 1급 사회복지사 수험서. 경기. 양서원.
사회복지사1급시험연구회(2006). 길잡이 1급 사회복지사 문제집. 서울. 나눔의집.
성영혜 외(1996). 현대사회와 부모. 서울. 숙명여자대학출판부.
손병덕 외(2005). 인간행동과 사회환경. 서울. 학지사.
송명자(1996). 발달심리학. 서울. 학지사.
송명자(2000). 발달심리학. 서울. 학지사.
오세진 외(2006). 인간행동과 사회환경. 서울. 학지사.
유안진 · 김혜선(1996). 인간발달. 서울. 한국방송통신대학교 출판부.
유영주 · 김순옥 · 김경신(2005). 가족관계학. 서울. 학지사.
오완섭(2006). 사회복지학. 서울. 서울고시각.
이가옥 편(1999). 노인복지의 현황과 과제. 경기. 나남출판사.
이근홍(1992). "개인의 적응과 대처 및 방어기제에 관한 연구". 사회복지연구. 창간호. 경기. 협성대학교 사회복지연구소.
이근홍(1999). "노인의 경로당 이용만족도와 운영 개선방안". 노인복지연구. 제5호. 서울. 한국노인복지학회.
이근홍(2001). 케이스 매니지먼트. 서울. 대학출판사.
이근홍(2003). 인간행동과 사회환경. 서울. 대학출판사.
이근홍(2006). 인간행동과 사회환경. 경기. 공동체.
이부영(1998). 분석심리학: C. G. Jung의 인간심성론. 서울. 일조각.
이소희 · 손홍숙(2004). 인간행동과 사회환경. 경기. 학현사.
이영만 · 조연순(1997). 아동의 세계-태내기에서 청년기 발달까지. 서울. 양서원.
이영만 외 역(1999). 프로이드 · 스키너 · 로져스. 부산. 중앙적성출판사.
이옥형(2002). 아동 · 청년발달. 서울. 집문당.
이인수(1999) 현대노인복지론. 서울. 양서원.
이인수(2001). 노년기생활과학. 서울. 양서원.
이인정 · 최해경(1995). 인간행동과 사회환경. 서울. 나남출판사.
이인정 외(2000). 인간행동과 사회환경. 경기. 나남출판사.
이인정 · 최혜경(2001). 인간행동과 사회환경. 경기. 나남출판사.
이인정 · 최해경(2004). 인간행동과 사회환경. 경기. 나남출판사.
이종복 · 전남련(2007). 인간행동과 사회환경. 경기. 학현사.
이훈구 역(1993). 성격심리학. 경기. 법문사.
이혜원(2004). 노인복지론(이론과 실제). 서울. 유풍출판사.
임규혁(2001). 발달심리학. 서울. 집문당.
임은희(2005). 인간행동과 사회환경. 서울. 양서원.
전병재(1991). 사회심라학. 서울. 경문사.
정옥분(2000). 성인발달의 이해-성인 · 노인 심리학-. 서울. 학지사.

정옥분(2005). 아동발달의 이해. 서울. 학지사.
정정옥 외(2003). 아동의 성장과 발달이해. 교육아카데미.
정종우(2003). 사회복지학. 서울. 학지사.
조복희 · 정옥분 · 유가효(1997). 인간발달. 경기. 교문사.
조복희 · 정옥분 · 유가효(2004). 인간발달-발달 심리적 접근. 경기. 교문사.
최성재 · 장인협(2002). 노인복지학. 서울. 서울대학교 출판부.
최순남(1995). 인간행동과 사회환경. 경기. 한신대학교출판부.
최순남(2000). 인간행동과 사회환경. 한신대학교 출판부.
최윤미 외(1998). 현대청년심리학. 서울. 학문사.
최옥채 외(2003). 인간행동과 사회환경. 서울. 양서원.
최옥채 외(2004). 인간행동과 사회환경. 서울. 양서원.
최옥채 · 박미은 · 서미경 · 전석균(2005). 인간행동과 사회환경. 서울. 양서원.
최옥채 · 박미은(2005). 인간행동과 사회환경. 서울. 양서원.
허혜경 · 김혜수(2002). 청년발달심리학. 서울. 학지사
현외성 외(1998). 한국노인복지학강론. 서울. 유풍출판사.홍숙기 역(1992). 성격심리학. 서울. 박영사.
홍봉선 · 남미애(2007). 청소년복지론. 서울. 양서원.

Adler, A. (1927). The Practice and Theory of Individual psychology. NY: Harcount, Brace, & World.
Adler, A. (1931). What Life Should Mean to You. Boston: Little, Brown, and Company.
Adler, A. (1939). Social Interest: A Challenge of Mankid. NY: Putnam.
Adler, A. (1956). The Individual Psychology of Alfred Adler: A Systematic Presentation in Selections from His Writings, H. L. Ansbacher & R. R. Ansbacher (Eds.). NY: Basic Books.
Adler, A. (1963). Problem Child; The Life Style of the Difficult Child as Analyzed in Specific Cases. NY: Capricorn Books.
Adler, A. (1964 a). Superiority and Social Interest: A Collection of Later Writings, H. L. Ansbacher & R. R. Ansbscher(Eds.). Evaston, Ⅲ: Northwestern University Press.
Adler, A. (1964 b). Problems of Neurosis; A Book of Case Histories. NY: Harper & Row.
Ainsworth, M. D. S. . (1963). Childhood and Society(2nd ed.). NY:Norton.
Ainsworth, M. D. S. (1973). The developmeny of Infant-mother attachment. In B. M.
Ansbacher, H. L. (1971). Alfred Adler and Humanistic Psychology. Journal of Humanistic Psychology, 11.
Bandura, A. (1969). Principles of Behavior Modification. NY: Holt, Rinehart, & Winston.
Bandura, A. (1971). Influence of Model's Reinforcement Contingencies in the Acquisition of

Imitative Responses, Journal of Personality and Social Psychology, 1.

Bandura, A. (1974). Behavior Theories and the Models of Man, America Psychologist.

Bandura, A. (1977a). Social Learning Theory. Englewood Cliffs, NJ: Prentice-Hall.

Bandura, A. (1977b). Self-Efficacy: Toward a Unifying Theory of Behavioral Change. Psychological Review, 84.

Bandura, A. (1982). Self-Efficacy Mechanism in Human Agency. America Psychologist, 37.

Bandura, A. (1986a). Fearful Expectations and Avoidant as Coeffects of Perdonal Self-Inefficacy. American psychologist, 41.

Bandura, A. (1986b). Social Foundatoion of Though and Action: A Social Cognitive Thory. Englewood Cliffs, NJ: Prentice-Hall.

Bandura, A. & Kupers, C. J. (1956) The Transmission of Patterns of Self-Reinforcement through Modeling, Journal of Abnormal and Social Psychology.

Bandura, A. & Rossenthal, T. L., (1966) Vicarious Classical Coditioning as a Function of Arousal Level" Joural of Personality and Social Psychology, 3.

Bandura, A., Ross, D. & Ross, S. A., Transmission of Aggression through Imitation of Aggressive Model, Journal of Abnormal and Social Psychology, 63.

Bandura, A. & Walters, R. H. (1963). Social Learning and Personality Development. NY: Holt, Rinehart, & Winston.

Bandura, A.(1982), "Self-Efficacy Mechanism in Human Agency", American Psychologist, 37.

Beard, R. (1969). An Outline of Piaget's Developmental Psychology, NY: Basic Books.

Beck, A. T. (1976). Cognitive Therapy and the Emotional Disorders. NY: Intermation Universities Press.

Birren, J. W., Woods, A. M., and Williams, M. V. (1980). Behavioral slowing with age : Causes, organization, and consequences. in L. W. Poon(ed.). Aging in the 1980s. Washington, D. C.: American Psychological Association, 80~98.

Bowlby, J. (1958). The nature of the child's tie to his mother. Internatinal journal of Psychoanalysis, 39, 35.

Brenner, C. (1987). 정신분석학. 이근후 외 역. 경기. 하나의학사.

Caldwell & H. N. Ricciuti(Eds.) Review of child development research (Vo1/3). Chicago:University of Chicago Press.

Campos, J. L., Langer A., & Krowitz, A. (1970). Cardiac responses on the visual cliff in prelocomoter human infants, Science, 170, 1960-1970,

Corey, G. (2000). Thery and Practive of Counseling and psycbotberapy (6th ed.). CA:Wadsworth Publishing.

Corsini, R. J. & Wedding, D. (2000). Current Psycbotberapies (6th ed.) NY: Wadsworth Publishing.

Cotton, P. (1994). Smoking cigarettes my do developing getus more harm than ingesting cocaine, some experts say. Journal of the American Medical Association, 263, 2865-2869.

Craig, G. J. (1999). Human Development, 8th ed., Englewood Cliffs, NJ: Prentice-Hall.

Crain, W. C. (1980). Theories of Development, Engiewood Cliffs, NJ: Prentice-Hall, Inc.

Crain, W. C. (1983). 발달의 심리. 서봉연 역. 서울. 중앙출판사.

Davis, P, T., & Cumings, E. M. (1994) Marital conflict and child adjustment: An emotional insecurity hypothesis. Psychological Bulletin, 116, 387-411.

DeCasper, A. J., Lecanuet, J. P., Busnel, M. C., Granier-Deferre, C., & Maugeais, R.(1994). Fetal reactions to recurrent maternal speech. Infant behaviorand Development, 17, 159-164.

D.E.Papalia 외 (1994). 인간발달Ⅱ -청년기 · 성인기 · 노년기-. 서울. 교육과학사.

Dinkmeyer, D. C. (1983). Systemic Training for Effective Parenting of Teens. Minnesota: American Guidance Sevice.

Engler, B. (1991). Personality Theories, 3th ed,. Boston: Houghton Miffilin Company.

Erikson, E. H. (1959). Identity and the Life Cycle; Selected Papers. NY: Internation University Press.

Erikson, E. H. (1963). Childhood and Society. NY: Norton.

Erikson, E. H. (1964). Insight And Responsibility. NY: Norton

Erikson, E. H. (1968). Identity: Youth and Crisis. NY: Norton.

Erikson, E. H. (1975). Life History and the Historical Moment. NY: Norton.

Erikson, E. H. (1982), The Life Cycle Completed, New York : Norton.

Erikson, E. H. (1986). Vital involvements in old age : The experience of old age in our time. Boston : W. W. Norton.

Evans, R. I. (1967). Dialogue with Erik Erikson. NY: Harper & Row.

Fischer, J., Gochros, H. L. (1975). Planned Behavior Change: Behavor Modification in Social Work. NY: Free Press.

Flavell, J. H. (1963). The Developmental Psychology of Jean Piaget. NT: Van Nostrand Company, Inc.

Friedman, J. M. (1996). The Effects of drugs on the fetus and nursing infant: A handbook for health care professionals. Baltimore: Johns Hopkins University

Fleming, R. C. (1981). Cognition and Social Work Practice: Some Implication of Attribution and Concept Attainment Theories. In A. N. Maluccio (ed). Promoting Competence in Clients. NY: Free Press.

Frick, W. (1971). Humanistic Psychology: Interviews with Malslow, Murphy, and Roger. Ohio: Merrill.

Fried. P. A., & Watkinson. B. (1990). 36-and 48-month neurobehavioral follow-up of children prenatally exposed to marijuana, and alcohol. Developmental and Behavioral Pediatrics, 11, 49-58.

Freud, A., The Ego and the Mechanism of Defence, C. Baines(Trans.) (New York: International University Press, 1936/1966).

Freud, S., An Outline of Psycho-Analysis(New York: W. W. Norton, 1938/1969).

Freud, S., A General Introduction to Psycho-Analysis(New York: Boni and Liveright Publishers, 1920).

Furey, E. M.(1986). The effects of alcohol on the fetus. In H. E. Fitzgerald & M. G. Walraven(Eds.), Human Development 86/87(pp.48~52). Sluice Dock, GTuilford, Ct.: The Dushkin Publishing Group, Inc.

Freud, S., New Introductory Lectures on Psycho-Analysis(New York: W. W. Norton, 1933/65).

Freud, S., The Ego and the Id(London: Hogarth Press, 1923/1961).

Freud, S., The Unconscious, Collected Papers, Vol. Ⅳ (New York: Basic Books, 1915/1959).

Gibson, E. J., & Walk, R. D., (1960), The visual cliff, Scientific American, 202, 64-71.

Ginsburg, H. & Opper, s.(1979), Piaget's Theory of Intellectual Development, Englewood Cliffs, NJ : Prentice-Hall.

Greene, R. R., Ephross, P. H., Human Behavior Theory and Social Work Practice. New York : Aldine de Gruyter, 1991.

Hall, C. S.(1954), A Primer of Freudian Psychology, New York: World. 거암편집실 역(1990). 『프로이트 심리학 입문』. 서울. 도서출판 거암.

Hall, C. S., & G. (1978). Lindzey, Personality Theory, New York: John Wiley & Sons.

Hall, C. S., & Nordby, V. J. (1973). A Primer of Jungian Psychology. NY: A Meridian Book.

Hall, C. S., & Lindzey, G. (1991). 성격의 이론, 이상로 · 이관용 역. 부산. 중앙적성출판사.

Harris, P. L. (1993a). Childern's understanding of the link between situation and emotion. Journal of Experimental Child Psychology, 36, 490-509.

Havighurst, R. J. (1972). Development Tasks and Education. NY : David McKay.

Hayes, A. & Batshaw, M. L., Down syndrome. pediatric Clinics of North America, 40(3), 523-539.

Hepworth, D. H. & Larsen, J. A.(1993) Direct Social Work Practice : Theory and Skills, 4th ed., Pacific Grove, CA : Books/Cole Publishing Company.

Hjelle, L. A., & Ziegler, D. J. (1976). Personality Theories. London: McGraw-Hill, Inc.

Hjelle, L. A., & Ziegler, D. J. (1981). Personality Theories. London: Basic Assumption, Research and Application, 2nd ed., NY: McGraw-Hill, Book co.

Hjelle, L. A. & Ziegler, D. J.(1981), Personality theories: Basic Assumption, Research and

Application, 2nd ed., New York: McGraw-Hill Book Co. 이훈구 역(1994). 『성격심리학』. 경기. 법문사.

Jacobson, J. L., Jacobson, S. W., Padgett, R. J., Brunmitt. G. A., & Billings, R.L.(1992). Effects of prenatal PSB exposure on congnitive processing efficiency and sustained attention. Developmental Psychology, 28, 297-306

Jung, C. G. (1907). The Psychology of Dementia Praecox. Collected Works. Vol. Ⅲ. Princeton. NJ: Princeton University Press.

Jung, C. G. (1933). Moden Man in Search of a Soul. NY: Harcourt. Brace and Company.

Jung, C. G. (1936). The Concept of the Collective Unconscious, Collected Works. Vol. Ⅸ. Princeton. NJ: Princeton University Press.

Jung, C. G. (1953). The Relations Between the Ego and The Unconscious. The Collected Works of C. G. Jung. Vol. 7. Two Essay in Analytic psychology. Princeton. NJ: Princeton University Press.

Jung, C. G. (1961). The Structure and Dynamics of Psyche. Collective work. vol.8. Princeton University Press.

Jung C. G.(1976). Taped interview in R. I. Evans, The making of psychology. New York : Alfred A. Knopf.

Kagan, J. (1984). The Nature of the Child. NY: Basic Books.

Kerry, G. (1955). The Psychology of Personal Constructs. NY: Noton.

Kleemeier, R. W.(1961. 8.). Intellectual change in the senior death and the IQ. presidential Address. NY:American Psychological Association.

Klineberg. O. (1938). Emotional epression in chinese literature. Journal of Abnormal and Social Psychology, 33, 517-520

Levinson, D. (1978). The Seasons of a Man's Life. NY : Ballantine Books.

Maier, H. (1965). Three Theories of Child Development. NY: Harper & Row.

Martin, G., & pear, J. (1983). Bebavior modification: What IT Is and How to do It. NJ: Prentice-Hall.

Maslow, A., (1968). Toward a Psychology of Being. Princeton: D. Van Nostrand Company, Inc.

Maslow, A., (1970). Motivation and Personality. NY: Harper & Row.

Maslow, A., (1971). The Father Reaches of Human Nature. NY: Viking.

Masters, W.H.,& Johnson, V. E.(1966). Human sexual response. Boston: Little Brown.

Masters, W. and Johnson, V.(1970). Human Sexuality. Boston: Little Brown.

Meltzoff, A. N., & Moore, M. K. (1983). Newborn infants imitate adult facial gestures. Child Development, 54, 702-709.

Meyer, C. H. ed. 1983.Clinical Slcial Work in the Ecosystem Perspective. New York

Moore, K. L., & Persaud, T. V. B. (1933). Before we are born(4th ed.), Philadelphia : W. B. Saunders Company.

Miller, B.(1992). Gender Differences in Caregiving : Fact or Artifact. The Gerontologist, 32-4.

Neugarten, B. L. and Kraines, R. J.(1965). Menopausal symptoms in women of various ages. Psycbosomatic Medicine, 27, 266-273.

Neugarten. B.(1983). Personality change in late life: A developmental perspective. In C.

Newman, B., & Newman P. R. (1987). Development Through Life: A Psycbosocial Approacb. IL: Dorsey Press.

Nye, R. D. (1981), Three Psychologies: Perspective from Freud, Sinner, Roger, 2nd ed., Monterey, CA: Brooks/Cole Publishing Co.

Nye, R. D.(1981), Three Psychologies: Perspectives from Freud, Skinner, Rogers, 2nd ed., Monterey, CA: Brooks/Cole Publishing Co. 이영만 · 유병관 역(1991). 『프로이드 · 스키너 · 로저스』. 중앙적성출판사.

Olsho, L. W., Harkens. S. W., & Leinhardt, M. L.(1985). Aging and the auditory system. In J. E. Birren & K. W. Schaie(Eds.). Handbook of the psychology of aging(2nd ed.). New York: Van Nostrand Reinhold.

Papalia, D. E., Olds, Sally W. & Feldman, R. D. (1998). Human Development, 7th ed., NY: McGraw-Hill Co., Inc.

Papalia, D. E., Olds, S. W., & Feldman, R. D.(1998), Human Development, 7th ed., New York: McGraw-Hill Co., Inc.

Peck, R. C.(1968). Psychological developments in the second half of life. in Neugarten(ed.). Middle Age and Aging. Chicago:University of Chicago Press. 88~92. Piaget, J. (1936). The Origins of Intelligence in Child. NY: Internation University Press, Inc.

Piaget, J. (1926). The child's conception of the world (J.A. Thomlison, trans.). Paterson, NJ: Littlefield, Adams and Co., 1963

Piaget, J. (1952). The child's comception of number. New York : Norton.

Piaget, J. (1963). The Origins of Intelligence in Children, NY: Noton.

Piaget, J., & Inhelder, B. (1969). The Psychology of the child. New York: Basic Books (Originally published 1967).

Piaget, J. and Inhelder, B. (1969). The Psychology of the Child. NY: Basic Books.

Rosenstein, D., & Oster, H. (1988). Differental facial responses to four basic tastes in newborns. Child Development, 59 , 1555-1568.

Rogers, C. R. (1942), Counseling and Psychotherapy : New Concepts in Practice, Boston : Houghton Mifflin. 한승호 역(1991). 『카운슬링의 이론과 실제』. 서울. 집문당.

Rogers, C. R. (1951). Client-Centered Therapy. Boston: Houghton Mifflin.

Rogers, C. R. (1959). A Theory of Personality and Interpersonal Relationships as Developed in the Client-centered Framework. In S. Koch (ed), Psychology A Study of Science: Formulations of the Person and the Social Contex t(Vil. 3). NY: McGraw-Hill.

Rogers, C. R. (1961). On Becoming a Person. Boston: Houghton Mifflin.

Ross, M. G.(1976), Community Organization : Theory, Principles, and Practice, 2nd ed., New York : Harper & Row.

Rovee-Colleer, D. K. (1995). Tine windows in cognitive development. Developmental Psychology, 31, 147-169.

Santrock, J. W.(1997). Life-Span Development, 6th ed., Madison, WI: Brown & Benchma가 Publishers.

Santrock. J. W.(1995). Life-Span Development. Wisconsin: Brown 7 Benchmark. Inc.

Santrock, J. W.(1995).Life-span development(5th Ed.). Dubuque, Iwoa: Brown & Benchmark Publishers.

Schaie, K. W., & Strother, C. R. (1975). The effects of time and cohort differences on he interpretation of age changes in cognitive behavior, Multivariate Behavioral Research, 3, 259-294.

Schulz, D. (1977). Growth Psychology: Models of the Healthy Personality, NY: D. Van Nostrand Co.

Schulz, D., & Schulz, S. E. (1994). Theories of Presonality, 5th ed., Pacific Grove, CA: Broooks/Cole Publishing Company.

Schulz, D., & Schulz, S. E. (1998). Theories of Personality, 6th ed., Pacific Grove, CA: Brooks/Cole Publishing Company.

Shaffer, D. R.(1999), Developmental Psycbology -Childbood & Adolescence-, 5th ed., Pacific Grove, CA: Brooks/Cole Publishing Company.

Sheldom, B. (1995). Cognitive-Behavioral Therapt : Research, Practice and Philosophy. NY: Routledge.

Skinner, B. F,. (1953). Science and Human Behavior. NY: Macmillan Comany.

Skinner, B. F,. (1974). About Behaviorism. NY: Alfred A. Knopf.

Skinner, B. F,. (1990). Beyond Freedom and Dignity. NY: Bantam book.

Specht, R. and Craig, G. J.(1987). Human Development: A Social Work Perspective. NJ:

Stein, I.(1971). The systems model and social system theory: Their application to casework. in H. S. Strean(ed.). Social Casework Tbeories in Action. NJ: Scarecrow Press, 123-195.Thomas, E. J. (1970). Behavioral Modification & Casework. in Robert & Nee(Eds.), Theories of Social casework. Chicago: University of Chicago Press.

Stein, T., Gambrill, E., Witse, K. T. 1978. Chidren in Foaster Homes : Achieving Zanden, J.

W. V.(1997). Human Development, 6th ed., NY: McGraw-Hill Co., Inc.

Tylor, E. B.(1958), The Origin of Culture, New York : Harper & Row.

Ventura. S. J.(1980). Trends and variations in furst births to older women, United States, 1970-1986(Vital and Health Statistics Series 21, No. 47). National Center for Health Statistics.

Warren, R. L.(1978), The Community in America, Chicago, ILL : Rand McNally & Company.

Wastrow, C. & Kirst-Ashman, K. K.(1997), Understanding Human Behavior and the Social Environment, 4th ed., Chicago, IL : Nelson-Hall Publishers.Woodruff, D. S. and Birren, J. E.(ed.). Scientific Perspectives and Social Issues. CA:

Zanden, J. W. V.(1997). Human Development, 6th ed., New York: McGraw-Hill Co., Inc.

Zastrow, C. (1995). The Practice of Social Work. Pacific Grove : Brooks/Cole Publishing Company, .

Zastrow, C. & Kirst-Ashman, K. K. (1997). Understanding Human Behavior and the Social Environment, 4th ed., Chicago, IL: Nelson-Hall Publishers.

Zastrow, C. & Kirst-Ashman, K. K., (2002), Understanding Human Bebavior and the Social Environment, Thomson.

찾아보기 - 용어

[아]

[자]

[차]

[카]

[타]

찾아보기 - 인물

[자]

[차]

[하]

저자소개

• 장세철

현 : 한서대학교 노인복지학과 교수

• 배창진

현 : 사회복지법인 애광원 이사

양산대학 사회복지보육과 교수

• 이용환

현 : 혜전대학 아동복지과 교수

인간행동과 사회환경

2008년 2월 25일 1판 1쇄 발행
2011년 2월 25일 1판 2쇄 발행

저 자 : 장세철·배창진 이용환
발행인 : 김 동 규
발행처 : 교육과학사

저자와의 협의하에 인지생략

경기도 파주시 교하읍 문발리 파주출판단지 514-5
전화 (031)955-6956~8 / FAX (031)955-6037
Home-page : www.kyoyookbook.co.kr
E-mail : kyoyook@chol.com
등록 : 1970년 5월 18일 제2-73호

낙장 · 파본은 교환해 드립니다.
Printed in Korea.

정가 17,000원
ISBN 978-89-254-0095-2